DANS LE VENT

Deuxième Édition

Catherine A. Maley

The University of North Carolina at Chapel Hill

Holt, Rinehart and Winston

NEW YORK   CHICAGO   SAN FRANCISCO   PHILADELPHIA
MONTREAL   TORONTO   LONDON   SYDNEY
TOKYO   MEXICO CITY   RIO DE JANEIRO   MADRID

To

Barbara, Beth, Ceci, Janan,
Jeff, Jim, Marylou,
Nancy, Noah, Pam,
Pat, Susan, and Wanda

The acknowledgment for the use of each reading selection appears at the end of the selection.
Photo credits appear at the end of the book.

Library of Congress Cataloging in Publication Data

Maley, Catherine A.
Dans le vent.

Chiefly French, some English.
1. French language—Conversation and phrase books—English. 2. French language—Readers. 3. French language—Text-books for foreign speakers—English. I. Title.
PC2121.M24 1985 448.3'421 84–10817

ISBN 0-03-070677-7

Address correspondence to:
383 Madison Avenue
New York, NY 10017

Printed in the United States of America
Published simultaneously in Canada

5 6 7 8 9 066 9 8 7 6 5 4 3 2

CBS COLLEGE PUBLISHING
Holt, Rinehart and Winston
The Dryden Press
Saunders College Publishing

Preface

Dans le vent is designed to give students who have had one or two years of elementary French a practical vocabulary and the opportunity to use it while carrying on conversations about everyday things of interest to them. For this reason the first part of each chapter concentrates on building active vocabulary.

Each chapter contains several short reading passages selected from current publications such as *l'Express, Le Point, Le Nouvel Observateur, Elle,* and *Paris-Match.* These reading selections, organized into topic areas, provide the basis for the students' original oral classwork. Selections vary in tone from the sad, serious, and cynical to the humorous and controversial in order to encourage students to react, to talk, and to exchange ideas.

Dans le vent can be used as a reader for a third- or fourth-semester course in conjunction with a grammar book. If it is used for a conversation course, the instructor can recommend a grammar text for students to consult. The material of the text can also be used as a basis for compositions.

THE TEXT

LEÇON PRÉLIMINAIRE

The preliminary lesson is designed to introduce students to the general format of each chapter and to indicate how to study the text, especially the section *L'Essentiel.* The students are referred to *Appendice A,* a reference list of reactions to various situations, telling, for example, what to say if you are angry or confused or disagree with someone.

Early in the course students should be encouraged to answer questions with complete sentences in order to have as much practice as possible. Although it will probably be necessary for the instructor to initiate conversations with questions, the class should move gradually from an instructor-centered session to a student-centered session, so that students become involved in asking questions and giving conversational cues while the instructor acts as moderator and language expert.

L'ESSENTIEL

Part of the vocabulary of *L'Essentiel* consists of words students have previously studied. This familiar vocabulary is placed with the new vocabulary, grouped by topics, and presented in subject-verb-complement columns so that sentences can be easily constructed as the vocabulary is studied. To save students' time and to aid them in their study, the vocabulary of *L'Essentiel* is translated in *Appendice B* in the same format as the French. Each vocabulary section is followed by questions and exercises that provide the basis for the initial manipulation of the vocabulary in class. The questions progress from the simple and obvious to those of a more thought-provoking nature, requiring detailed answers based on the students' own experiences. The exercises give students practice in forming sentences and questions and in formulating reactions to various statements and conversational stimuli. The exercises at the end of each *L'Essentiel* are based on the entire section. The amount of class time required for working with the vocabulary and exercises of *L'Essentiel* will depend on the students' background in French.

EXERCICES

How to deal with *conversation-puzzles*

Students are asked to put a series of jumbled lines of a conversation into the proper order. The conversations are marked A, B, C, etc., and the lines are marked 1, 2, 3, etc. These conversations involve an exchange of comments and answers, which places students in authentic situations representing a natural flow of ideas and/or reactions within a given context. They thus approximate real conversation. Students are then asked to present the "unjumbled" conversation with one of their classmates. The situation in each *conversation-puzzle* is expressed by three or four conversations (A, B, C, D) whose utterances, when they are properly ordered, are arranged so that any of Conversation A's utterances (A1, A2, A3) can be followed by any of Conversation B's utterances (B1, B2, B3), which can be followed by any of Conversation C's utterances, etc. Thus the students are supplied with a variety of responses for a similar situation. The instructor will need to indicate these possible response variations to the students.

IMAGINEZ

As a step toward free conversation, the students are asked to use their imagination and the vocabulary of *L'Essentiel* to invent comments and answers to the conversational cues as set up in the exercise *Imaginez* in the *Leçon préliminaire* and in Chapitre 1 through Chapitre 5. Beginning with Chapitre 6 the students will be asked to invent their own conversations. *Imaginez* provides the students with the opportunity to reply spontaneously, as in an actual conversation.

READING SELECTIONS

Several short reading selections of a nonliterary nature are included in each chapter. More difficult vocabulary items and idiomatic expressions are defined in French within the context of the particular selection. The French-English vocabulary at the end of the text gives other definitions.

Each chapter is a complete unit in itself. To provide flexibility and variety, each chapter contains more than the usual number of short reading selections. It is not necessary to read all the selections in a chapter, but it is advisable to do the first four chapters in order. Not all students have to read all the selections chosen for study and discussion. It is possible to assign two or three students to a reading selection and hold them responsible for presenting the reading to the class and leading the discussion. The choice of readings will depend on the interest and abilities of the students.

A series of questions or statements to be completed follows each reading selection, giving students an opportunity to use the vocabulary, as well as enabling the instructor to find out if the text has been read and understood. Rather than writing out answers to the *Questions,* students should write only one or two words that will cue their replies so that the end result will be oral responses and not "reading" responses.

Each reading selection is also followed by the section *À vous la parole,* which encourages students to express their own opinions about what they have read and which permits more free conversation.

At this point, students should have an active command of the vocabulary presented in the chapter and therefore should be asked to prepare and present orally a topic from *À vous la parole* (either individually or collectively). Not all students should prepare all topics. The ideas and opinions to be presented can be written in the students' notebooks, which the instructor can then utilize to prompt the students as they deliver their material and to correct errors and grade the presentations. Students should not be allowed to read the material they have prepared, but they may have an outline to glance at if they run into difficulty. Presentation of a topic should be followed by open class discussion on the material presented. Certain students can be designated to formulate questions based on the presentations which are to be asked of other students in the class after the presentation. In this way, all the students participate in the activities.

The class can then be divided into two sections, pairs, or conversation groups, for work on the *Sujets de discussions* at the end of each chapter. If it is a question of a debate, students should know in advance which point of view they are to take on the subject under discussion (for or against, and not necessarily their own personal point of view), so they can prepare their arguments ahead of time.

The following is a possible division of a lesson's materials:

One to two class sessions.	Working with the vocabulary and exercises which the students have been assigned to study and learn before coming to class. (The number of exercises done in class and the amount of time spent on them will vary according to the students' abilities.)
Two to three class sessions	Questions and discussion of the reading assignments. Assignment and presentation of topics from *À vous la parole.* Assignment of *Sujets de discussions.*
One to two class sessions	Presentation of *Sujets de discussions.*

Acknowledgments

I would like to give special thanks to Professor Claude Bernard Jourdan of the Institut Universitaire de Technologie at Nice for her helpful suggestions and careful reading of the text and to Professor Paul P. Cloutier of the College of William and Mary for his suggestion for the title of this book. I am deeply indebted to friends in Haut de Cagnes, Montpellier, and Minneapolis for their support during this project.

Note to the Second Edition

The vocabulary presentation and the format of *L'Essentiel* have remained unchanged. More visuals, including new photographs and updated realia, have been incorporated into the text and the exercises. The exercises have been expanded and revised to include a broader variety of activities. The *multi-conversations* have been revised, and the *micro-conversations* have been omitted. Some reading selections have been removed, and new ones have been added. In addition, there is an entirely new concluding chapter (*Le Mythe et la réalité*).

Acknowledgments

In preparing this second edition I have carefully considered the suggestions of the reviewers and of a number of those who used the first edition. I wish to thank particularly the following who reviewed the manuscript: Diane Fagin Adler, University of Vermont; A. G. Branan, California State University; P. Fitchen, University of California, Santa Cruz; John Gesell, University of Arizona; Caren Greenberg, University of Rochester; Clelland E. Jones, University of Utah; June K. Phillips, Indiana University; Patricia Ramsay, University of Delaware.

I would like to give special thanks again to Professor Claude Bernard Jourdan of the Institut Universitaire de Technologie at Nice for her in-depth review of the revised manuscript and her helpful comments and suggestions. I also wish to thank Guy Richardot of Durham and Versailles and Christine Hartzema-Roth of Chapel Hill and Paris for their support during this project.

C.A.M.

Contents

CHAPITRE
11

La Vie politique 143

CHAPITRE
12

Le Mythe et la réalité 155

APPENDICE
A

Comment répondre *How to answer* 167

APPENDICE
B

The Essential 174

APPENDICE
C

Des Proverbes et des expressions de tous les jours 196

Vocabulaire Français-Anglais 199

Leçon préliminaire

Un Coup de téléphone

The *Leçon préliminaire* will show you how to study and work with the material in *Dans le vent*. It is hoped that by using this book you will increase your active command of everyday French and improve your speaking ability to a level that will enable you to communicate in most of the situations you might encounter in a French-speaking community.

1

COMMENT POSER UNE QUESTION EN FRANÇAIS

Il y a deux types de questions :

A. Les questions simples demandent des réponses directes auxquelles on peut répondre avec un rapide « oui » ou « non » (ou avec des expressions comme **peut-être ; ça se peut ; je le crois ; je ne sais pas ; bien entendu ; sans doute ; je n'en suis pas certain(e)**, etc.).

Les questions simples peuvent être posées avec une intonation montante

    a. sans avoir changé l'ordre du sujet et du verbe:

        Jean vient?

    b. en ajoutant « est-ce que » :

        Est-ce que Jean vient?

    c. en ajoutant « n'est-ce pas? » :

        Jean vient, n'est-ce pas?

    d. ou en changeant l'ordre du sujet et du verbe :

        Jean, vient-il?

Les trois premières—(a), (b) et (c)—sont les manières les plus souvent employées pour poser une question dans la langue parlée.

B. Les questions plus compliquées exigent un mot interrogatif et une intonation descendante.

PRONOMS INTERROGATIFS

Qui est-ce?   C'est Jean.
Qui vois-tu?   Personne.
Qui est-ce que tu vois?   Personne.
Qu'est-ce qui se passe?   Rien d'intéressant.
Qu'est-ce que c'est?   C'est un oiseau.
Qu'est-ce que tu vois?   Une voiture rouge.
Que vois-tu?   Pas grand' chose.

À qui parles-tu?   À Pierre.
De qui parles-tu?   De Chantal.
Pour qui travailles-tu?   Pour mon père.

À quoi penses-tu?   À mon bateau.
De quoi as-tu besoin?   De ma voiture.
Par quoi commençons-nous?   Par la deuxième.
En quoi puis-je être utile?   Il n'y a rien à faire.

Lequel est le plus grand?   Le rouge.

ADJECTIFS INTERROGATIFS

Quel livre veux-tu?   Le rouge.
Quels films préfères-tu?   Les westerns.
Quelle heure est-il?   16 heures.
Quelles fleurs aimes-tu?   Les roses jaunes.

Quel est cet animal?   Un tigre.
Quelle est ta place?   La première à gauche.

À *quel* livre penses-tu?   Au dernier roman de Sarraute.
De quel livre parles-tu?   Du livre français.
Avec quelle cousine viens-tu?   Avec la plus âgée.
Par quelle route arrives-tu?   Par la plus rapide.
Dans quelle maison habites-tu?   Dans la plus belle.
En quelle saison voyages-tu?   En hiver.
Sur quelle table écris-tu?   Sur celle-là.
Pour quelle maladie est-ce bon?   Pour les rages de dents.

ADVERBES INTERROGATIFS

Où est le musée?   Au coin de la rue.
D'où vient-il?   De Montpellier.
Par où es-tu passé?   Par Avignon.

Quand viendront-ils?   Quand ils auront le temps.
Depuis quand étudies-tu?   Depuis hier soir.

Comment va votre mère?   Pas très bien.
Comment es-tu arrivé?   Par avion.

Combien en as-tu?   J'en ai trois.
Combien coûte la voiture?   35 000 francs.
Pour combien de temps pars-tu?   Pour trois mois.
Pendant combien de temps es-tu resté à Nice?   Pendant trois mois.
Pourquoi travailles-tu?   Parce que j'ai besoin d'argent.

UNE INTERVIEW

Divisez les étudiants en groupes de deux. Les deux étudiants vont se poser autant de questions possibles en 5 minutes: D'où viens-tu? Où habites-tu? ta famille? Depuis quand es-tu à l'université? Combien de sœurs (frères) as-tu? Quels films (acteurs, actrices) aimes-tu? Quel est ton émission préférée à la télévision? Qu'est-ce que tu aimes (détestes) faire? Pourquoi étudies-tu le français?, etc.

LES PRÉSENTATIONS

Maintenant chaque étudiant présentera l'autre membre de son groupe aux camarades de classe. Le professeur peut commencer en se présentant aux étudiants.

L'ESSENTIEL

Conseils à l'étudiant

The vocabulary in *l'Essentiel* will usually be arranged in three columns: the left column consists of noun subjects, the middle column contains verbs, and the right column presents complements (noun objects and adjectives). The words and phrases have also been grouped by topics. With these groupings in mind, you should be able to construct sentences by reading from left to right as you study. In order to save you time, English translations of *l'Essentiel* are provided in identical format in *Appendice B.* You can thus check the meanings of French words you don't know and use the English lists as self-tests.

As you look at *l'Essentiel* in this preliminary lesson, you will note the possibility of constructing such sentences as:

J'entre dans la cabine téléphonique.
J'entre dans la poste.
Je sors de la cabine après avoir téléphoné.
Quand je veux faire un coup de téléphone, je décroche le récepteur.
La standardiste m'aide à obtenir la communication.

The format of this section is designed to encourage your imagination and help you to formulate from the simplest to the most complex sentences.

A series of questions and exercises follows each vocabulary grouping of *l'Essentiel* and can serve as a guide for using the new expressions. Construct your own sentences both before and after doing the exercises.

Un coup de téléphone

une personne	entrer (dans)	une cabine publique
	être (dans)	la cabine (téléphonique)
	sortir (de)	la poste (les P. et T.[1])
	téléphoner	(à quelqu'un)
	donner	un coup de téléphone, un coup de fil (à qqn)
un(e) correspondant(e)	mettre, introduire	la pièce
	entendre	la tonalité
	composer	le numéro
	appeler	
	rappeler	
	se tromper (de)	
	entendre (sonner)	la sonnerie
	décrocher/raccrocher	le récepteur, l'écouteur *(m.)*
	prendre/laisser	un message
l'opératrice *(f.)*, la téléphoniste, la standardiste	aider (à obtenir) établir	la communication

Vocabulaire supplémentaire

un appel interurbain
un appel à longue distance (à l'étranger)
un appel avec préavis (P.A.V.)
l'indicatif *(m.)* de zone
téléphoner en P.C.V.[2]
le central téléphonique, le standard
l'annuaire *(m.)*

[1]En France la plupart des gens se servent du téléphone public dans un bar ou un café ou aux P. et T. (Postes et télécommunications), ou dans les gares.

[2]P.C.V. = à *percevoir* : L'opératrice avisera votre correspondant que vous désirez communiquer avec lui à ses frais *(expense)* ; s'il accepte, il paiera la communication et la taxe *(charge)* « P.C.V. » .

interurbain

automatique

pour obtenir
le département

hérault *

| décrochez | tonalité | numéro demandé |

* sauf secteur d'Olonzac

exemple : pour obtenir l'abonné (67) 63 90 90 à Montpellier, composez le 63 90 90

pour obtenir un

**département
de province**

ou

décrochez tonalité **16** tonalité indicatif de zone voir p. 6 numéro demandé

exemple : pour obtenir l'abonné (33) 26 04 09 à Alençon, composez 16, puis 33 26 04 09

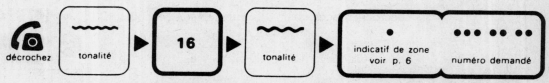

décrochez tonalité **16** tonalité indicatif de zone voir p. 6 numéro demandé

exemple : pour obtenir l'abonné (4) 445 18 13 à Beauvais, composez 16, puis 4 445 18 13

pour obtenir

paris
ou les départements
de la Seine-Saint-Denis
des Hauts-de-Seine
du Val-de-Marne

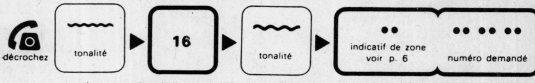

décrochez tonalité **16** tonalité **1** numéro demandé

exemple : pour obtenir l'abonné (1) 250 23 45 à Paris, composez 16, puis 1 250 23 45

pour obtenir
les départements
de l'Essonne
du Val-d'Oise
de la Seine-et-Marne
des Yvelines

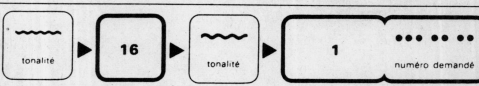

décrochez tonalité **16** tonalité indicatif de zone voir p. 6 numéro demandé

exemple : pour obtenir l'abonné (6) 077 11 81 à Évry, composez 16, puis 6 077 11 81

par l'intermédiaire d'une opératrice

vous désirez une communication spéciale (PCV - Carte de crédit - Libre appel - etc.)

 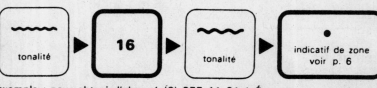

| décrochez | tonalité | **10** | vous obtenez l'opératrice de votre centre de départ à qui vous formulez votre demande |

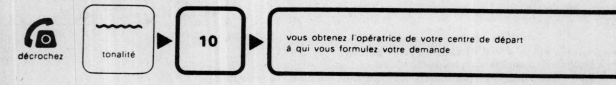

Comment obtenir votre correspondant...

PAR VOIE AUTOMATIQUE

 19 ~ | Indicatif du pays | Indicatif de la zone ou de la ville | Numéro de l'abonné |

pour certains pays il n'y a pas d'indicatif de villes.

Cas particuliers : Andorre - Monaco.

 16 ~ | Monaco 93 Andorre 078 | Numéro demandé |

NE RACCROCHEZ PAS HATIVEMENT

Si vous ne percevez aucune tonalité aussitôt après avoir composé votre numéro, attendez au moins 30 secondes pour permettre aux équipements internationaux d'acheminer votre appel.

...à l'étranger

A L'ÉTRANGER

PAR L'INTERMÉDIAIRE D'UNE OPÉRATRICE

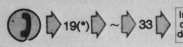 19(*) ~ 33 | Indicatif du pays demandé | Vous obtenez l'opératrice à qui vous formulez votre demande (**) |

(*) Cas particulier d'Andorre et Monaco composez le 10
(**) A la réponse de l'opératrice, indiquez :
– le pays demandé
– la localité de destination
– le numéro d'appel de votre correspondant
– la nature de la communication le cas échéant.

Quand utiliser cette procédure ?

• Communications à destination de pays autres que ceux obtenus par l'automatique.
• Communications à destination des villes non accessibles à l'automatique, bien que situées dans un pays avec lequel le service automatique est ouvert.
• Communications spéciales (voir pages bleues de l'annuaire).
Communications personnelles
Communications personnelles avec envoi de message
Communications payables à l'arrivée : PCV

Il est moins coûteux et plus rapide, si vous pouvez passer par le système automatique, d'appeler vous-même votre correspondant et de lui demander de vous rappeler immédiatement à votre numéro.

EXERCICES

I. Complétez les phrases avec des mots appropriés.

1. Pour donner un coup de téléphone quand on est dans la rue, on peut entrer dans _____.
2. Avant de mettre la pièce dans la fente il faut _____.
3. Si vous ne savez pas le numéro de téléphone, il faut le chercher dans _____ ou appeler _____ pour vous aider.
4. Après avoir composé le numéro, on entend _____.
5. Si la ligne est occupée, on peut _____ plus tard.
6. Vous demandez à téléphoner en P.C.V. parce que vous voulez _____.
7. Si l'on ne réussit pas à communiquer avec la personne qu'on cherche, il est possible de _____.
8. Le _____ d'un appel interurbain en France est moins cher qu'un appel à longue distance à l'étranger.
9. On téléphone au standard pour demander _____.
10. Pour faire un coup de téléphone d'une cabine téléphonique, il faut _____.

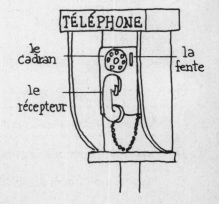

TÉLÉPHONE

le cadran

la fente

le récepteur

II.   Vous êtes en France et quelqu'un a volé tout votre argent. Comment demandez-vous à la standardiste de vous aider à téléphoner en P.C.V. : à vos parents qui sont à l'Hôtel de la Paix à Lyon (78) 68.75.91? à l'Hôtel de la Paix à Paris (1) 824.53.09?

Modèle : Je voudrais téléphoner en P.C.V. à Monsieur ou Madame ————
—le   soixante-huit / soixante-quinze / quatre-vingt-onze   à   Lyon : indicatif soixante-dix-huit.
—le huit cent vingt-quatre / cinquante-trois / zéro neuf à Paris : indicatif un.

1. à vos parents qui sont chez les Martel à Bordeaux (56) 21.78.43
2. à votre petite amie qui est à l'Hôtel de la Gare à Montpellier (67) 54.23.56
3. à votre professeur de français qui est à Paris (1) 675.32.59
4. à votre copain (copine) à Nice (93) 19.87.41
5. à votre petit ami qui est à Reims (26) 63.98.16

III.   Si vous avez du mal à téléphoner vous composez « 0 » (zéro) et demandez que la standardiste vous établisse la communication. On peut dire :

Le poste fonctionne mal.
J'ai obtenu un faux (mauvais) numéro.
La communication était mauvaise (interrompue).
Il y avait de la friture *(crackling noise)* sur la ligne.
On nous a coupés.

Pouvez-vous imaginer d'autres problèmes?

IV.   Imaginez. Le téléphone sonne chez vous. Quand vous décrochez le récepteur vous dites :

Allo *ou*
Oui *et puis*
Qui est à l'appareil? *ou*
C'est de la part de qui?

Le correspondant répond :

C'est M. Cheftel à l'appareil. *ou*
C'est de la part de M. Cheftel.

Et puis demande:

Est-ce que M. Martel est là? *ou*
M. Martel, est-il là?

Vous répondez :

C'est lui-même à l'appareil. *ou*
Ne quittez pas. Je vous le passe.

Imaginez que vous êtes la personne A de cette conversation. Qu'est-ce que vous diriez?

(entre deux hommes)

A :
B : C'est lui qui parle.
A :
B : Comment? Je n'entends pas. Qui est à l'appareil?
A :
B : Parlez plus haut, s'il vous plaît.
A :
B : Il y a trop de friture sur la ligne. Je n'entends rien.
A :
B : Comment? Tiens! On nous a coupés. Ce téléphone ne fonctionne jamais!

V.   Avec l'aide d'un(e) camarade de classe, inventez votre propre conversation au téléphone entre un(e) étudiant(e) américain(e) à Paris et (1) un Parisien (une Parisienne) ; (2) un(e) étudiant(e) français(e) ; (3) une téléphoniste.

QUELQUES NUMEROS D'APPEL UTILES

POLICE	**17**
POMPIERS	**18 (1)**

(1) A défaut du numéro de la caserne intéressée.

Télégrammes téléphonés :

France	**14**
Autres destinations : consulter l'annuaire.	
Abonnés absents : se renseigner au	**13**
Réveil	**463 7111**
Renseignements postaux et télégraphiques	**280 6789**
Renseignements Chèques Postaux	**533 7400**

Ambulances de l'Assistance Publique....................	**887 2750**
Centre anti-poisons...................................	**205 6329**
Centre d'information R.A.T.P..........................	**346 1414**
Communications avec les navires	**19 ~ 3300**
Horloge parlante	**463 8400**
Informations boursières..............................	**260 8400**
Informations météorologiques { Région Parisienne.........	**555 9590**
Autres Régions	**555 9109**
Informations parlées.................................	**463 1**
Informations touristiques............................	**720 1678**
Objets perdus.......................................	**531 8210**
Renseignements administratifs........................	**567 5599**
Renseignements avions { ORLY **687 1234-587 5141**	
LE BOURGET	**834 9390**
CHARLES DE GAULLE	**862 2280**
Renseignements douaniers	**280 1326**
Renseignements gaz et électricité....................	**387 5999**
Renseignements S.N.C.F.	**261 5050**
Service S.V.P.......................................	**787 1111**
SOS Amitié...	**825 7050**
Transfusions d'urgence..............................	**307 4728**

Décourager les mauvais plaisants[1]

Contre les sonneries du téléphone qui vous réveillent à des heures inconvenantes la nuit, contre les appels d'un mystérieux correspondant qui vous *agacent* par une voix anonyme, il y a quelque chose à faire: appelez le 567.35.07. Ce numéro est partie des services de *réclamation* à la *Direction* régionale des télécommunications. Vous pouvez aussi vous adresser à votre central téléphonique. En même temps, par lettre brève, *déposez une plainte* contre X ou contre une personne soupçonnée au *procureur* de la République. Le procureur ordonne alors une *enquête* dont les P. et T. se chargent. Votre ligne est très rapidement *branchée* sur *table d'écoute*. Ainsi les P. et T. localisent facilement d'où vient l'appel. Une brigade d'agents de police peut être envoyée pour *prendre sur le fait* les *coupables*. Puis la justice suit son cours, *amendes*, peines d'emprisonnement, etc., tout dépend du jugement. Un conseil : vous pouvez décourager votre correspondant en lui mentionnant que ses appels sont enregistrés. La peur met souvent fin à la persécution.

Extrait d'un article d'*Elle*.

[1]Mauvais plaisants = *crank (obscene) callers.*

---

causent une irritation

protestation / bureau du directeur

se plaindre officiellement
magistrat
recherche
mise en communication / listening device
surprendre pendant la communication /
fautifs, criminels / fines

◆ QUESTIONS

1. Qu'est-ce que c'est qu'un mauvais plaisant?
2. Que peut-on faire en France si l'on est agacé par un mauvais plaisant au téléphone?
3. Qu'est-ce qui arrive quand une ligne est branchée sur table d'écoute?
4. Quels moyens la police et la direction emploient-elles pour prendre les mauvais plaisants?
5. Qu'est-ce qui arrive aux coupables?
6. Comment peut-on décourager un mystérieux correspondant?

◆ À VOUS LA PAROLE

1. Que feriez-vous si vous receviez un appel d'un mauvais plaisant?
2. Parmi les solutions pour résoudre le problème des mauvais plaisants, laquelle choisiriez-vous? Pourquoi?
3. Est-ce que la peur met souvent fin à la persécution? Expliquez votre réponse.

SUJETS DE DISCUSSIONS

1. Un mauvais plaisant est coupable d'un crime grave et doit être sévèrement puni. (pour ou contre)
2. Quel rôle le téléphone joue-t-il dans notre vie? Voudriez-vous le changer? Expliquez et défendez vos réponses.
3. Décrivez votre vie sans téléphone.

TELEPHONE AUTOMATIQUE INTERNATIONAL

FRANCE : 33 – Préfixe international : 19

- Pour les pays non reliés à l'automatique et pour les communications spéciales (P.C.V. carte de crédit, etc.) composer :
19 (tonalité) 33 + indicatif du pays demandé.
- Ex. : 19-33 359 (vous avez l'opératrice).

POUR OBTENIR UN CORRESPONDANT À L'ÉTRANGER

Préfixe international	Tonalité	Indicatif du pays	Numéro National demandé		Silence	Sonnerie ou occupation
			Indicatif ville ou zone +	Numéro demandé		

ATTENTION A LA ZONE DE SILENCE, ELLE EST NORMALE : NE RACCROCHEZ PAS, CETTE ATTENTE PEUT ATTEINDRE LA MINUTE

INDICATIFS PAYS

DÉCALAGE HORAIRE (Dh ±) par rapport à la France donné à titre indicatif

	Indicatif	dh ±		Indicatif	dh ±		Indicatif	dh ±
Abu Dhabi	979	+ 3	Ghana	233	- 1	Nicaragua	505	- 7
Algérie	213	- 1	Gibraltar	350	0	Niger	227	0
Allemagne (R.D.A.)	37	0	Grèce	30	+ 1	Nigéria	234	0
Allemagne (R.F.A.)	49	0	Guatemala	593	- 7	Norvège	47	0
Angola	244	0	Haïti	509	- 6	Nouvelle-Zélande	64	+ 11
Antilles Néerlandaises	599	- 5	Haute-Volta	226	- 1	Oman	968	+ 3
Arabie Saoudite	966	+ 3	Hawaï	1	- 11	Ouganda	256	+ 2
Argentine	54	- 4	Honduras	504	- 7	Pakistan	92	+ 4
Australie	61	+ 7/9	Hong-Kong	852	+ 8	Paraguay	595	- 5
Autriche	43	0	Hongrie	36	0	Pays-Bas	31	0
Bahrein	973	+ 3	Iles-Vierges	19	- 5	Pérou	51	- 6
Barbade	1	- 5	Inde	91	+ 430	Philippines	63	+ 7
Bénin	229	0	Indonésie	62	+ 6	Pologne	48	0
Bermudes	1	- 5	Irak	964	+ 2	Porto-Rico	1	- 5
Botswana	267	+ 1	Iran	978	+ 230	Portugal	351	0
Brésil	55	- 5	Irlande	353	- 1	Qatar	974	+ 3
Bulgarie	359	+ 1	Islande	354	- 1	Roumanie	40	+ 1
Cameroun	237	0	Israël	972	+ 1	Royaume-Uni	44	- 1
Canada	1	- 6	Italie	39	0	Sénégal	221	- 1
Chili	56	- 4	Jamaïque	1	- 6	Singapour	65	+ 620
Chypre	357	+ 1	Japon	81	+ 8	Soudan	249	+ 1
Colombie	57	- 6	Jordanie	962	+ 3	Sud-Africaine (Rép.)	27	+ 1
Congo	242	0	Kenya	254	+ 2	Suède	46	0
Corée (Rép. de)	82	+ 8	Koweit	965	+ 2	Swaziland	268	+ 1
Costa-Rica	506	- 7	Lesotho	266	+ 1	Syrie	963	+ 1
Côte d'Ivoire	225	- 1	Liban	961	+ 1	Taïwan	86	+ 7
Danemark (sauf Groënland)	45	0	Liberia	231	- 1	Tanzanie	255	+ 2
Djibouti	253	+ 2	Libye	218	+ 1	Tchad	235	0
Dominicaine (Rép.)	1	- 5	Luxembourg	352	0	Tchécoslovaquie	42	0
Dubaï	978	+ 3	Madagascar	261	+ 2	Thaïlande	66	+ 6
Egypte	20	+ 1	Malaisie	60	+ 7	Trinidad	1	- 5
El Salvador	503	- 7	Mali	223	- 1	Tunisie	216	0
Emirats Arabes Unis	971	+ 3	Malte	356	0	Turquie	90	+ 1
Equateur	593	- 6	Maroc	212	- 1	URSS (Moscou)	7	+ 2
Espagne	34	0	Maurice (Iles)	230	+ 3	Uruguay	598	- 2
Etats-Unis	1	- 6/9	Mauritanie	222	- 1	Venezuela	58	- 5
Ethiopie	251	+ 2	Mexique	52	- 7	Yougoslavie	38	0
Finlande	358	+ 1	Mozambique	258	+ 1	Zaïre	243	0
Gabon	241	0	Namibie	264	+ 1			

chapitre

1

La Vie scolaire

L'ESSENTIEL

un(e) élève (à l'école primaire ou au lycée)
un(e) étudiant(e) (à l'université)

entrer (à)
s'inscrire (à)
aller (à)
quitter
être renvoyé(e) de *appel*

l'école *(f.)*
le lycée[1]
l'université *(f.)*[2]

suivre
aller (à)
assister (à)
sécher *class*
redoubler

un cours
un cours magistral — *course in your major*

écouter ⟳

une conférence → *lecture*
un(e) conférencier (-ière)

prendre
écrire
faire

des notes *(f. pl.)*
une dissertation
un exposé
un compte rendu

habiter,
    demeurer (dans),
    loger (dans)

le dortoir
la résidence universitaire

prendre

une chambre
    chez un particulier
    en ville
les repas *(m. pl.)* au resto U[3]

[1]Le lycée est un établissement français. **Le bachelier (la bachelière)** est l'élève qui a terminé le lycée et a reçu son **baccalauréat** (*fam.*: **le bachot** ou **le bac**)—le diplôme de fin d'études du lycée, équivalent à une ou deux années de l'université américaine.

[2]Les niveaux de l'enseignement français sont : **le primaire** (l'école maternelle de deux à cinq ans et l'école primaire de six à onze ans) ; **le secondaire** (le C.E.S.—collège d'enseignement secondaire de onze à quatorze ans, le C.E.T.—collège d'enseignement technique de quatorze à dix-sept ans, le lycée de quinze à dix-huit ans) et **le supérieur** (l'université).

[3]Restaurant universitaire où l'on peut prendre des repas à des prix réduits.

un(e) étudiant(e) (à l'université)	payer	les frais *(m. pl.)* de logement de nourriture d'inscription
	faire	une demande de bourse
	gagner	une bourse
	être	boursier (-ière)

scholarship

Vocabulaire supplémentaire

la rentrée   le programme des cours   l'horaire *(m.)* des cours

---

LISTE DES COURS

Sciences humaines *(f. pl.)*

le français
les langues étrangères *(f. pl.)*—modernes : l'anglais, l'allemand, le
   russe, etc. ; classiques : le grec, le latin
la littérature
l'histoire *(f.)*
la géographie
la philosophie

Sciences *(f. pl.)*

les mathématiques *(f. pl.)*, les maths *(fam.)*—l'algèbre *(f.)*, la géo-
   métrie, la trigonométrie, les maths modernes (le calcul)
les sciences naturelles *(f. pl.)*—la biologie, la zoologie, la géologie,
   la botanique, la cosmographie, la physique, la chimie
la technologie[1]
les sciences économiques *(f. pl.)*

Arts *(m. pl.)*

le dessin, la peinture, la musique
les travaux manuels artistiques *(m.pl.)*—la poterie, la sculpture

Gymnastique *(f.)*, Éducation physique *(f.)*

[1]Études des fonctionnements des appareils : l'informatique (ordinateurs), l'électricité,
   l'électronique, etc.

I. En employant le vocabulaire de l'Essentiel, citez ce que les bons étudiants
ont tendance à faire. Vous pouvez employer les expressions suivantes
comme point de départ : écouter attentivement un conférencier, prendre
de bonnes notes en écoutant une conférence, ne pas sécher souvent les
cours magistraux, écrire soigneusement une dissertation, etc.

Exemple : Les bons étudiants écoutent attentivement un conférencier.

II. Maintenant décrivez les mauvais étudiants. Vous pouvez commencer chaque phrase par les mots *Les mauvais étudiants refusent de...*

Exemple : Les mauvais étudiants refusent d'écouter attentivement un conférencier.

Kevin

III. Complétez les phrases suivantes.

1. Pour obtenir de bonnes notes il faut _____.
2. Pour réussir à devenir médecin il faut suivre des cours comme _____.
3. Parmi les sciences humaines il y a _____.
4. Dans cette université la rentrée a lieu _____.
5. Habiter chez un particulier veut dire _____.

IV. Demandez à un(e) autre étudiant(e):

1. ce qu'il (elle) a fait pour se loger à l'université
2. quand il (elle) est entré(e) à l'université
3. s'il (si elle) sèche souvent ses cours
4. où il (elle) prend ses repas d'habitude
5. où la majorité des étudiants préfère loger
6. quel diplôme il (elle) prépare et quand il (elle) compte l'obtenir

un(e) candidat(e)	commencer	les études *(f. pl.)*
	achever	
	terminer (bien / mal)	
	être	fort(e) en langues
		faible, mauvais(e) en histoire
	étudier (pour)	l'examen *(m.)*[1]
	réviser (pour)	l'épreuve *(f.)*
	se présenter (à)	le contrôle continu
	passer	
	réussir (à)	
	être reçu(e) (à)	
	échouer (à)	
	rater *(fam.)*	
	être collé(e) (à) *(fam.)*	
	tricher (à)	
	recevoir, obtenir	des notes[2] *(f. pl.)*
	subir	l'échec *(m.)*
un professeur (dans le secondaire et le supérieur)	exiger	les travaux pratiques *(m. pl.)*
		les travaux dirigés *(m. pl.)*
	corriger	l'examen
	donner	la note
		le résultat

Vocabulaire supplémentaire

la faculté[3]
le doyen, la doyenne
le conseiller, la conseillère

les matières
    obligatoires
    à option
    à choix libre

le cycle de formation

---

[1] **l'examen terminal :** l'étudiant est jugé sur un seul examen de fin d'année qui comprend toutes ses études ; **le concours :** examen compétitif permettant de classer les candidats à une place, à un prix, à l'admission à une grande école, etc.

[2] En France les notes sont basées sur les chiffres 1 à 20 : 17–20 = mention très bien ; 14–16 = mention bien; 12–13 = mention assez bien ; 10–11 = mention passable.

[3] En français le mot **faculté** veut dire soit l'établissement, soit l'ensemble des professeurs.

Divisions d'une université française

Faculté de Droit et des Sciences économiques
Faculté de Médecine
Faculté de Pharmacie
Ecole Dentaire
Faculté des Sciences naturelles
Faculté des Lettres
École des Beaux-Arts
Conservatoire de Musique

La Pédagogie →Teaching
La Sociologie et Sciences politiques
Les Sciences sociales
Institut Universitaire de Technologie (I.U.T.)

I. Complétez les phrases suivantes.

1. *Cours à choix libre* veut dire _____.
2. Un étudiant redouble un cours parce que _____.
3. Aux États-Unis on peut obtenir un diplôme après _____.
4. Une université française est divisée en plusieurs _____.
5. Les conseillers d'une université américaine aident les étudiants à _____.

II. En employant les expressions données comme point de départ, faites votre portrait d'un bon professeur et d'un mauvais professeur : **expliquer la matière ; consulter un conseiller ; diriger les travaux pratiques ; exiger des dissertations ; corriger les examens ; donner les résultats.**

III. Vous venez (a) de perdre votre bourse ; (b) d'être collé(e) à une épreuve ; (c) d'avoir reçu de mauvaises notes ; (d) d'être renvoyé(e) de l'université. En employant le vocabulaire de l'Essentiel essayez d'expliquer chaque situation à vos parents ; à votre professeur préféré ; à votre meilleur(e) ami(e).

EXERCICES

I.

1. Quelle sorte d'élève étiez-vous à l'école secondaire? Et maintenant, quelle sorte d'étudiant(e) êtes-vous? Avez-vous beaucoup changé? Comment? Comparez vos réponses avec celles des autres étudiants.
2. En France l'inscription (année scolaire) coûte 110 francs,[1] la chambre dans une résidence universitaire coûte 450 francs par mois et un repas au resto U coûte 10 francs. Comparez les frais d'un étudiant d'une université américaine et d'un étudiant d'une université française. Quel système préférez-vous?

[1]Prix de l'année scolaire 1983–1984; un franc = 13¢–15¢.

3. Décrivez l'étudiant le plus typique de votre université. Est-ce que vous ressemblez à l'étudiant typique?
4. Décrivez le professeur le plus typique de votre université. Comparez votre description avec celle de vos camarades de classe.
5. Demandez à un(e) camarade de classe quelles matières il (elle) étudie en ce moment, combien d'heures de conférence et de laboratoires il (elle) a par semaine et pourquoi il (elle) a choisi ce programme.
6. Demandez à un(e) étudiant(e) ses opinions sur les examens et les cours magistraux.
7. Discutez les avantages et les inconvénients d'habiter une résidence universitaire.
8. Vous ne pouvez pas décider de votre cycle de formation. Demandez des conseils aux autres étudiants.
9. Essayez de persuader quelqu'un de suivre un cours d'un professeur que vous estimez beaucoup.

II. **Imaginez: Un professeur étourdi**

A : Dis donc, tu connais le professeur Bretel? Il paraît que c'est un prof très étourdi. Est-ce vrai?
B :
A : Qu'est-ce qui est arrivé chez lui hier soir?
B :
A : Que dis-tu? Il ne connaît même pas sa propre maison?
B :

Une explosion scientifique

A : Est-ce que tu sais ce qui est arrivé hier au cours de chimie?
B :
A : Je n'ai pas réussi à y assister mais j'ai entendu dire qu'il y a eu une explosion. Est-ce vrai?
B :
A : Ah, c'est bien intéressant, continue... Vas-y, vas-y...
B :
A : Mon dieu! Qu'est-ce qui nous reste de ce pauvre type?
B :

Bâtiment administration.

— Services administratifs
— Secrétariat U.E.R. 1-2-3-4-7-8
— Agence comptable
— Etudiants étrangers

Bâtiment B - C

— Bureaux des professeurs
— Secrétariat U.E.R. 5-6-10-11
— Bureau des sports

Conciergerie

Bureau de l'assistante sociale

Bâtiment 2 et 3

Sièges associations étudiants

Bâtiment 4

Infirmerie

Bâtiment 6

Cellule Information
et Orientation

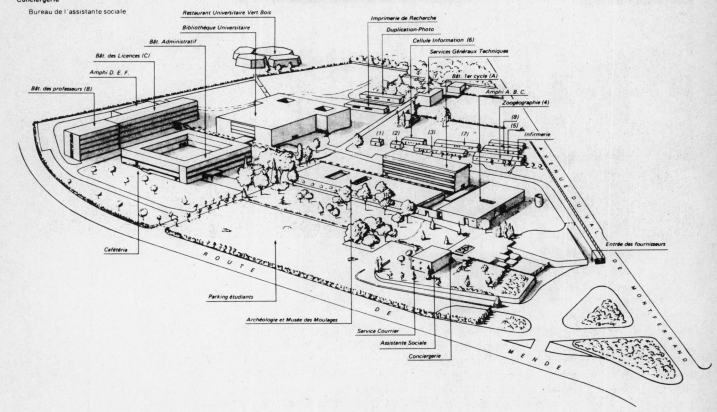

UNIVERSITE PAUL VALERY

III. Regardez le plan de l'université de Montpellier III (Paul Valéry) et répondez aux questions.
 1. Comment va-t-on du bâtiment des professeurs à l'Amphi A? À l'infirmerie? Au parking étudiants? Au resto U Vert Bois? À la bibliothèque?
 2. Dans quel bâtiment se trouvent les services administratifs? La cafétéria? Le bureau pour les étudiants étrangers?

IV. Décrivez quels sentiments vous éprouvez dans les situations suivantes. (Consultez l'Appendice A à la page 167.)

 1. vous séchez un cours
 2. vous avez trois examens à passer le même jour
 3. vous venez de manger au resto U
 4. vous abandonnez un cours difficile (facile)
 5. vous passez un examen difficile (facile)
 6. vous ne réussissez pas à exprimer votre opinion dans un cours
 7. vous vous disputez avec un professeur (avec un autre étudiant)
 8. vous discutez d'une mauvaise note avec votre professeur

V. En employant le vocabulaire de l'Essentiel et les proverbes 3 à 10 dans l'Appendice C (page 196) inventez une histoire ou une conversation par écrit pour la présenter à vos camarades de classe.

Des Hommes à l'école

Christian X. est « la maîtresse » de trente-trois petits de quatre ans. C'est un des *téméraires* qui ont osé : il a choisi un métier de femme. « Dès la classe de première je voulais être instituteur d'*école maternelle.* En 1973, je suis allé à un bureau pour *déposer* ma demande de poste à l'école maternelle. Il y avait là deux secrétaires stupéfaites—une pour l'école primaire, l'autre pour la maternelle. « Non, vous ne pouvez pas avoir un poste en maternelle », me répétait l'une d'elles. J'ai insisté, elle a fini par enregistrer ma demande de poste et, peu après, je recevais ma *nomination* au nom d'Eve Christian. Symptomatique, non? » demande-t-il en riant. Christian a vingt-trois ans et, déjà, c'est sa quatrième année d'*exercice.* Il est l'un des 152 hommes en France (sur plus de 60 000 femmes) que l'on regarde plus curieusement encore que les femmes fragiles *au volant* des bus parisiens parce qu'ils ont choisi de s'occuper de tout-petits.

    « J'aime beaucoup les enfants, mais je refuse absolument d'en avoir, dit Christian. Je ne veux pas prendre la responsabilité de mettre des enfants au monde. Je préfère aider les enfants des autres à vivre.

    « J'aime les petits parce qu'ils découvrent tout : la couleur, la peinture, le monde extérieur. Ils prennent conscience de leur corps. On voit leur progrès dans tous les domaines. J'essaie de leur faire accepter l'école en général comme une partie, un fragment, et non comme l'essentiel de leur vie. Je voudrais aussi leur faire réaliser les possibilités qu'ils ont *en tant qu'*être humain, pas seulement en tant qu'enfant. »

    Françoise Dolto, la plus célèbre psychiatre pour enfants, est pour la *mixité* dans l'école maternelle : « Une institutrice est *de toute façon* « paternelle ». Le rôle de l'institutrice est souvent empreint d'autorité; on se demande à quoi *ça sert.* Non seulement c'est un faux problème, mais surtout cela *fausse* l'image sociale de l'institutrice. Un homme représente le « social », mais il ne faut pas que ce soit un homme « maternant ». Et puis il y a toujours une ou deux dames de service qui aident l'instituteur et jouent un rôle complémentaire. Par ailleurs on peut espérer que les pères, s'ils voient un maître à l'école maternelle, viendront peut-être plus souvent, s'y intéresseront *davantage.* »

    Madame la directrice est très satisfaite de la présence d'un homme dans son

audacieux
preschool
remettre

notification d'emploi

le pratique de sa profession

conduisant *(fig.)*

en qualité de

le mélange des filles et des garçons
en tout cas
cela est bon
déforme

plus

école : « Lorsqu'un homme arrive à l'école maternelle, on est sûr qu' il a vraiment choisi ce poste, qu'il fera donc son métier avec goût et passion. Les enfants le sentent bien. Et lorsque Christian caresse une tête avec *douceur,* je n'y vois pas là un geste maternel ou féminin, mais simplement un geste d'amour. »

gentillesse

Extrait d'un article d'*Elle* par Judith Radiguet.

◆ QUESTIONS

1. Pourquoi Christian a-t-il choisi le métier d'instituteur à l'école maternelle?
2. Quelles sont les difficultés qu'il a rencontrées à cause de son choix? Pouvez-vous en imaginer d'autres?
3. Que veut dire la phrase « Une institutrice est de toute façon paternelle »?
4. Comment est-ce qu'on peut intéresser les pères à l'école maternelle?
5. Quelles sont les différences entre l'instituteur et l'institutrice selon la directrice de l'école maternelle?

◆ À VOUS LA PAROLE

1. Voudriez-vous être élève de Christian? Pourquoi?
2. Les hommes à l'école, doivent-ils (ou peuvent-ils) être maternels? Présentez vos idées aux autres étudiants.
3. Essayez de persuader Christian X. d'avoir des enfants. Choisissez un autre étudiant pour jouer le rôle de Christian.
4. Avec un(e) camarade de classe, imaginez la conversation entre :
   a. Christian X. et la secrétaire au bureau où il a déposé sa demande de poste
   b. la directrice de l'école où enseigne Christian X. et le père d'une de ses élèves (le père n'est pas content d'avoir un maître à l'école maternelle)

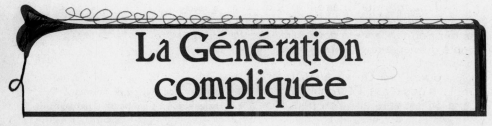

La Génération compliquée

UNE LETTRE

Mon mari et moi, nous sommes en ce moment en discussion avec notre fille de vingt ans qui, étant jusque-là étudiante sans *but* précis, *se cabre* quand nous lui parlons de chercher du travail. Je crois qu'elle n'est pas seule dans ce cas. Un bon nombre d'étudiants *redoute* de *franchir le cap* et plus ils avancent en

objectif / se révolte

ont peur / traverser une étape

âge, plus cela leur semble difficile. Il est impossible de discuter, elle *se braque* et cela tournerait au drame. Peut-être quelques personnes donneront-elles leur opinion sur ce point de vue que, personnellement, je ne sais pas bien analyser : angoisse, *paresse,* indépendance. Cependant, ce manque de sécurité qu'impose le travail temporaire pour payer la chambre et les cours me paraît autrement plus angoissant. Et l'indépendance ne serait-elle pas plus grande si, *percevant* un salaire régulier, il n'y avait rien à demander à personne?

se révolte, est hostile

indolence, apathie

recevant

Une mère *effrayée*

terrifiée, découragée

ET LA RÉPONSE :

Dans une semaine, j'aurai vingt et un ans et je suis dans le cas de la fille de cette dame. Est-ce par paresse qu'on refuse le travail régulier? Non. Il ne me semble pas que nous laissions passer le temps sans rien faire. Au contraire, nous cherchons activement une vie plus *attrayante* que métro-boulot-dodo[1]. Est-ce par angoisse? Je crois, en effet, que cette sécurité qu'on nous propose est angoissante, *étouffante*. Les parents ont trop tendance à construire l'avenir de leurs enfants. Mais se rendent-ils compte que leurs rêves sont aussi et même plus utopiques que les nôtres?

agréable

oppressive

Ce travail avec salaire régulier où le trouve-t-on? On va à l'université, on *ressort* avec un beau diplôme, mais l'emploi n'existe pas. Pourquoi donc ne pas nous laisser vivre *au jour le jour?* Quand on est libre et qu'on peut le rester, pourquoi ne pas en profiter?

sort tout de suit *ou* de nouveau
sans savoir ce qui passera demain

Vingt ans est un âge merveilleux. On sort du malaise de l'adolescence, on a acquis une certaine personnalité et assurance, mais on n'est pas encore un adulte. N'est-ce pas plus merveilleux d'aller à l'université, de découvrir le monde dans les livres et les voyages au lieu de travailler huit heures par jour pendant cinq jours par semaine et avoir un mois de vacances par an? Rien ne nous retient—pas de mari, pas d'enfant. On trouve le petit boulot qui nous fait vivre. Les finances sont parfois difficiles, mais l'esprit est là, toujours vaillant et entouré de nombreux amis. Nous sommes bien conscients que ce paradis ne sera qu'éphémère ; nous perdrons nos illusions bien assez tôt. Mais, s'il vous plaît, ne nous faites pas croire qu'à vingt ans, la fleur est déjà *fanée*.

vieillie, passée *(fig.)*

Tiche

Extrait d' *Elle.*

◆ QUESTIONS

1. Quelle est la plainte de cette mère?
2. Quel est le cap qu'on veut que sa fille franchisse?
3. Pourquoi écrit-elle cette lettre?

---

[1]Référence à la vie de tous les jours des gens qui prennent le **métro** pour aller à leur travail (**boulot**) et rentrent le soir et s'endorment (**faire dodo**, *fam.*).

4. Comment décririez-vous les relations entre la fille en question et ses parents?
5. Quelle est la réaction de Tiche à la vie proposée par la mère?
6. Décrivez la vie à vingt ans comme Tiche l'a proposée.

◆ À VOUS LA PAROLE

1. Est-ce que vous vous disputez parfois avec vos parents? Sur quels sujets?
2. Est-ce que vous êtes d'accord avec Tiche ou avec la mère? Expliquez votre réponse.
3. À quel âge devient-on adulte? Doit-on perdre ses illusions?
4. Décrivez quelle sorte de vie vous voudriez vivre à ce moment (dans cinq ans, dans dix ans, dans trente ans).
5. Divisez les étudiants en deux groupes:
   a. les adultes (les mères, les pères, les professeurs), qui vont critiquer votre génération, et
   b. les jeunes (les filles, les garçons, les étudiants), qui vont répondre à ces critiques.
6. Écrivez vous-même une réponse à « Une mère effrayée », et comparez-la à celles de vos camarades de classe.

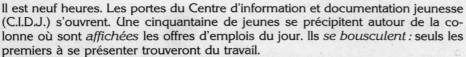

Profession : étudiant

Translate

Il est neuf heures. Les portes du Centre d'information et documentation jeunesse (C.I.D.J.) s'ouvrent. Une cinquantaine de jeunes se précipitent autour de la colonne où sont *affichées* les offres d'emplois du jour. Ils *se bousculent*: seuls les premiers à se présenter trouveront du travail.   **appliquées sur le mur / poussent**

Alain et ses amis, Christine et Dominique, ont le même âge. Ils sont tous les trois étudiants. Tous les trois cherchent du travail. Les uns pour leur permettre de finir leurs études, le dernier pour vivre.

Chaque matin ils font le *tour* : journaux, C.I.D.J., agence pour l'emploi. Les   **circuit** petites annonces, ils ont appris à les lire : « Elles sont *libellées* de façon *attra-*   **formulées / plaisante** *yante,* explique Alain, mais quand on se présente, l'emploi correspond rarement à ce qui était indiqué. Maintenant je sais que lorsqu'on demande un jeune homme dynamique et sérieux, salaire intéressant, ce n'est pas la peine de *se déplacer* : il s'agit de *démarche* pour des compagnies d'assurances. »   **aller voir / sollicitation**

Christine a essayé de garder les enfants. « Je me suis placée comme jeune fille *au pair* dans une famille de trois enfants, raconte-t-elle. J'étais nourrie,   **travailler pour la nourriture et le logement** logée et on devait me donner cent francs par semaine. En fait, je n'avais pas le droit d'aller à la cuisine, je devais être là huit heures par jour, les enfants pleuraient toute la nuit et je n'ai jamais reçu plus de vingt francs par semaine. Au bout d'un mois, j'ai *abandonné.* »   **laissé tomber**

Trouver un emploi pour un jeune étudiant, ce n'est pas facile. Pourtant Alain, Christine et Dominique ne désespèrent pas, ils sont même optimistes : « *En fin de compte* on *s'en sort,* affirment-ils gaiement. Beaucoup   **tout bien considéré / s'en tire, on** mieux que des étrangers qui ne trouvent rien. Nos parents sont industriels, hô-   **s'arrange** *(fam.)* teliers et commerçants, alors pour nous il n'est pas question de bourse, ni de logement d'étudiant. Mais on arrive bien à gagner huit cent francs par mois et, avec cela, on peut *joindre les deux bouts* : on partage un petit *deux pièces* dans   **make ends meet / appartement** le *vingtième* ; les repas sont pris au resto U, on ne sort jamais et quand pour   **20ème arrondissement de Paris** un week-end on a trouvé un bon travail, on se paie quelque chose. »

Extrait d'un article du *Figaro* par Nadège Forestier.

◆ QUESTIONS

1. Pourquoi les trois étudiants cherchent-ils des emplois?
2. Que font-ils pour trouver des emplois?
3. Expliquez ce que veut dire l'expression *au pair.*
4. Décrivez ce qui est arrivé à Christine quand elle a essayé d'être *au pair.*
5. Pourquoi est-ce que les trois étudiants n'ont pas vraiment besoin de travailler?
6. Quelle est la signification de la phrase « on se paie quelque chose »?

◆ À VOUS LA PAROLE

1. Que feriez-vous pour trouver un poste à mi-temps?
2. Racontez une expérience amusante (bizarre) que vous avez eue en cherchant du travail.
3. Décrivez l'emploi le plus ennuyeux (intéressant, étrange) que vous avez jamais eu.
4. Avec un(e) camarade de classe, imaginez la conversation entre Christine et la mère le jour même où Christine a quitté son emploi.

Des Trucs pour avant l'examen

Pendant la période des examens et des concours la tension monte, *l'énervement* gagne, l'angoisse augmente. Voici quelques petits *trucs apaisants.*

irritation
choses à faire *(fam.)* / calmants

LES JOURS PRÉCÉDANT L'ÉPREUVE

1. Ne pas réviser le soir tard, s'y mettre le matin de bonne heure. La mémorisation est plus rapide et plus solide.
2. Ne pas avoir peur de faire de l'exercice physique. C'est un excellent moyen de faire tomber la tension nerveuse.
3. Prendre des repas équilibrés à des heures régulières.

LE JOUR DE L'EXAMEN

4. Prendre un petit déjeuner le plus complet possible (jambon, œuf ou fromage, café, thé, *tartines,* etc.), mais ne pas se forcer.

tranches de pain recouvertes de miel, de beurre

5. Si l'on ne peut rien *avaler,* mettre dans sa poche quelques morceaux de sucre.

manger

6. Se faire conduire sur les lieux de l'examen pour éviter l'angoisse du retard et la fatigue du *trajet.*

voyage

Pour certains concours, les épreuves se déroulent pendant plusieurs jours et l'intervalle entre l'écrit et l'oral est parfois de plusieurs semaines. L'ambiance chez soi doit être *détendue.*

calme

Enfin une recommandation importante : les parents et les amis doivent surtout éviter de poser un *flot* de questions sur la façon dont « ça se passe? »

une grande quantité (fig.)

Extrait d'un article d'*Elle.*

◆ QUESTIONS

1. Comment sont les étudiants pendant la période des examens?
2. Qu'est-ce qu'on doit faire les jours précédant l'épreuve? Et le jour de l'examen?
3. Qu'est-ce qu'il ne faut pas faire pendant la période des examens?
4. Pourquoi est-il important de ne pas poser des questions du genre « Comment ça se passe? » ?

◆ À VOUS LA PAROLE

1. Que faites-vous avant un examen pour vous préparer? Les jours précédents? Le jour de l'examen?
2. Quels sont vos conseils aux gens qui vont passer un concours?
3. Que pensez-vous de ces trucs?

La Culture en question

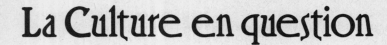

Le gouvernement voudrait aider les étudiants en lettres et en sciences à trouver des *débouchés.* Dans ce *but,* il les *engage* et il engage les universités à donner un *tour* plus pratique, plus *efficace,* à leurs études. Pourquoi, par exemple, ceux qui sont *épris de* « la langue de Shakespeare » ne feraient-ils pas un petit peu de droit commercial, ce qui rendrait leur anglais plus *rentable?*

carrières accessibles / objectif / incite, y fait participer / aspect / utile, productif
passionnés pour
payant, qui procure un revenu

Certes, il est important pour les étudiants en lettres et en sciences de pouvoir vivre décemment de leurs diplômes. Mais on aurait dû se demander d'abord pourquoi, malgré l'insuffisance de débouchés, tant d'entre eux persistent à vouloir faire des études littéraires ou scientifiques. Tout simplement parce qu'ils en ont le goût. Et ne nous perdons pas ici en considérations subtiles sur ce que c'est que la culture! C'est, au fond, quelque chose de très simple : tout ce qui permet à un homme ou à une femme de s'accomplir dans la ligne qu'il a choisie, dans sa vocation, en somme.

Tous les jeunes gens et toutes les jeunes filles qui s'inscrivent en lettres ou en sciences n'ont pas nécessairement la vocation de participer à la *fabrication en série* d'objets plus ou moins utiles ou de les faire acheter par les *consommateurs.* Vous *aurez beau leur dire* qu'avec un peu de droit commercial ou de marketing, ils trouveraient facilement des *places* intéressantes ; ça ne les intéresse pas. Et c'est leur droit!

assembly-line manufacturing
personnes qui achètent des produits
vous leur direz sans succès
emplois

En vérité, il s'agit de savoir si l'on veut ou non faire dans ce pays une réalité du droit à la culture. Pourquoi *détourner* ceux qui désirent se cultiver de le faire sous prétexte qu'on n'a pas d'emplois pour eux? Ces emplois seraient presque tous dans l'enseignement ; il n'y a qu'à les créer. Tout cela coûtera beaucoup d'argent, dira-t-on. Il est vrai, mais pas plus et sans doute beaucoup moins que le *suréquipement* industriel dont la France croit devoir *se doter.*

dissuader

trop d'installations / se procurer

La culture est considérée comme un luxe qui n'est pas fait pour les pauvres, pour ceux qui n'ont pas de quoi le payer. Qu'ils fabriquent donc des montres ou des chaussures invendables!

Ce qu'il faut espérer, c'est un *sursaut* de la nation elle-même, dont le prestige mondial est fait de culture au sens le plus large du terme, mais qui est en train de laisser ruiner chez elle par faux réalisme ce qui fut, ce qui est encore, sa plus authentique grandeur.

une réaction

Extrait d'un article du *Monde* par Jacques Madaule.

◆ QUESTIONS

1. Pourquoi le gouvernement s'intéresse-t-il aux affaires des universités?
2. Selon l'auteur, qu'est-ce que la culture?
3. Selon l'auteur, quel est le droit des étudiants en ce qui concerne leurs études?
4. À quoi l'auteur compare-t-il la rentabilité de la culture?
5. En quoi consiste le prestige mondial de la France? Expliquez-le.

◆ À VOUS LA PAROLE

1. Pourquoi voulez-vous (ou voudriez-vous) faire des études littéraires? Ou scientifiques?
2. À votre avis, qu'est-ce que la culture? Comparez votre réponse avec celles de vos camarades de classe.

3. Selon vous, quel est le droit des étudiants en ce qui concerne leurs études?
4. Croyez-vous, que l'université soit faite pour procurer des emplois? Expliquez votre réponse avec des exemples très précis.
5. Qu'est-ce que vous reprochez au système universitaire américain (ou au système de votre université)?
6. Avec un(e) camarade de classe, imaginez la conversation entre un(e) étudiant(e) qui croit qu'il faut annuler les études qui ne sont pas rentables et un doyen qui n'est pas du tout du même avis.
7. En quoi consiste le prestige mondial des États-Unis?

SUJETS DE DISCUSSIONS

(pour ou contre)

1. L'arrivée des hommes en maternelle répond à l'évolution du rôle du père dans la famille et aussi des besoins de l'enfant.
2. Les parents et les enfants ne se comprendront jamais—le fossé des générations existe toujours.
3. Si les parents aident financièrement un(e) étudiant(e), il faut que l'étudiant(e) fasse ce que les parents veulent.
4. Les étudiants d'aujourd'hui sont plutôt optimistes que pessimistes.
5. Ce qui n'est pas efficace ne vaut pas la peine d'être étudié. Il faut annuler les études qui ne sont pas rentables.
6. L'université fabrique des chômeurs.[1]
7. La culture est un luxe.

[1]Gens qui manquent de travail.

2

La Vie
familiale

L'ESSENTIEL

Les amis

un jeune homme, un garçon	rencontrer (par hasard) faire la connaissance (de) avoir rendez-vous (avec) sortir (avec)	une jeune fille, une fille
un célibataire	flirter (avec) courir (après) tomber amoureux (de)	une célibataire

fiançailles

Mme Pierre Boigues
est heureuse de faire part des
fiançailles de son fils, le

capitaine
Pierre-Bertrand BOIGUES
avec
Mlle Hélène CHEVROT
Lyon, Beyrouth.

Les amoureux

un petit ami	s'entendre (avec) tenir (à) aimer	une petite amie
les amoureux *(m. pl.)*	s'embrasser s'aimer se disputer se réconcilier se fiancer	
	offrir annoncer rompre	une bague de fiançailles *engagement ring* les fiançailles *(f. pl.)* anneau *wedding ring*
26	fixer	la date du mariage

Le mariage

le fiancé	se marier (avec), épouser	la fiancée

le maire	célébrer	le mariage
		    civil (à la mairie)
		    religieux
		    (à l'église [f.])
		    la cérémonie

le prêtre, le pasteur		
les invités	assister (à)	les noces (m. pl.)
	féliciter	les nouveaux mariés (m. pl.)

Madame Desson
Madame Courthéoux
Monsieur et Madame Desson
ont l'honneur de vous faire part du mariage de leur petite-fille
et fille, Nadine, avec Monsieur Claude Kieffer.

Madame Leyder
Madame Kieffer
ont l'honneur de vous faire part du mariage de leur petit-fils
et fils, Claude, avec Mademoiselle Nadine Desson.

Le Mariage a été célébré le Samedi 20 Juin 1970, à Paris

11, Rue Mathelin-Rodier - 44 Nantes

27, Rue Paul-Jehl - 67 Molsheim

I. Complétez les phrases suivantes.

1. Un mariage civil a lieu _____.
2. La personne qui célèbre la cérémonie religieuse est _____.
3. Un célibataire _____ une fille qui l'intéresse.
4. Pour se marier il faut _____.
5. Quand un homme veut se marier avec sa petite amie, il lui offre

    _____.

6. Après une dispute, un couple fiancé peut _____ les fiançailles ou se

    _____.

7. Un mariage _____ a lieu à l'église.
8. Un couple se marie parce que _____.
9. Pour annoncer un mariage on envoie _____.

II. Posez des questions (en substituant le[s] mot[s] en italique par un interrogatif) pour qu'un(e) autre étudiant(e) y réponde.

   Exemple : J'ai *19 ans.*   **Q: Quel âge as-tu?**
                              R: J'ai vingt ans.

   1. Je viens de faire la connaissance d'*une très belle fille.*
   2. *Mon meilleur ami* s'est fiancé hier soir.
   3. Il va se marier avec *Marie Martin.*
   4. Marie et Louis ont fixé *la date de leur mariage.*
   5. Le mariage a été célébré *le 3 octobre.*
   6. Ils ont assisté *aux noces.*
   7. Tous les amis ont félicité *les nouveaux mariés.*

III. Il y a six mois que Paul-Jean Dupont a rencontré Janine Borie. Hier ils ont
    fixé la date de leur mariage. En employant le vocabulaire de l'Essentiel,
    racontez l'histoire de leur amour.

Le ménage

les jeunes mariés (*m. pl.*)	s'installer (dans) meubler entretenir	un appartement
	fonder	un foyer

La vie domestique

le couple	vivre	en harmonie
l'époux, le mari l'épouse, la femme	s'entendre bien/mal (avec) se sentir frustré(e) se disputer	

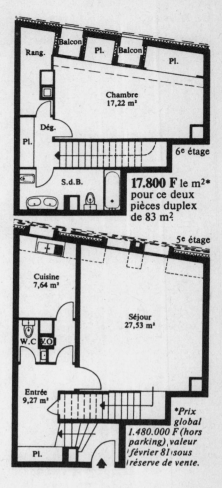

Chambre 17,22 m²

Dég.

6e étage

S.d.B.

17.800 F le m²*
pour ce deux
pièces duplex
de 83 m²

5e étage

Cuisine 7,64 m²

Séjour 27,53 m²

W.C V.O

Entrée 9,27 m²

*Prix
global
1.480.000 F (hors
parking) valeur
février 81 sous
réserve de vente.

Naissances

— **Alain** et **Brigitte GENESTAR** ont
la joie d'annoncer la naissance de
Victor,
à Chartres, le 9 janvier 1983.
11, avenue d'Aligre,
28000 Chartres.

— **Alexandra** et **Natacha,**
Christine PURCE et **Denis JOXE,**
sont heureux d'annoncer la naissance de
Julien,
le 25 décembre 1982, à 20 h 55.
54, rue Henri-Barbusse, 75005 Paris.

Claire et **Christian**
ROTH-MATHIJSEN
sont heureux d'annoncer la naissance de
Alexandre.
Nairobi/KE. 3 janvier 1983.
29 *bis*, rue Legendre, Paris-17e.

Le divorce

le mari, la femme	demander	le divorce
	effectuer	le partage
	divorcer[1]	
un(e) divorcé(e)	payer	la pension alimentaire
	avoir	la garde des enfants

I. Complétez les phrases suivantes.

1. Les jeunes mariés _____ dans leur propre appartement.
2. Un mari se séparerait de sa femme parce que _____.
3. Pour un couple qui est en train de divorcer il est parfois difficile d'effectuer _____ et _____.
4. C'est presque toujours _____ qui a la garde des enfants.
5. Pour divorcer il faut _____.
6. Dans un mariage un homme (une femme) se sent frustré(e) quand _____.

II. L'histoire de Paul-Jean Dupont et Janine Borie continue. Ça fait dix ans qu'ils sont mariés, mais hier ils ont décidé de divorcer. En employant le vocabulaire de l'Essentiel, racontez comment s'est passée la rupture de leur mariage.

La naissance

la femme, la mère	être enceinte	
	attendre	un bébé, un enfant
	accoucher	
	mettre (en nourrice)	le bébé
	allaiter	
le bébé, l'enfant	naître (être né[e])	
les parents *(m. pl.)*	élever (bien/mal)	l'enfant *(m., f.)*
	choyer	le/la gosse *(fam.)*
	gâter	
	gronder	
	punir	
un fils, une fille	ressembler (à)	le père, la mère
	obéir (à)	les parents
	désobéir (à)	libéraux
		compréhensifs
		sévères
		vieux jeu *(invar.)*
	grandir	
	se révolter	

---

[1]Cette femme **a divorcé** il y a trois ans. Elle **est divorcée avec** son mari. M. Level **a divorcé d'avec** sa seconde femme.

La mort

une personne   vieillir *getold*
                    mourir (jeune)
                    die

le veuf, la veuve   être   en deuil *be in mourning*
                                      accablé(e) par la
                                         douleur *suffering*

l'orphelin(e)   assister (à)   les funérailles (f. pl.) *funeral*
orphan   l'enterrement (m.) *burial*

                    hériter   des biens (m. pl.)
                    inherit   de la fortune

I. Contredisez les phrases suivantes selon le modèle.

   Modèle : Vous êtes marié(e) depuis quatre mois.
              Bien sûr que non! Je ne suis pas marié(e) du tout!

   1. Tu es enceinte de cinq mois.
   2. Tu attends un enfant.
   3. Les mères punissent toujours les petits bébés.
   4. La gosse ressemble à son père.
   5. Il est possible de toujours rester jeune.
   6. Il est nécessaire de mourir jeune.
   7. Tu t'es révolté(e) contre tes parents.
   8. Tu vieillis trop vite.

II. Que dites-vous dans les situations suivantes? (Consultez l'Appendice A à la page 167.)

   1. Vous désirez féliciter les parents de la naissance de leur premier bébé.
   2. Vous avez besoin de gronder votre fille.
   3. Votre fils ne vous obéit pas.
   4. Votre accouchement est proche et vous n'avez pas de voiture pour aller à l'hôpital.
   5. Vous voulez que vos parents soient plus libéraux.
   6. Vous croyez que votre père (mère) est trop sévère.

EXERCICES

I. Donnez le contraire des mots ou des expressions suivantes, et puis employez-les dans une phrase complète.

   1. rompre les fiançailles
   2. le mariage civil
   3. naître
   4. beau-fils
   5. être célibataire
   6. gâter un gosse
   7. obéir à un parent
   8. tenir à quelqu'un

II. Expliquez la différence entre les mots donnés.

   1. connaître et rencontrer
   2. se fiancer et se marier
   3. se disputer et se réconcilier
   4. vieillir et mourir
   5. vivre en harmonie et se disputer
   6. se marier et divorcer
   7. choyer un gosse et punir un gosse
   8. les parents sévères et les parents libéraux

III. Réagissez aux phrases suivantes en éprouvant les sentiments indiqués. (Consultez l'Appendice A à la page 167.)

1. Sa fille n'est pas mariée. (avec sarcasme)
2. Ma femme va se séparer de moi. (avec surprise)
3. Quelqu'un m'a dit que votre ami sort avec une autre fille. (avec doute)
4. Nous n'avons pas assez d'argent pour nous marier. (avec compassion)
5. Comme je suis tombée amoureuse de ce garçon! (sans enthousiasme)
6. Je voudrais bien être beau pour plaire aux filles. (avec sarcasme)
7. On m'a dit que votre fiancé a rompu vos fiançailles. (négativement)
8. Ne m'embrasse pas! Je suis enrhumé. (d'accord)

IV. Expliquez ce que vous feriez pour résoudre les problèmes suivants.

1. Vous ne vous entendez pas du tout avec votre belle-mère et elle veut s'installer chez vous.
2. Les jeunes mariés ont décidé de ne pas avoir d'enfant et leurs parents demandent une explication.
3. Une fille (un garçon) vous court après (vous la [le] détestez) et enfin vous avez décidé de lui expliquer pourquoi elle (il) doit arrêter ses avances.
4. Votre frère (soeur) se révolte et veut quitter la maison. Essayez de le (la) persuader de ne pas le faire.
5. Votre ancien(ne) mari (femme) n'a aucune intention de payer la pension alimentaire et vous n'avez pas assez d'argent pour payer les frais.

V. En employant le vocabulaire de l'Essentiel et les proverbes 19 à 26 dans l'Appendice C (page 196), inventez une histoire ou une conversation par écrit pour la présenter à vos camarades de classe.

Le Courrier du coeur

Chère Marcelle Ségal[1],

Depuis un mois, je *rêvais* de son coup de téléphone. Je ne pensais qu'à lui. Hier, il m'a téléphoné. J'aurais dû *sauter* de joie, mais je ne l'ai pas fait. Il ne me plaît plus. Je le trouve stupide, *moche*. Si ce n'était que cette fois, je ne *m'affolerais* pas, mais c'est toujours la même chose. Je veux sortir avec un garçon, j'attends avec impatience pendant une semaine et le jour où je sors, c'est fini. Je n'en veux plus. Suis-je condamnée à ne vivre que de rêves? J'ai dix-neuf ans.

> **attendais**
> jumped
> **affreux, dégoûtant** (*fam.*)
> **m'inquiéterais**

Chloé

[1]Marcelle Ségal donne des conseils à la manière d'Ann Landers.

Chère Chloé,

Non, pas plus que vous n'êtes condamnée à avoir toujours dix-neuf ans, l'âge où l'on rêve encore du héros, de Prince Charmant, et où le copain qui vous offre une bière et le cinéma vous *déçoit.* Un jour viendra où vos rêves, descendus de leur nuage, rejoindront la réalité ; où le Prince Charmant deviendra *Science Po* ; le héros, ingénieur IBM. Quand vos rêves seront devenus ceux d'une femme, vous trouverez l'homme de vos rêves, celui qui ne vous décevra pas.

cause une déception
étudiant à la faculté des Sciences Politiques à Paris

Marcelle Ségal

Extrait d'un article d'*Elle.*

◆ QUESTIONS

1. Pourquoi Chloé n'a-t-elle pas sauté de joie en recevant le coup de téléphone si longtemps attendu?
2. Décrivez le problème de Chloé.
3. Quelle est la solution de Marcelle Ségal?

◆ À VOUS LA PAROLE

1. Êtes-vous d'accord avec la réponse de Marcelle Ségal? Sinon, quelle serait votre réponse à Chloé?
2. Expliquez pourquoi Chloé représente une fille stéréotypée qui n'existe plus.
3. Récrivez la lettre de Chloé de votre point de vue et demandez les conseils de vos camarades de classe.
4. Lisez à la classe une lettre que vous avez écrite à Marcelle Ségal et demandez les conseils de vos camarades de classe.
5. À qui demandez-vous des solutions à vos problèmes? Pourquoi?
6. Essayez d'expliquer pourquoi une conseillère comme Marcelle Ségal (ne) peut (jamais) réussir à résoudre les problèmes qui lui sont présentés.

La Femme et le travail– deux points de vue

LA VALORISATION DANS LA MATERNITÉ

Toutes les femmes cherchent l'égalité, font tout leur possible pour être au même niveau que l'homme. Mais est-ce que le niveau de l'homme est tout dans la vie? Non, ces deux sexes différents ont deux rôles qui se complètent. La femme, si elle insiste pour atteindre ce *but,* perdra son rôle principal qui est même plus important que celui de l'homme, celui de l'éducation de l'enfant qui est la base de la société. Si elle réussit à avoir des enfants non complexés qui ne manquent pas d'affection, bien cultivés, qui savent vivre pour les autres et *se dévouent pour* l'humanité, c'est déjà quelque chose ; ce serait une société idéale. Mais malheureusement ces valeurs sont abstraites et la femme qui croit que le travail *la valorise* et sent qu'elle est inférieure quand elle reste à la maison, ne voit la valorisation que dans le matérialisme.

objectif

se consacrent à

lui donne une plus grande valeur

À QUAND LE CHOIX RÉEL POUR TOUS?

Quand on pourra imaginer tranquillement qu'un homme aussi a le droit d'élever ses gosses si ça lui plaît, le droit d'arrêter le travail quelques années, pendant que sa femme travaille pour gagner la vie pour tous, alors, enfin, il y aura quelque chose de neuf! La maxime « travail égal, salaire égal » n'est pas

usée : on se bat pour le mot « salaire ». J'aimerais qu'on se batte pour le mot « travail ». *À l'heure actuelle,* le travail ne libère pas parce qu'on ne choisit pas son travail quand on n'a pas reçu une éducation et une formation destinées à être indépendant économiquement, en faisant ce qui vous intéresse : l'erreur est là. Quand voyons-nous le choix réel pour tous? Envisage-t-on le travail à mi-temps pour les hommes comme pour les femmes? Sans justification ni pour les uns ni pour les autres? La mère qui n'élève pas ses fils et filles de la même manière les handicape fortement : sur le plan du *quotidien* pour les garçons qui ne sont pas habitués à *se débrouiller* seuls, et sur le plan de l'indépendance économique pour les filles en ne leur donnant pas la possibilité d'avoir un métier valable.

vieillie
aujourd'hui

de chaque jour
s'organiser

Extrait d'un article d'*Elle.*

◆ QUESTIONS

Selon le premier auteur :

1. Qu'est-ce que les femmes perdront en atteignant l'égalité avec les hommes?
2. Quelle est la société idéale?
3. Décrivez la femme qui ne voit sa valorisation que dans le matérialisme.

Selon le deuxième auteur :

4. Pourquoi est-ce qu'on doit se battre pour le mot « travail » ?
5. Pourquoi est-ce que le travail ne libère pas?
6. À quoi les garçons ne sont-ils pas habitués? Et les filles?
7. Qu'est-ce qu'il faut faire pour avoir le choix réel pour tous?

◆ À VOUS LA PAROLE

1. Croyez-vous que ce soit un homme ou une femme qui ait écrit le premier article? Et le deuxième? Quelles sont les raisons de votre réponse? Avec quel article êtes-vous d'accord?
2. Imaginez une conversation entre deux personnes qui représentent les opinions et les idées des deux articles précédents.
3. Expliquez la place et le rôle de l'homme et de la femme dans un mariage.
4. Avec un(e) camarade de classe, imaginez la conversation entre un mari qui ne veut pas que sa femme travaille et la femme qui insiste pour travailler.

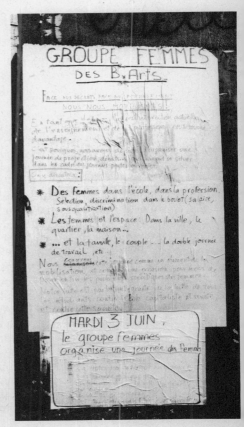

Un Homme au foyer

« Quand nous nous sommes mariés nous travaillions tous les deux, et nous gagnions bien notre vie. Puis nous avons désiré un enfant et notre fils est né. Nous l'avons mis en nourrice, mais vers huit ou neuf mois nous avons compris qu'il souffrait d'être *ballotté* comme ça tous les jours, et nous nous sommes *aperçus* qu'un de nous deux devait s'arrêter pour élever le petit. C'est alors que j'ai décidé de rester à la maison. »

déplacé continuellement entre le foyer et la maison de la nourrice / rendu compte

Beaucoup de jeunes ménages modernes connaissent ce problème à la naissance de leur premier enfant, beaucoup estiment que leur enfant a besoin d'une présence constante dans les premières années de sa vie, beaucoup prennent leur décision en commun. Mais très peu, pour ne pas dire aucun, adoptent la solution de la personne qui parle en haut—car c'est Richard X. qui parle! Il est « homme au foyer » depuis deux ans et lui et sa femme, qui gagne l'argent du ménage dans une entreprise parisienne, ont deux enfants : un fils de 28 mois et une petite fille de 10 mois.

« Je sais bien que beaucoup de gens s'étonnent de mon choix, mais franchement c'était plus logique que ce soit moi qui m'arrête. Nous avions des salaires parfaitement équivalents, et ma femme n'était pas du tout « ménagère ». Moi, au contraire, je *me débrouille* très bien avec les choses de la vie. Et c'était moi qui ai proposé de devenir « homme au foyer ». Ma femme *ne s'est pas moquée de moi,* mais elle a été surprise. Enfin elle m'a dit oui, parce qu'elle avait compris que j'en avais *envie.*

m'arrange
ne m'a pas ridiculisé

le désir

« Mes parents ont très mal réagi quand je *leur ai fait part* de notre décision. Quant aux amis, ça *les a fait sourire.* Je dirais que ça va mieux maintenant, mais en fait rien n'a changé. C'est plutôt moi qui me suis *endurci.* »

les ai informés
les a amusés
devenu indifférent

Pour Richard c'est essentiellement ces relations entre les hommes et les femmes qui lui paraissent *actuellement* beaucoup trop enfermées dans des stéréotypes. Lui essaie d'être à l'avant-garde de cette mutation profonde des couples, mais il se rend bien compte que ce n'est pas facile d'être ainsi en avance sur son temps. « C'est l'équilibre à deux que nous cherchons. Je crois que dans un couple on ne doit pas adopter des attitudes stéréotypées ; il faut bâtir ensemble. On se choisit un partenaire, ou une partenaire, pour essayer de s'équilibrer. Intellectuellement, physiquement, matériellement. Petit à petit il faut arriver à se compléter et à *s'entraider* dans tous les domaines. Ce que je n'arrive pas à comprendre, elle m'aide à le comprendre.

en ce moment

s'aider mutuellement

« Pour faire un couple il ne faut pas trois quarts d'une personnalité masculine dominante et un petit quart de femme dominée ; il faut vraiment deux moitiés. Et peu importe dans quels secteurs bien précis les deux moitiés se complètent. »

Extrait d'un article d'*Elle*.

◆ QUESTIONS

1. Quelle était la décision du couple de cette histoire après la naissance de leur premier enfant? Pourquoi?
2. Ce jeune ménage a adopté une solution pas très conventionnelle. Expliquez pourquoi et comment on est arrivé à l'adopter.
3. Quelle était la réaction de leurs amis? De leurs parents?
4. Comment Richard décrit-il les relations entre les hommes et les femmes? Qu'est-ce qu'il essaie de faire pour changer les relations?
5. Qu'est-ce qu'on doit chercher pour qu'un jeune ménage puisse s'équilibrer?
6. Selon Richard, de quoi a-t-on besoin pour faire un couple?

◆ À VOUS LA PAROLE

1. Imaginez la conversation entre Richard et ses parents (ou ses amis) quand il leur fait part de sa décision d'être « homme au foyer ».
2. Décrivez ce que vous considérez être les relations parfaites dans un mariage.
3. Si les fiancés décident d'écrire leur propre cérémonie de mariage, quels éléments est-ce que le contrat de mariage devrait inclure?
4. Imaginez la conversation entre un homme qui veut devenir « homme au foyer » et sa fiancée qui n'est pas d'accord.
5. Imaginez la conversation entre un mari qui ne veut pas être « homme au foyer » et son épouse qui le veut.
6. Croyez-vous que l'égalité puisse exister dans un mariage? Expliquez votre réponse.

Le Courage de divorcer

Il y a beaucoup de parents intelligents et généreux qui divorcent par amour pour leurs enfants, parce que, vivant dans un état de guerre continuelle, ils attaquent dangereusement, bien plus que par le divorce, *le psychique, l'affectif, le physique* de leurs enfants. Le divorce n'est pas une erreur, c'est le mariage sans se connaître parfaitement, psychologiquement et intellectuellement, qui est un crime envers les descendants. Crime diminué de moitié par le divorce si les parents savent dire aux grands enfants, « Vous voyez, en me mariant, j'ai commis une grave erreur par manque de réflexion. Surtout, plus tard, ne faites pas comme moi! » Il faut beaucoup de courage pour *faire son auto-critique*. Mais n'y a-t-il pas meilleur exemple pour que l'enfant en vienne aussi à faire la sienne? Ce que j'aimerais? Qu'un psychologue explique le courage qu'il faut pour divorcer et ne pas donner à ses enfants l'exemple d'une vie fausse, *menteuse,* et leur apprendre ainsi à devenir faux et menteurs. De ce courage-là, personne ne parle.

l'esprit, l'âme / les sentiments / le corps

avouer ses propres erreurs

contraire à la vérité, hypocrite

Extrait d'une lettre de Mme Le Gonidec dans *Le Monde de l'éducation.*

◆ QUESTIONS

1. Selon l'auteur le divorce n'est pas une erreur. Pourquoi?
2. Pourquoi le mariage peut-il être un crime?
3. Quel exemple positif un divorce peut-il donner aux enfants?
4. De quel courage l'auteur parle-t-elle?

◆ À VOUS LA PAROLE

1. Selon vous, qu'est-ce qu'il faut faire pour éviter le divorce?
2. Croyez-vous qu'il soit difficile de faire votre auto-critique? Expliquez votre réponse.

La Mort?
Je ne la connais pas!

La mort—existe-t-elle encore? Il fallait faire un effort pour le croire, quand un ministre de la Santé publique fit, il y a quelques mois à la télévision, l'inventaire des causes de *décès*. Elles sont quatre, dit-il : l'alcoolisme, les accidents de la route, le cancer et les *maladies du cœur*. *Sous-entendu*, lorsque l'on aura *supprimé* l'alcoolisme, *vaincu* le cancer, dominé les *infarctus* et éliminé les accidents sur les routes, eh bien, on ne mourra plus. C'est une douce illusion caractéristique d'une société qui ne vit plus que d'illusions et qui veut s'accorder la plus belle : celle de l'immortalité.

> mort
> ce qu'on fait comprendre sans le dire / aboli / triomphé du / maladie du cœur

« Où sont passés nos *corbillards d'antan*? » Ces corbillards qui passaient dans les rues vers le cimetière et que l'on croisait en chemin en allant à l'école. La mort alors passait et nous apprenions en la *saluant* à la *vivre*. Dans ce temps-là, on mourait encore chez soi et l'on prenait le temps d'arrêter la vie dans la maison pour s'occuper du mourant. Et l'on portait le *deuil*, signe social d'une douleur. La mort alors, était au centre de la vie comme le cimetière au centre du village.

> hearses / d'autrefois
>
> donnant des marques de respect en ôtant le chapeau et s'inclinant / supporter *(fig.)*
> quelque chose de noir (bande, cravate, vêtement)

Et comme la mort a changé en si peu de temps! Changé? Non pas. Éliminée. On ne meurt plus chez soi, mais en cachette derrière un *paravent* d'hôpital. Dans un milieu anonyme, entouré de machines hostiles. La mort est devenue un sujet tabou qui *frise* l'obscénité. Une infirmière, ayant une longue expérience de ces problèmes, conclut : « La naissance et la mort, *étapes* fondamentales de la vie, ont été médicalisées à l'extrême. Les gens adoptent un *comportement d'attente*, mais ils refusent totalement la responsabilité de s'occuper du mourant. La famille ne sait plus du tout aider le mourant à se préparer. »

> folding screen
>
> est tout près de
> périodes
> attitude prise pour attendre le moment de la mort

Le *désarroi* de l'entourage d'un mourant durant l'agonie *se poursuit* souvent *lors de* la mort. À tel point qu'il existe déjà aux États-Unis des entreprises particulières, sorte de « S.O.S. Cadavres » qui, *dès* le décès, viennent immédiatement *délivrer* la famille de la présence encombrante du corps et l'emportent dans un grand sac en plastique. Il faut vite, très vite oublier que la mort est venue, que la mort existe.

> confusion / continue
> au moment de
> au moment de
> libérer

« Les hommes, n'ayant su guérir la mort, la misère et l'ignorance, *se sont avisés*, pour se rendre heureux, de n'y point penser. » S'il est vrai que quand il est question de la mort, une étrange *pudeur* nous conduisait au silence, il n'est pas certain qu'elle nous *menait* à l'oubli. Et les *preuves* aujourd'hui se multiplient que les problèmes de la mort, après avoir *subi* une étonnante *éclipse*, réapparaissent sur la scène de notre société.

> ont trouvé
>
> réserve
> guidait / affirmations
> éprouvé / disparition

Extrait d'un article d'*Elle* par Jacques Merlino.

◆ QUESTIONS

1. En quoi consiste l'inventaire des causes de décès en France?
2. Qu'est-ce qui arrivera après l'élimination de toutes les causes de la mort?
3. Quelle est cette illusion dont parle l'auteur?
4. Au temps passé comment les obsèques se passaient-elles?
5. Comment la mort a-t-elle changé?
6. Comment réagit une famille en cas de décès?
7. Que veut dire l'expression « S.O.S. Cadavres »?

◆ À VOUS LA PAROLE

1. Expliquez pourquoi la mort est devenue un sujet tabou qui frise l'obscénité.
2. Expliquez pourquoi la famille ne sait plus aider le mourant à se préparer.
3. Défendez les droits d'un mourant.
4. Comment réagissez-vous quand il s'agit d'une mort dans votre famille?

SUJETS DE DISCUSSIONS

(pour ou contre)

1. Il devrait y avoir des écoles pour apprendre à choisir un époux (une épouse).
2. Pour avoir moins de divorces il nous faut plus de marieurs professionnels.
3. La compétition entre homme et femme est quelque chose de souhaitable.
4. C'est la société actuelle qui impose les rôles des hommes et des femmes.
5. Le rôle de l'homme dans notre société est beaucoup plus important que celui de la femme.
6. On n'arrivera jamais à comprendre la mort.

3
La Santé

Heath

L'ESSENTIEL

Le corps humain

La tête

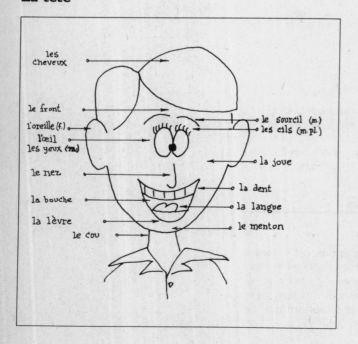

les cheveux
le front
l'oreille (f.)
l'œil
les yeux (m.)
le nez
la bouche
la lèvre
le cou
le sourcil (m.)
les cils (m. pl.)
la joue
la dent
la langue
le menton

Le tronc et les membres du corps

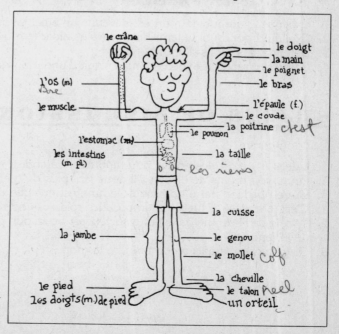

le crâne
l'os (m.)
le muscle
l'estomac (m.)
les intestins (m. pl)
le doigt
la main
le poignet
le bras
l'épaule (f.)
le coude
la poitrine *chest*
la taille
les reins
la cuisse
la jambe
le genou
le mollet *calf*
la cheville
le pied
les doigts (m.) de pied
le talon *heel*
un orteil

Vocabulaire supplémentaire

le dos   la fesse   le squelette   la veine   le sang   la peau   la chair
le côté   la gorge   l'artère *(f.)*   le foie   le nerf   le poil

I.

1. Quels sont les membres du corps humain?
2. Quelles sont les parties principales du tronc?
3. Quelles sont les parties de la tête?
4. Décrivez votre tête. Décrivez celle de la personne à votre droite ; celle de la personne à votre gauche.
5. Voici une liste partielle des actions du corps humain. Pouvez-vous en ajouter d'autres?

   avaler   bâiller   sauter   se gratter   tousser
   cracher   éternuer   se gargariser   souffler   se moucher

6. Comment utilisez-vous les parties différentes du corps humain? Par exemple, on pense avec la tête.
   Qu'est-ce qu'on peut faire avec ces parties du corps humain : le bras, les doigts, l'œil, le pied, la jambe, les lèvres, la bouche, le poumon, le nez, la gorge, la tête?

II. Mettez en ordre de la tête au pied ces parties du corps humain : l'oreille, le menton, l'estomac, la cuisse, la cheville, le front, l'épaule, le côté, le talon, le poignet, le coude, les paupières.

La santé

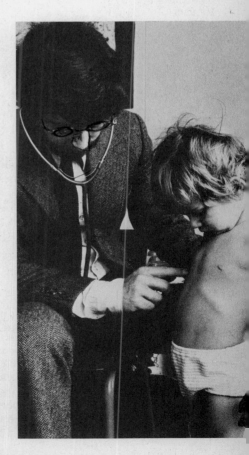

Alain (Anne)	être	en bonne santé/malade
		fort(e), costaud *(fam.)*/ faible
		sain(e) de corps et d'esprit
		gros(-se)/mince
		actif(-ive), énergique/ paresseux(-euse)
		musclé(e)/faible
		gras(-se)/maigre
	aller, se sentir (bien/mal)	
	avoir	bonne/mauvaise mine
		un joli teint
	avoir soin (de)	sa santé
	conserver, ménager	
	ressentir	une douleur
une personne	grossir, prendre du poids	
	être	au régime
	se mettre	
	maigrir, perdre du poids	

Accidents (m.)

se blesser (à) ~hurt yourself~
tomber ~fall~
se faire mal ~hurt oneself~
marcher avec des bé- ~walk with crutches~
  quilles (f. pl.)
porter un bandage, être ~bandage~
  bandé(e)
être porté(e) sur une ~carried on stretcher~
  civière
se casser la jambe ~break leg~
se fouler la cheville ~sprain~
avoir un bras dans le ~splint/cast~
  plâtre/en écharpe
subir un choc ~shock~
s'évanouir, perdre con- ~faint~
  naissance
s'empoisonner ~poison~
être empoisonné(e) (par)
  ~outside cause~

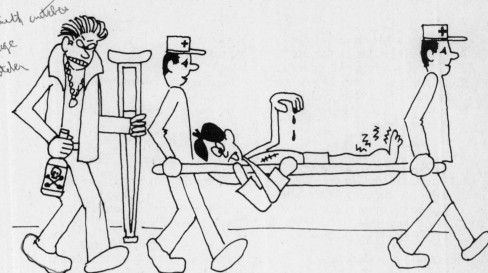

Maladies (f.)

tomber malade ~got sick~
attraper ~catch~
  un rhume ~cold~
  la grippe ~flu~
  une bronchite ~bronchitis~
  une pneumonie ~pneumonia~
s'enrhumer ~hoarse~
tousser ~cough~
avoir de la fièvre ~fever~
  mal à la gorge (à la ~throat~
  tête, au dos, etc.) ~head~
  ~back~

I. Conversation-puzzle : **La Santé**

Remettez en bon ordre les phrases de chacune de ces conversations pour la présenter ensuite avec un(e) camarade de classe.

A. 1. Qu'est-ce qu'il a?
   2. C'est bien gentil de ta part. Je le lui dirai.
   3. Il s'est enrhumé et tousse et éternue sans cesse.
   4. Comment va ton père?
   5. Dis-lui que j'espère qu'il se sentira mieux bientôt.
   6. Pas fort. Il ne va pas très bien.

B. 1. Merci. Il sera très content d'apprendre que tu as demandé de ses nouvelles.
   2. Nous n'en avons aucune idée et le docteur vient demain pour l'examiner.
   3. À vrai dire il est malade.
   4. Ça fait longtemps que je n'ai pas vu Raymond. Comment va-t-il?
   5. Que dis-tu? C'est quelque chose de sérieux?
   6. J'espère qu'il ira mieux.

C. 1. Il ne se sent pas très bien.
   2. Je crois qu'il a mangé quelque chose qui ne lui convient pas.
   3. Merci beaucoup. Je lui raconterai ce que tu as dit.
   4. Dis-lui bonjour de ma part et de se soigner bien.
   5. Ah oui? Qu'est-ce qui ne va pas?
   6. Ton frère, comment va-t-il?

II.

1. Quel est le contraire de *grossir?* De *se sentir bien?* D'*être énergique?*
2. Pourquoi marche-t-on avec des béquilles? Pourquoi ressent-on une douleur?
3. Que fait-on si l'on se foule une cheville? Si l'on est empoisonné?
4. À quoi une civière sert-elle? Un bandage?
5. Décrivez votre état de santé. Êtes-vous en parfaite santé ou avez-vous une santé délicate? Qu'est-ce que vous mangez pour être en bonne santé?
6. Pourquoi se met-on au régime?
7. Avez-vous jamais été au régime? Qu'est-ce que vous avez mangé pour maigrir? Pour prendre du poids?

Le médecin et le malade

le médecin	examiner	le (la) malade
	soigner	le patient, la patiente
	guérir	
	demander	le genre de douleur
	faire	le diagnostic
	prescrire	les médicaments *(m. pl.)*
	délivrer	une ordonnance
	donner	des conseils *(m. pl.)*
		des soins (médicaux) *(m. pl.)*
	faire payer	la note (au patient)
le chirurgien	opérer	le (la) malade
l'infirmière *(f.)*	bander	la blessure
	faire	une piqûre
	tâter *(feel for)*	le pouls (à qqn)
	prendre	la tension (de qqn)
		la température (de qqn)
		une radiographie
le (la) malade	consulter	le médecin
	se plaindre (de)	une douleur
	éprouver	
	prendre	de l'aspirine *(f.)*
		des vitamines *(f. pl.)*
	se détendre	
	se reposer	
	se guérir	
le dentiste	détecter	la carie
	plomber	les dents *(f. pl.)*
	arracher	
	extraire	
	nettoyer	

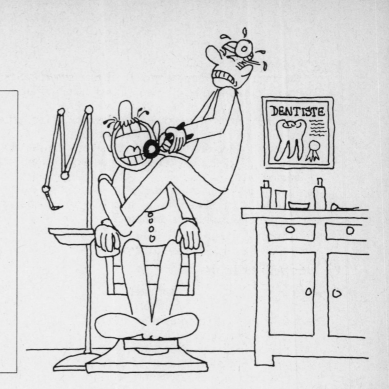

MARCEL NARDOUX

CHIRURGIEN DENTISTE
DE LA FACULTÉ DE MÉDECINE DE PARIS
DOCTEUR EN CHIRURGIE DENTAIRE
PROFESSEUR
A L'ÉCOLE NATIONALE DE CHIRURGIE DENTAIRE
DE MONTPELLIER

1, RUE VICTOIRE DE LA MARNE
MONTPELLIER.
C.C.P. MONTPELLIER 589-03

présente ses compliments
à Madame *Maley Catherine*
et selon l'usage, lui adresse la
note de ses honoraires pour soins
donnés à *elle même*
dont le montant est de : *45F*

Pour éviter toute erreur, veuillez préciser lors de votre règlement
le nom et le prénom de la personne pour qui vous réglez.

I. Conversation-puzzle : **Chez le médecin**

Remettez en bon ordre les phrases de chacune de ces conversations pour
la présenter ensuite avec un(e) camarade de classe.

A. 1. Prenez de l'aspirine et appelez-moi dans trois jours si vous ne vous
        sentez pas mieux.
    2. Vous avez attrapé une infection.
    3. Qu'est-ce que je devrais faire?
    4. Je me sens mal et j'ai de la fièvre.
    5. Cela m'est arrivé il y a deux mois.
    6. Depuis quand n'allez-vous pas bien?

B. 1. J'ai mal à l'estomac et je perds du poids.
    2. Ça fait à peu près une semaine.
    3. C'est bien évident que vous avez une indigestion.
    4. Ça fait combien de temps que vous l'avez?
    5. Ce n'est pas sérieux mais il vous faut du repos.
    6. Que dois-je faire pour me guérir?

C. 1. Je crois que vous avez la grippe.
    2. J'ai mal à la gorge et j'éprouve une douleur à la poitrine.
    3. Quels sont vos conseils?
    4. Depuis combien de temps vous sentez-vous comme ça?
    5. Je vous donne des médicaments et je reviendrai vous voir dans une
        semaine.[1]
    6. Ça fait trois ou quatre jours.

II. Complétez les phrases suivantes.

    1. Après avoir guéri le malade, le médecin _____.
    2. Pour obtenir des médicaments il faut _____.
    3. Si vous avez une carie le dentiste _____.
    4. Une température trop élevée indique que _____.
    5. Si un patient a une blessure l'infirmière _____.
    6. Pour guérir l'appendicite un chirurgien _____.

[1]En France les médecins font des visites à domicile. En général les médecins réservent le matin pour
les visites à domicile et l'après-midi pour les consultations dans leur cabinet.

EXERCICES

I. Qu'est-ce qu'il faut faire?

Exemple : pour paraître plus jeune
   Si je voulais paraître plus jeune, il me faudrait un joli teint.

Pour...
1. paraître plus jeune/âgé(e)
2. être sain(e) de corps et d'esprit
3. se guérir
4. maigrir
5. prendre du poids
6. être plus énergique
7. ne plus prendre les médicaments
8. ne pas tomber malade

II. Expliquez ce que vous feriez pour résoudre ces problèmes. Ensuite, inventez d'autres problèmes à résoudre et posez-les à vos camarades de classe.

1. Un vendeur s'est cassé la jambe devant votre maison et il demande que vous payiez la note du médecin et aussi le temps de travail qu'il a manqué.
2. Gisèle a suivi un régime pendant tout l'été et avec grand succès. Maintenant elle a un nouveau petit ami qui n'aime pas du tout les filles maigres, et il vient de le lui dire.
3. Vous venez de demander à votre médecin ce qu'il faut faire pour être en bonne forme et il vous a recommandé de changer radicalement vos habitudes.

III.
1. Que fait une infirmière?
2. À quoi les vitamines servent-elles?
3. À quoi les radiographies servent-elles? Croyez-vous qu'elles soient dangereuses? Pourquoi?
4. Pourquoi allez-vous chez le dentiste? Qu'est-ce que le dentiste a fait pendant votre dernière visite?
5. Que faites-vous si vous éprouvez une douleur?

IV. Imaginez que vous êtes le médecin dans cette conversation.

Dans le cabinet du médecin :

Paul : *(en se grattant)* Je ne me sens pas très bien, docteur.
Médecin :
Paul : J'ai mal aux genoux, particulièrement quand je m'assieds. Quand je suis debout la douleur diminue beaucoup.
Médecin :
Paul : Pourquoi est-ce que vous allez me prendre le pouls et la température quand j'ai mal aux genoux?
Médecin :
Paul : *(avec surprise)* Vous voulez que je me lève? Eh bien, alors. Ne vous mettez pas en colère. S'il est nécessaire, je le ferai.
Médecin :

V.
1. Décrivez et comparez vos descriptions avec celles de vos camarades de classe:
   a. le régime (le corps) idéal
   b. le médecin (l'infirmière) idéal(e)
   c. la bonne santé
   d. la vie d'un médecin (avantages et désavantages)

2. Racontez ce qui vous est arrivé la dernière fois que
   a. vous avez subi un accident (un choc, une opération)
   b. vous vous êtes plaint d'une douleur
   c. vous avez consulté votre docteur

Malades de leur maître

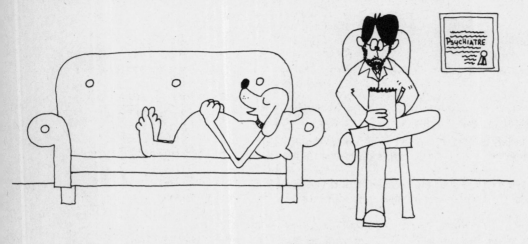

Les animaux aussi peuvent faire des troubles psychosomatiques. En Angleterre et aux États-Unis, il existe des cliniques de psychiatrie animale où l'on soigne ces troubles. En France, rien d'officiel, seulement quelques vétérinaires qui s'intéressent à la zoopsychiatrie. Si votre chien ou votre chat se dévore la *queue,* s'il perd tous ses poils, s'il tousse, s'il *devient aphone,* s'il fait de l'eczéma ou s'il s'oublie systématiquement sur la *commode* du salon, ces troubles peuvent très bien être d'origine psychosomatique. Votre animal a subi un choc émotif : adoption d'un autre animal, accident de voiture, *frayeur,* arrivée d'un bébé à la maison.

    Les animaux trop aimés peuvent avoir besoin de zoopsychiatrie autant que les mal aimés. Trop caressés, trop *choyés,* ils peuvent devenir hystériques. À l'inverse, un animal qu'on laisse dans son coin peut *devenir neurasthénique.* On a *constaté* que les animaux de cirque sont rarement malades parce qu'ils travaillent. Les *scènes de ménage* terrorisent tous les animaux. Alors, pour garder un animal bien équilibré, ne vous disputez pas, ne mangez pas trop, ne le *chouchoutez* pas trop. En somme, soyez bien équilibré vous-même!

*Extrait d'un article d'*Elle.

tail

perd la voix

meuble à tiroirs

peur violente

gâtés
souffrir d'une grande tristesse
remarqué
disputes familiales

gâtez, choyez *(fam.)*

◆ QUESTIONS

1. Expliquez ce que veut dire un trouble psychosomatique.
2. Comment sait-on qu'un animal a un problème psychosomatique?
3. Pourquoi les animaux de cirque sont-ils rarement malades?
4. Quels sont les quelques conseils donnés pour bien soigner un animal?

◆ À VOUS LA PAROLE

1. Est-ce qu'on pourrait dire que les Anglais et les Américains soignent mieux les animaux que les Français? Expliquez votre réponse.
2. Avez-vous jamais eu un animal qui avait des problèmes psychosomatiques? Racontez.
3. Vous êtes zoopsychiatre. Essayez d'expliquer à un(e) client(e) que c'est lui (elle) qui a le problème psychiatrique et pas son animal.

Je ne veux pas mourir d'un cancer

C'est décidé, je ne veux pas mourir d'un cancer. Organisé par nature, je me suis informé de ce qui pouvait me menacer. Et j'ai éliminé... Fini, bien sûr, le tabac ainsi que la marijuana *qui serait cancérigène.* Finies les pommes de terre car elles peuvent contenir du benzopyrène, substance, hautement dangereuse. Finies aussi les *cacahuètes* qui contiennent de *l'aflatoxine,* les grillades au feu de bois qui équivalent à la fumée de 25 paquets de cigarettes. Fini le pain car s'il est *cuit* dans des *fours* mal réglés, il deviendra lui aussi cancérigène. Finis la confiture, les poissons et les *coquillages* dont la *nocivité* est bien connue. Finis donc, les salades, les choux-fleurs et les petits pois. Je suis parti à la compagne car l'air de nos villes contient des substances fortement cancérigènes. Mais je *surveille* la direction des vents car les explosions nucléaires *répandent* du strontium 90, un produit qui serait cause de cancer. Ma femme m'a quitté car le mariage est lui aussi devenu suspect. Des médecins américains *auraient* établi que les *religieuses* des États-Unis sont moins sujettes aux cancers du sein et de l'utérus.

J'ai pris toutes les précautions nécessaires : je ne mange plus, je ne bois plus, je ne fume plus, je ne respire plus, je *ne coîte plus.* Je peux mourir en paix, je n'aurai pas le cancer.

Extrait d'un éditorial d'*Elle* par Jacques Merlino.

qui peut causer le cancer

peanuts / substance qui peut causer le cancer

du verbe cuire, la cuisine / ovens
mollusques / toxicité

observe attentivement / dispersent

supposedly have
nonnes, sœurs

ne fais plus l'amour

◆ QUESTIONS

1. Quel est le ton de cet article? Quelle est l'attitude de l'auteur?
2. De quoi se moque-t-il?
3. Diriez-vous qu'il est pessimiste? Ou optimiste? Ni l'un ni l'autre?
4. Quelles choses a-t-il éliminées pour ne pas mourir d'un cancer?
5. Qu'est-ce qui lui reste dans la vie?

◆ À VOUS LA PAROLE

1. Que feriez-vous pour éviter de mourir d'un cancer?
2. Comme dit la sagesse populaire « Aujourd'hui il faut manger, boire et s'amuser parce que demain on mourra. » Êtes-vous d'accord avec cette idée? Expliquez votre réponse.
3. Avec un(e) camarade de classe, imaginez une conversation entre une personne qui croit qu'il ne faut pas courir des risques pour vivre bien et l'autre qui croit à la sagesse « Qui ne risque rien, ne vaut rien. »

Et si demain la médecine créait plus de maux qu'elle n'en guérit?

Le médecin paraît jouer le rôle de réparateur des *pannes* de cette « machine à produire » qu'est devenu l'homme. Mais de nos jours la médecine se trouve en pleine crise. Le médecin n'a plus la confiance absolue des malades. Son rôle de guérisseur est *remis en question, d'autant plus* que l'immense majorité des maladies et des morts d'aujourd'hui ne sont plus de son *ressort* et parmi celles qui le sónt, une bonne part sont des *lésions* causées par *son exercice* même—la moitié des dépenses de santé ne sert qu'à retarder la mort de quelques semaines.

breakdowns

soumis à un nouvel examen / so much the more / compétence
blessures / ses soins

L'étude prospective montre que les innovations technologiques vont transformer radicalement l'activité médicale. Certaines fonctions aujourd'hui du ressort du médecin vont être remplies par des *biens de consommation* que chacun aura chez soi. Un exemple très simple c'est celui de la machine à laver qui est venue remplacer l'activité de la femme au foyer, *de même* les activités médicales seront remplacées par des biens de consommation. On aura chez soi des objets qui feront partie de la vie *quotidienne* de la famille et serviront à surveiller et contrôler la santé de chacun ; une série d'*appareils* spécifiques, de la *taille* d'un transistor, permettant de vérifier son état de santé. On n'ira plus voir le médecin qu'après avoir fait soi-même son diagnostic.

consumer goods

de la même façon

de tous les jours
objets, instruments / dimension

On *consommera* des organes artificiels comme on consomme une machine à laver. Un exemple assez fascinant se trouve dans le domaine de la contraception. D'ici quelques années on aura des sortes de pilules implantables, féminines puis masculines, à durée de vie de plusieurs années, avec un programmateur extérieur permettant d'en arrêter éventuellement le fonctionnement.

utilisera

Il y aura des manipulations génétiques : la possibilité de s'attaquer aux maladies héréditaires, au problème du choix du sexe d'un enfant, aux caractéristiques transmises héréditairement pour en arriver peu à peu au danger de produire des individus selon des modèles prévus à l'avance. Ce qui risque d'être la mort de la famille car cela détruirait la fonction de reproduction qui est actuellement celle de la famille. Et surtout le grand danger c'est qu'au-delà de ces *bienfaits,* on arrive à la normalisation de l'espèce humaine. Toute la logique de l'évolution *aboutira* à ce qu'au lieu de réparer l'homme en soignant ses maladies on essaiera de produire des hommes sans maladies.

blessings, benefits

arrivera

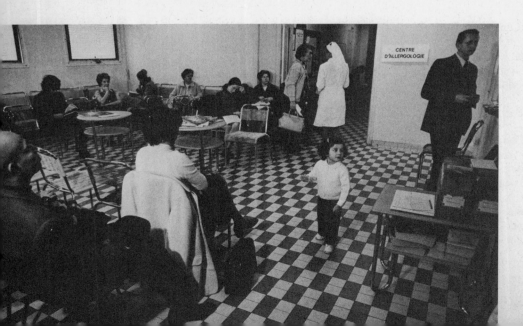

Si l'on prend l'exemple de l'alcoolisme, la bonne prévention serait de lutter contre les raisons qui amènent les gens à *se saouler*. La prévention consistera à produire un homme capable de boire sans risquer la cirrhose du foie. Et cet homme produit industriellement, qu'est-ce qui le distinguera des autres? Il ne sera plus qu'un objet de consommation.

boire trop, s'enivrer

En voulant retarder la mort des hommes on provoquera la mort de l'Homme parce qu'à partir du moment où l'homme devient un objet industriel, il n'est plus vivant. Un objet n'est pas vivant, il est mort. Il faut chercher des moyens de profiter du progrès sans en courir les risques. L'évolution en médecine est inévitable. Il faut essayer de la comprendre et savoir s'arrêter dans la recherche de l'éternité.

Extrait d'un article de *Femme Pratique* par Catherine Melik.

◆ QUESTIONS

1. Pourquoi la médecine se trouve-t-elle en pleine crise?
2. Pourquoi le rôle de guérisseur du médecin est-il soumis à un nouvel examen?
3. Quelles seront les innovations technologiques qui transformeront la médecine dans le diagnostic d'une maladie? Dans le domaine de la contraception?
4. Quels seront les bienfaits des manipulations génétiques? Et les dangers?
5. En ce qui concerne l'alcoolisme, pourquoi l'auteur distingue-t-elle la prévention et la « bonne prévention » de cette maladie?
6. Comment est-il possible de provoquer la mort de l'Homme en voulant retarder la mort des hommes?
7. Quels sont les conseils de l'auteur en ce qui concerne l'évolution de la médecine?

◆ À VOUS LA PAROLE

1. Voudriez-vous choisir le sexe de votre enfant? Expliquez vos raisons.
2. Croyez-vous que l'homme devienne un objet industriel? Expliquez votre « oui » ou « non ».
3. Est-ce que la médecine va créer plus de maux qu'elle n'en guérit? Expliquez votre réponse.
4. Quel doit être, en médecine, l'équilibre entre la prévention des maladies et la guérison des maladies?
5. Commentez le proverbe : « Mieux vaut prévenir que guérir ».

Les Français et leur médecin

Regardez les questions posées dans un *sondage* réalisé pour savoir comment les Français *se comportaient* avec les médecins et ce qu'ils attendaient d'eux. Répondez vous-même à ces questions et après avoir noté les réponses de toute la classe, comparez-les avec celles des Français que vous trouverez à la page 49.

recherche des opinions d'une population
se conduisaient

1. Parmi les professions suivantes, pouvez-vous citer celle qui vous paraît personnellement la plus prestigieuse? Et en second?

notaire	_____	*député*	_____
patron d'usine	_____	général	_____
médecin	_____	aucune	_____
ingénieur en électronique	_____	sans opinion	_____
prêtre	_____		

officier ministériel qui écrit des contrats / représentant élu, membre de l'Assemblée nationale

2. *Actuellement,* le prix de la visite à domicile d'un médecin généraliste est de 50 à 75 F[1] selon les régions. Si vous le comparez au prix de la vie, et en particulier aux *tarifs* de services comparables, diriez-vous que c'est

   en ce moment

   prix

   plutôt élevé _____
   plutôt bon marché _____
   comme il faut _____
   sans opinion _____

3. Le tarif de la visite chez un médecin spécialiste est environ 150 F. À ce sujet, avec laquelle des deux opinions suivantes seriez-vous le plus d'accord?

   Quand on pense à toutes les années d'études qu'il faut faire et à la responsabilité du travail, c'est tout à fait normal. _____
   C'est quand même trop cher *par rapport* au prix d'un médecin généraliste. _____
   sans opinion _____

   en comparant

4. Imaginons que vous soyez malade. Vous téléphonez à votre médecin pour qu'il vienne chez vous. On vous répond qu'il est absent et qu'en son absence, il est remplacé par un de ses confrères qui est une femme. Est-ce que vous appelez quand même son remplaçant?

   oui _____
   non _____
   sans opinion _____

5. Imaginons que vous soyez malade et que vous alliez chez votre médecin qui a diagnostiqué quelque chose de sérieux et vous prescrit un traitement très long. Est-ce que

   vous faites confiance à votre médecin et suivez son avis? _____
   vous allez voir un autre médecin pour vous faire confirmer le diagnostic? _____
   sans opinion _____

6. Imaginons toujours que vous soyez malade et que vous alliez chez votre médecin qui a diagnostiqué quelque chose de sérieux et vous prescrit une opération. Est-ce que

   vous faites confiance à votre médecin et suivez son avis? _____
   vous allez voir un autre médecin pour vous faire confimer le diagnostic? _____
   sans opinion _____

[1]Un dollar américain vaut à peu près huit francs français.

7. En Angleterre, la médecine est nationalisée, c'est-à-dire que les médecins sont des *fonctionnaires* salariés de l'État et chaque malade doit s'adresser à un médecin du quartier dont il dépend. En *contrepartie,* les consultations sont *gratuites.* Seriez-vous favorable à ce que le même système soit établi en France? [Pour votre propre réponse, substituez « aux États-Unis ».]

employés du gouvernement
compensation/
non-payantes

favorable _____
opposé _____
sans opinion _____

Extrait d'un article d'*Elle.*

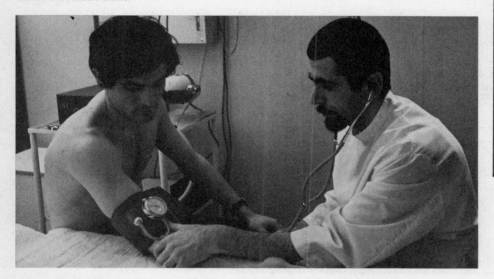

RÉSULTATS DU SONDAGE EN FRANCE

Question 1 : La profession la plus prestigieuse?

	% en premier	% en premier ou en second
notaire	4	12
patron	8	20
médecin	47	67
ingénieur	14	36
prêtre	4	12
député	8	19
général	7	15
aucune	4	5
sans opinion	4	6
	100%	192%[1]

Question 2 : Le prix de la visite à domicile

plutôt élevé	52
plutôt bon marché	2
comme il faut	42
sans opinion	4
	100%

Question 3 : Le tarif de la visite chez le médecin spécialiste

c'est tout à fait normal	34
c'est trop cher	61
sans opinion	5
	100%

Question 4 : Appeler un remplaçant qui est femme-médecin

oui	95
non	4
sans opinion	1
	100%

Question 5 : Un traitement très long a été prescrit

suivez son avis	63
voir un autre médecin	35
sans opinion	2
	100%

Question 6 : Une opération a été prescrite

suivez son avis	48
voir un autre médecin	48
sans opinion	4
	100%

Question 7 : La médecine nationalisée pour la France?

favorable	54
opposé	38
sans opinion	8
	100%

[1]Le total des pourcentages est supérieur à 100%, les personnages interrogés ayant pu donner deux réponses.

◆ **QUESTIONS**

1. En France quelles sont les professions les plus prestigieuses? Et aux États-Unis?
2. Combien coûte une visite à domicile d'un médecin généraliste en France? Et d'un médecin spécialiste? Croyez-vous que les visites à domicile en France coûtent cher? Que pensent les Français du prix des visites à domicile?
3. Est-ce que le sexe d'un médecin a beaucoup d'importance pour les Français? Expliquez votre réponse.
4. Comparez les réponses aux questions cinq et six du sondage. Pouvez-vous deviner l'opinion des Français sur les opérations?

◆ **À VOUS LA PAROLE**

1. Est-ce qu'il arrive que les médecins américains fassent des visites à domicile? Quelle était la dernière fois qu'un médecin a fait une visite chez vous?
2. Croyez-vous que les médecins gagnent trop d'argent? Pourquoi (pourquoi pas)?
3. Si votre médecin vous prescrivait une opération, pourquoi iriez-vous voir un autre médecin? Est-ce que cela signifierait que vous n'avez pas confiance en votre médecin?
4. Croyez-vous que les Français estiment moins leurs médecins que les Américains? Expliquez votre réponse.
5. Essayez d'expliquer les différences parmi les réponses françaises au sondage et les réponses de votre classe.

SUJETS DE DISCUSSIONS

(pour ou contre)

1. Les animaux n'ont pas le même droit aux soins médicaux que les êtres humains.
2. a. Il faut vivre sa vie sans prendre de précautions.
   b. À quoi bon une vie menée sans précautions de santé?
3. Il faut se servir de n'importe qui et de n'importe quel moyen pour guérir d'une maladie.
4. La médecine moderne crée des maux au lieu d'en guérir.
5. Pour améliorer le service médical de notre pays, la médecine américaine doit être nationalisée.
6. Essayez de persuader votre professeur ou un(e) camarade de classe de ne pas fumer (de continuer à fumer).
7. Persuadez un(e) camarade de classe de faire (de ne pas faire) des études de médecine.
8. Le progrès en recherches médicales est inhumain.

chapitre

4

La Beauté
et la mode

L'ESSENTIEL

Au salon de coiffure

la cliente   prendre rendez-vous *appointment*   le coiffeur, la coiffeuse *hairdresser*
                    (avec)

                    demander   un shampooing *shampoo*
                                      un shampooing-colorant *dye*
                                      une mise en plis *blowdo (style it)*
                    se faire faire *cause to do something*
                                      un mini-vague *wave*
                                      une permanente *perm*
                                      une coupe *a cut*

                    donner *give*   un pourboire (au *tip*
                                           coiffeur)

le coiffeur	laver *wash*	les cheveux *(m. pl.)* *hair*
	rincer *rinse*	épais/clairsemés *thick - thin*
	teindre *die*	frisés/ondulés *curly - wavy*
	peigner *comb*	bouclés/raides *ringlets - straight*
	brosser *brush*	emmêlés *messy (tangled)*
	crêper *tease*	la perruque *wig*
	faire	une coupe *a cut, short - long*
		courte/longue
le (la) manucure	faire	la manucure *manicurist*
	mettre	le vernis
		polish

Vocabulaire supplémentaire

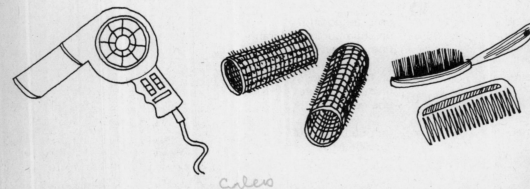

le séchoir   les bigoudis *(m. pl.)*   la brosse   le peigne
    les rouleaux *(m. pl.)* *curlers*

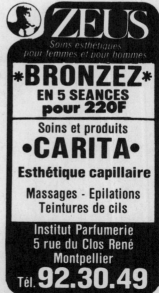
l'épingle à cheveux *(f.)*   les ciseaux *(m. pl.)*

À l'institut de beauté

la cliente   avoir   le teint *complexion*
    clair/bronzé *lighton*
    pâle/coloré *pale/colors*

    avoir besoin (de)   un nettoyage de peau
    se faire faire *treatment*   un traitement
    makeup   un maquillage

    se maquiller

deals with Beauty

l'esthéticienne   se spécialiser (dans)   les soins *(m. pl.)* du visage, de la peau
    le massage

    mettre   le maquillage, le fard
    appliquer

    pluck   *eyebrows*
    épiler   les sourcils *(m. pl.)*

    tone down   *wrinkle*
    atténuer   les rides *(f. pl.)*

    camoufler *camouflage*   la cicatrice *scars*

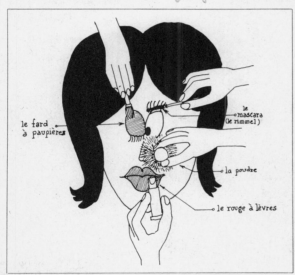

le fard à paupières

le mascara (le rimmel)

la poudre

le rouge à lèvres

Chez le coiffeur

le coiffeur   couper   les cheveux
    raccourcir *shorten*   sur la nuque *nape*
    devant *in front*
    sur les côtés *sides*
    on top ← sur le haut de la tête

    faire   la raie *aparte (part)*
    right/left   à droite/à gauche
    au milieu

    rafraîchir   la moustache
    refresh   la barbe *beard*
    sideburns   les pattes *(f. pl.)*

    raser *shave*   le client

    masser   le cuir chevelu
    scalp

out Borborneck

LES MÂLES

par Hoviv

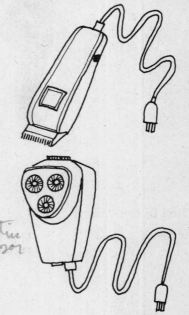

Vocabulaire supplémentaire

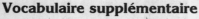

le coup de peigne ~~stroke of comb~~   la tondeuse ~~hair cutter~~
se faire raser ~~get a shave~~   le rasoir (électrique/mécanique/de ~~electric razor~~
la crème à raser, le savon,   sécurité)
  la mousse ~~lather~~   la lame ~~blade~~

I. Posez des questions en remplaçant les mots en italique par une expression interrogative.

    Modèle : La coiffeuse parlait *avec la cliente.*
            Avec qui la coiffeuse parlait-elle?

  1. Le client a payé *le coiffeur.*
  2. Il y a trop de dames *chez l'esthéticienne.*
  3. Je ne voulais pas *de fard à paupières.*
  4. Mlle Michaud ne donne jamais de pourboire à *sa coiffeuse.*
  5. Elle préfère *les cheveux raides.*
  6. Mais lui, au contraire, préfère les cheveux *frisés.*
  7. La coiffeuse a crêpé *soigneusement* la perruque.

II. Conversation-puzzle : **Le coiffeur et son client**
Remettez en bon ordre les phrases de chacune de ces conversations pour la présenter ensuite avec un(e) camarade de classe.

A. 1. Voulez-vous que je vous fasse un shampooing?
2. Comment dois-je vous coiffer?
3. Pas cette fois, merci.
4. Juste un coup de peigne, s'il vous plaît.

B. 1. Très courts partout, s'il vous plaît.
2. Merci non. Rien du tout.
3. Je rafraîchis la nuque?
4. Comment voudriez-vous que je les coupe?

C. 1. Non, je pense que non. Merci.
2. Un shampooing, monsieur?
3. Ne les coupez pas trop, s'il vous plaît.
4. Quelle coiffure aujourd'hui? Comment les aimez-vous?

III.
1. Qu'est-ce qu'il faut faire avant de faire une mise en plis?
2. De quoi a-t-on besoin pour se maquiller? Pour faire une coupe? Un shampooing? Une manucure?

IV. Choisissez l'un des personnages suivants. En employant le vocabulaire de l'Essentiel décrivez-le et puis imaginez autant de choses possibles que vous pourriez faire pour le rendre plus beau.

Dans une boutique (un magasin, un grand magasin)

—Vous désirez, monsieur (madame, mademoiselle)?
—Pourriez-vous me montrer _____?
—Quelle est votre taille[1]? (Quelle taille vous faut-il?) Permettez-moi de prendre vos mesures.

le client, la cliente	faire	des courses (f. pl.)
	essayer	un vêtement
	mettre	les habits (m. pl.)
	porter	
le vêtement	aller bien/mal (à)	la personne
	convenir bien/mal (à)	
	être	long/court
		étroit/large
		d'une couleur (un ton)
		foncée/claire
	se vendre	en solde (f.)
		au rabais

Vocabulaire supplémentaire

chez un couturier
la haute couture
mettre en vente
prêt-à-porter

sur mesure
d'occasion
confectionner, fabriquer une robe

Vêtements d'homme

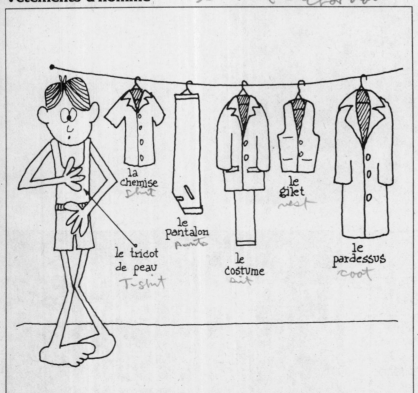

la chemise

le pantalon

le tricot de peau

le costume

le gilet

le pardessus

[1]Pour les tailles voir p. 183.

Vêtements pour les femmes

le chemisier
Blouse

le jupon
slip

le soutien-gorge
Bra

les bas
(m. pl.)

le collant
panty hose

le tailleur
suit

le châle
shol

Vêtements « unisexe »

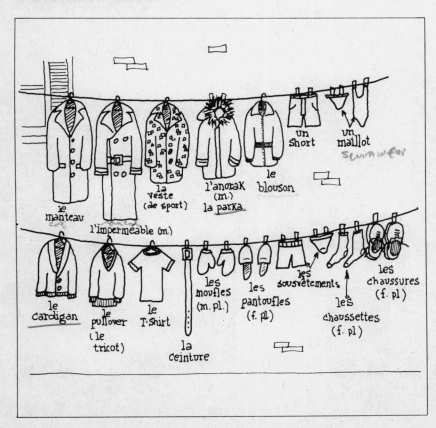

le manteau

l'imperméable (m.)

la veste (de sport)

l'anorak (m.)
la parka

le blouson

un short

un maillot
swimwear

le cardigan

le pullover (le tricot)

le T-shirt

la ceinture

les moufles (m. pl.)

les pantoufles (f. pl)

les sousvêtements

les chaussettes (f. pl)

les chaussures (f. pl)

I. Conversation-puzzle : **Dans un magasin**

Remettez en bon ordre les phrases de chacune de ces conversations pour la présenter ensuite avec un(e) camarade de classe.

A. 1. Est-ce que vous allez continuer à en recevoir des nouveaux?
   2. On peut vous servir, Madame?
   3. J'en doute, mais vous pouvez aller voir à notre magasin du Quartier latin.
   4. Je cherche un chemisier taille 36.
   5. Nous regrettons de ne pas pouvoir vous servir en ce moment, Madame.

B. 1. Je crois que oui. Laissez-moi votre adresse et je vous écrirai.
   2. Je regrette mais on n'en a plus.
   3. Madame, vous désirez?
   4. Pourriez-vous m'en commander un?
   5. Pourriez-vous me montrer un imperméable taille 46?

C. 1. Puis-je vous servir, Madame?
   2. Bien entendu. Laissez-moi votre numéro de téléphone et je vous appellerai.
   3. Je veux quelque chose dans ce genre-là —taille 40.
   4. Allez-vous en recevoir d'autres?
   5. Le mieux que je puisse faire c'est vous montrer un 38.

D. 1. Ah, nous avons votre taille, mais pas la couleur que vous désirez.
   2. Croyez-vous qu'on puisse en obtenir un?
   3. Je voudrais trouver un pullover noir taille 42.
   4. Peut-être que oui. Revenez dans une huitaine.
   5. Que désirez-vous, Madame?

II. Décrivez les habits portés par...

   1. un joueur de football (soccer)
   2. un skieur
   3. un boxeur
   4. un joueur de tennis
   5. un professeur
   6. un médecin
   7. une infirmière
   8. un(e) étudiant(e) le jour d'un examen
   9. une personne très conformiste
   10. votre professeur
   11. un(e) camarade de classe

III. Choisissez plusieurs articles de ces pages de catalogue. Commentez le prix de chaque article et expliquez pourquoi vous voulez l'acheter.

LA ROBE "MAILLE ANGLAISE"

Détail fantaisie : le col boule. En 100% acrylique : vite lavée, vite séchée ! Bord côtes 1/1 aux poignets et à la base. Longueur : 105 à 108 cm environ. Importé.

tailles	36/38N	40/42N	44/48N	prix
gris	51.3608	51.3618	51.3628	
marine	51.1928	51.1938	51.1948	135,00
rouge	50.7858	50.7868	50.7878	
bleu	51.1808	51.1818	51.1828	

LA ROBE RAYEE

A la fois simple et originale, cette robe vous séduira par ses coloris classiques et ses détails fantaisie : col boule, manches kimono... Elle est réalisée en 100% acrylique gratté, doux et confortable. Elastique à la taille, ceinture à nouer. Long : 105 cm env.

tailles	38/40N	42/44N	46/48N
gris/ocre	49.5828	49.5838	49.5848
rouille/violet	49.5858	49.5868	49.5878
bleu/violet	49.5888	49.5898	49.5908
prix		199,00	

LA CHEMISE COL "GRAND-PERE"

Un style décontracté, toujours à la mode ! Cette chemise toute douce est réalisée en **65% polyester, 35% coton**. Les rayures sont composées de tons fondus, gris, jaune, bleu. Finitions : empiècement dos. Patte de boutonnage. Poignets droits, patte indéchirable. Importé

tailles	36	37/38	39/40	41/42	43/44
bleu	30.0366	30.0376	30.0386	30.0396	30.0406
prix			99,00		

LA CHEMISE FLANELLE

Un petit prix très intéressant pour cette chemise bien chaude. En flanelle **100% coton**, elle est moelleuse et confortable ! 4 coloris classiques faciles à assortir. Finitions : col 2 pièces, empiècement dos, patte de boutonnage, 1 poche poitrine. Poignets pans coupés. Importé

coloris	beige	bordeaux	bleu	vert	prix
36	32.3543	35.8053	37.5223	34.8703	
37	32.3553	35.8063	37.5233	34.8713	
38	32.3563	35.8073	37.5243	34.8723	
39	32.3573	35.8083	37.5253	34.8733	
40	32.3583	35.8093	37.5263	34.8743	79,00
41	32.3593	35.8103	37.5273	34.8753	
42	32.3603	35.8113	37.5283	34.8763	
43	32.3613	35.8123	37.5293	34.8773	
44	32.3623	35.8133	37.5303	34.8783	

79F

EXERCICES

I.

1. Quelle est la différence entre « rafraîchir les cheveux » et « couper les cheveux » ?
2. À quoi sert :
   a. un séchoir?
   b. un rasoir?
   c. les ciseaux?
   d. les bigoudis?
3. Dans quoi se spécialise une esthéticienne?
4. Décrivez vos cheveux ; ceux de votre professeur ; de votre voisin(e).
5. Imaginez que vous expliquez à votre coiffeur comment couper vos cheveux : que diriez-vous?
6. Pourquoi un homme (une femme) va-t-il (-elle) chez le coiffeur?
7. Expliquez pourquoi vous allez toujours (vous n'allez jamais) chez un coiffeur.
8. Que pensez-vous d'un homme qui porte une barbe? Une moustache?

II. Répondez aux questions en employant les choix donnés dans l'exemple ou en ajoutant une réponse originale.

Exemple : Comment choisissez-vous les habits que vous portez chaque jour?
Cela dépend : a. de mon humeur quand je me lève
b. du temps que j'ai pour m'habiller avant de partir
c. de ce que je vais faire ce jour-là
d. de la personne avec qui je sors
e. de l'endroit où je vais ce jour-là

1. Est-ce qu'il faut beaucoup de temps pour confectionner un vêtement?
2. Achetez-vous des vêtements d'occasion?
3. Quelle sorte d'habits portez-vous pour une soirée? Pour une interview?
4. Faites-vous très attention à votre apparence personnelle?
5. Est-ce que vos parents aiment les habits que vous portez?
6. Croyez-vous que les apparences extérieures soient importantes?
7. Est-ce que vous essayez de mettre chaque jour des vêtements différents?
8. Pour qui est-ce que vous vous habillez?

III.

1. Décrivez les vêtements que vous portez en ce moment et dites pourquoi vous les avez mis aujourd'hui.
2. Décrivez votre coiffure. Comment la changeriez-vous?

IV. Expliquez ce que vous feriez pour résoudre ces problèmes.

1. Vous êtes invité(e) à une surprise-partie et vous n'avez rien à mettre.
2. Vos parents veulent que vous vous fassiez faire une coupe parce que ça fait déjà six mois que vous laissez pousser vos cheveux.
3. Danielle vient de se faire couper les cheveux très courts—mais avant d'avoir découvert que son fiancé les préfère longs.
4. Vous êtes allé(e) chez le coiffeur pour vous faire teindre les cheveux et êtes sorti(e) avec les cheveux violets.

V. Imaginez que vous êtes le client dans cette conversation.

Client :
Coiffeur : Vous les voulez très courts?
Client :
Coiffeur : De quel côté préférez-vous la raie?
Client :
Coiffeur : N'ayez pas peur. Notre service est excellent. Voulez-vous que je vous rase le cou?
Client :
Coiffeur : *(quelques minutes après)* Voilà, monsieur. Voudriez-vous vous regarder dans le miroir? Est-ce que votre cravate était rouge quand vous vous êtes assis?
Client :
Coiffeur : Oh, zut alors! Je regrette infiniment! Je vous ai un peu coupé la gorge!

VI.

1. Essayez de formuler votre propre conversation entre un(e) coiffeur (-euse) et son (sa) client(e).
2. Essayez de formuler votre propre conversation avec un(e) vendeur (-euse) dans un magasin. Employez les expressions appropriées de l'Appendice A pour exprimer vos réactions.

La Menace sur votre tête

La jeune femme qui entre dans le cabinet du docteur X., spécialiste du cuir chevelu, a de merveilleux cheveux blonds, épais, ondulés. Pourtant, son visage est ravagé d'inquiétude. Et... quand elle retire sa perruque, on aperçoit une *chevelure* déjà clairsemée.

des cheveux

Elle sort de son sac un petit paquet contenant une *poignée* de cheveux emmêlés :

—Docteur, voilà ce que je perds chaque jour! Et le pire : mes cheveux tombent par devant, comme ceux de mon mari!

Le médecin l'interroge :

—J'ai trente-cinq ans. Je dirige une petite entreprise de vêtements, qui me cause bien du *souci*.

L'examen le confirme : cette jeune femme présente une *diminution* de type masculin, sur le sommet, les tempes, plus visible que ceux de type féminin, répartis sur toute la chevelure. Le médecin explique :

—Cela n'a rien d'étonnant. Vous avez les mêmes soucis que votre mari. À vie d'homme, réactions d'homme. Votre tension nerveuse *retentit* sur l'état de

handful

angoisse
réduction

a un effet

vos cheveux. Elle peut aussi dérégler votre système hormonal, qui influence également la chevelure—dans un sens « virilisant » . Et le port continuel d'une perruque n'*arrange* rien!

répare

Depuis quelques années, les spécialistes du cuir chevelu constatent un nombre *croissant* de *chutes* de cheveux chez les femmes jeunes. À ces chutes, ils découvrent des causes nouvelles qui, parfois, les *rapprochent* des causes des chutes masculines.

grandissant / action de tomber
approchent, joignent

Extrait d'un article de *Marie-Claire* par Josette Lyon.

◆ QUESTIONS

1. Pour quelle raison la jeune femme vient-elle chez le médecin?
2. Quelle surprise a-t-elle faite au médecin?
3. Après avoir examiné la patiente, qu'est-ce que le docteur a confirmé?
4. Quel diagnostic lui a-t-il donné? Comment l'a-t-il expliqué?
5. Quelle est la différence entre la diminution masculine des cheveux et la diminution féminine des cheveux?
6. Quel rôle la tension nerveuse joue-t-elle dans ce diagnostic?

◆ À VOUS LA PAROLE

1. « Si l'on vit comme un homme, on a les mêmes problèmes qu'un homme. » Croyez-vous que cette phrase exprime la vérité?
2. Êtes-vous d'accord avec l'opinion de ce médecin? Pourquoi oui ou pourquoi non?

Maquillage pour hommes

Le maquillage pour hommes apparaît avec *fracas* dans le magazine britannique *Harper's* qui, sous le titre « Pour la première fois » , publie la photo d'un beau visage mâle—paupières *ourlées* d'eye-liner et longs cils ombrés de rimmel. Révolution? Certes non, parce que le maquillage masculin a existé bien avant notre siècle, dans des sociétés raffinées aussi bien que primitives. Mais de nombreuses femmes interrogées par *Le Point* se sont montrées résolument hostiles à cette idée : peuple latin, les Français ont de la virilité une opinion traditionnelle qui *s'accommode* mal d'artifices aussi apparents et sexuellement marqués. Virilité, sous-entendu *sobriété*. La preuve : un *coffret* de maquillage pour hommes mis en vente au mois de septembre dans les grands magasins s'est mal vendu, alors qu'il a eu en Angleterre un très joli succès dans l'opinion des jeunes gens « in » . Comme chacun sait, chez nous, ces extravagances ne peuvent appartenir qu'à des *minets* du *spectacle* et de la mode.

bruit violent, éclat

bordées

revue hebdomadaire comme Time,
Newsweek
admet, accepte
simplicité, sans ornements / petite boîte

petits jeunes hommes très à la mode /
théâtre, cinéma

paco rabanne
paris

EAU DE TOILETTE 120 ml

monsieur ROCHAS

ROCHAS

EAU DE TOILETTE 115 ml

POUR HOMME

Parfums Yves Saint Laurent

Sans doute. Mais les petites *tricheries* gagnent du terrain. Un pharmacien du 8e *arrondissement* remarque : « Je vends de plus en plus de gels bronzants pour les hommes, ainsi que du gloss protecteur pour les lèvres et des crèmes nourrissantes. »

Extrait d'un article du *Point* par Catherine Pierre.

choses qui ne respectent pas certaines conventions / section de Paris—une des plus snobs

◆ QUESTIONS

1. Comment est-ce que les Français ont réagi à cette idée de maquillage pour hommes?
2. Est-ce que le maquillage masculin est quelque chose de nouveau?
3. Qu'est-ce que c'est qu'un minet?
4. Quelle opinion les Français et les Françaises ont-ils de la virilité?
5. Quel rôle le maquillage joue-t-il dans cette idée française de la virilité? Quelle preuve est offerte?
6. Pourquoi l'auteur dit-elle que les petites tricheries gagnent du terrain?

◆ À VOUS LA PAROLE

1. Selon votre opinion, à quoi sert le maquillage? Pour les femmes? Pour les hommes?
2. Est-ce que le maquillage pour hommes a une place dans la société américaine? Est-ce qu'il gagne du terrain?

Tristan et les soldes

Le commerce a réussi à nous imposer entre les saisons des intersaisons dites « des soldes », ayant aujourd'hui toutes les apparences de phénomènes naturels.

Suivant les stratégies publicitaires, les soldes se présentent différemment. Certains *boutiquiers* couvrent de blanc les glaces de leurs vitrines et donnent ainsi à penser que derrière cette vitrine opaque *se traitent* des affaires si sensationnelles que tous les passants ne sauraient en *supporter* la vue!

D'autres, au moyen de *panneaux,* donnent les prix normaux barrés de rouge et à côté les prix soldes ; « Super-soldes », « Hyper-soldes », « *Coup de balai* général », « Liquidation totale ». Cela pourrait faire croire aux naïfs que le marchand, désireux de *se débarrasser* de sa marchandise leur donnera celle-ci pour rien.

Tout observateur peut remarquer que la marchandise qu'on voit en période de soldes dans les vitrines ne retiendrait pas l'attention en temps ordinaire. On se demande même comment tel « habilleur[1] » des beaux quartiers peut *détenir* de pareils vestons et d'aussi curieux pantalons en *fibranne* imitation tweed...

C'est à croire qu'il existe quelque part en France des *fabriques* de vêtements, de chaussures et d'objets de soldes. On imagine des stylistes pervers, forçant leur talent pour réaliser des modèles spécialement laids *afin de* fournir aux « soldeurs » des stocks à bon marché, qu'ils vendront juste un peu moins cher que la meilleure qualité.

Mais l'important en période de soldes, c'est d'acheter. On ne choisit pas la marchandise, on choisit le prix sans toujours faire les comparaisons desquelles il apparaît souvent que le bon marché coûte cher!

Ainsi ai-je rencontré, les bras chargés de paquets, mon ami Tristan, un bon jeune homme très soigné de sa personne qui passe une demi-heure chaque matin à choisir sa cravate :

« Je viens, m'a-t-il dit, de faire les soldes de chez Boboli. J'ai trouvé un petit pull cachemire pour 280 francs. Bien sûr, il est gris et je l'aurais préféré bleu ; il a un *décolleté en pointe* et je l'aurais mieux aimé à col *roulé* et il aurait été plus *sobre* évidemment sans cette petite poche de poitrine où l'on ne peut rien mettre. Mais enfin, quelle affaire, hein, moitié prix, mon vieux! Et je pourrai le mettre en week-end, dès que j'aurai maigri un peu, parce qu'il ne restait que du 40 et que je porte habituellement du 44! »

Extrait d'un article du *Monde* par Maurice Denuzière.

Glossary (margin):
- personne qui tient un petit commerce *(péjoratif)* / se négocient
- tolérer
- large signs
- clearance
- se libérer
- garder en sa possession
- textile artificiel
- usines
- pour
- v-neck / rolled
- simple

◆ QUESTIONS

1. Que veut dire « acheter en solde » ?
2. D'après l'auteur, comment les soldes se présentent-ils en France?
3. Comment la marchandise en période de soldes diffère-t-elle de la marchandise en temps ordinaire?
4. Racontez l'histoire de Tristan.
5. Pourquoi Tristan est-il content de ce qu'il a acheté?
6. Pourquoi l'auteur a-t-il raconté l'histoire de Tristan?

◆ À VOUS LA PAROLE

1. Quelles sont les stratégies employées par les commerçants américains en période de soldes?
2. Pourquoi peut-on se faire duper en achetant pendant une période de soldes?
3. « Nous sommes tous des « pigeons » quand il s'agit des soldes, et les commerçants en profitent. » Êtes-vous d'accord avec l'idée exprimée dans cette phrase? Expliquez.
4. Quelle est la meilleure affaire que vous ayez jamais faite en achetant quelque chose en solde?

[1]Qui vend des habits, chez qui les gens chics viennent acheter leurs vêtements.

En jeans au bureau?

Y aurait-il aujourd'hui un problème du vêtement au *sein* des entreprises? Les *cadres* masculins en auraient-ils assez de porter un « *déguisement* » de bureau? Y a-t-il ailleurs des limites à la liberté dans ce domaine—par discipline imposée ou par autocensure? Irons-nous tous, un jour, en jeans au bureau?

> cœur
> membres de direction ou de contrôle dans une entreprise / habit qui masque l'apparence

Pour en savoir plus, j'ai délibérément amené la conversation sur le sujet vêtement avec tous les cadres que je rencontrais. Voici les réactions les plus significatives.

YVES D. (30 ans, *adjoint* du directeur des relations publiques d'une industrie lourde)

> assistant

« Personne ne m'a jamais parlé de cette question, ni donné de règles à suivre. Mais il y a l'ambiance, un climat. Je veux dire que si une réunion importante avait lieu, mon patron hésiterait sans doute à m'y faire participer si je venais sans cravate. Il penserait qu'un collaborateur sans cravate ne peut pas être pris absolument au sérieux, qu'il n'est pas vraiment à l'image de la maison.

« De plus, je suis déjà relativement jeune dans un milieu nettement plus âgé, alors la rigueur dans la *tenue* vous aide à *faire le poids*. Dans les affaires, en France, j'ai compris que l'habit faisait encore le moine[1]. Mettez un costume sombre, vous serez considéré. »

> vêtements / être en mesure de remplir un rôle

PIERRE-JEAN S. (38 ans, *P.D.G.* d'une *maison d'édition*)

> Président, Directeur Général / entreprise commerciale de publication

« Mes cadres venir au bureau en jeans? Ce n'est sûrement pas pour demain, même si je leur disais : « Venez dans la tenue qui vous plaît. » Ils ont trop l'impression d'être jugés sur les apparences. Même chez les jeunes ils veulent donner l'image d'*outils efficaces* et commencent par le vêtement.

> instruments qui produisent l'effet attendu

« Changer de peau n'est pas si facile d'ailleurs. Cet été, j'avais une réunion importante avec des *syndicalistes* de mon entreprise. Il faisait chaud, je m'étais mis en *décontracté*, manches de chemises, *col* ouvert. Quand mes interlocuteurs sont arrivés, ils étaient tous en costume sombre et cravate. »

> représentants des syndicats
> casual clothes *(fam.)* / collar

[1]Clothes make the man; literally, the habit makes the monk.

CHRISTOPHE V. (29 ans, chef de produit dans une agence de publicité)

« Pourquoi me parlez-vous du vêtement? Parce que je vous étonne avec mes vieux jeans, ma chemise qui vient des *puces* et mon gilet de *cuir?* — flea market / leather

« Je sais bien que ma tenue *agace* pas mal de gens dans cette maison. On voudrait que je porte un costume, que je ressemble aux autres, que je cesse de faire désordre, d'être l'anomalie de la maison. Mais comme mon salaire ne me permet pas de m'habiller chez Saint-Laurent, je me trouve plus confortable en jeans. — irrite, énerve

« Des inconvénients, il y en a c'est sûr. Pendant près de trois ans, le patron m'a pris pour un *coursier,* et mon chef direct a hésité à *me confier* certains budgets, dans la mode et les produits de beauté, par exemple. L'autre jour je devais défendre une campagne importante devant le *conseil de direction,* d'une grande firme automobile, tous habillés en P.D.G. comme il faut. Ils ont été étonnés pendant cinq minutes et lorsqu'on a attaqué le *fond* de la discussion, tout le monde a oublié mes jeans, n'a fait attention qu'à mes arguments. » — qui fait des courses pour une entreprise / laisser à mes soins — groupe chargé de l'administration d'une entreprise — essentiel

Extrait d'un article de *Réalités* par Édouard Debray.

◆ QUESTIONS

1. Qu'est-ce que c'est qu'un cadre?
2. Comment imaginez-vous l'apparence d'Yves D. à son bureau? Pourquoi s'habille-t-il comme ça?
3. Quels sont les sentiments du P.D.G. Pierre-Jean? Quel rapport son attitude a-t-elle avec l'opinion du jeune adjoint du directeur?
4. Comment expliqueriez-vous la différence d'habit des représentants des ouvriers et du P.D.G. à cette réunion?
5. Décrivez la tenue de Christophe V. Comparez la sienne avec celle d'Yves D.
6. Quels inconvénients Christophe a-t-il rencontrés à cause de son vêtement au bureau?

◆ À VOUS LA PAROLE

1. « La plupart des hommes (femmes) que je connais fait attention à la manière dont ils (elles) s'habillent. » En ce qui concerne les gens que vous connaissez, est-ce vrai? Quelle sorte de vêtements est-ce qu'ils portent d'habitude?
2. Pensez-vous que les vêtements soient un moyen très important pour exprimer la personnalité? Expliquez votre réponse.
3. Est-ce que vous attachez une grande importance aux habits? Pourquoi ou pourquoi pas?
4. Si vous travailliez dans une entreprise (dans une usine, à un bureau de l'université), comment vous habilleriez-vous?

La Beautécratie

« Mieux vaut être beau et *bien portant* que *moche* et malade », disait depuis longtemps la *sagesse* populaire.

    La discrimination esthétique commence dès l'*école maternelle*. Interrogés par deux chercheurs de l'université sur ceux de leurs camarades qu'ils préféraient, les enfants de toute une classe donnèrent, à une *écrasante* majorité, les plus hauts *indices* de popularité à ceux qui étaient jugés les plus beaux par les adultes.

    Tout au long des études, les notes obtenues, l'appréciation du professeur sont, selon les chercheurs, largement fonction du *physique*. Pour le vérifier, ils firent remettre à quatre cents enseignants un même *livret scolaire*, *assorti* de photos différentes, en leur demandant un pronostic sur l'évolution du propriétaire. Son visage était beau? Dans l'ensemble, les professeurs montrèrent un *Q.I.* très honorable, d'excellentes relations avec ses camarades, ils le virent *soutenu* par ses parents et se sortant bientôt de la médiocrité. On *tenta* la même *expérience* avec un devoir écrit. À qualité égale, la copie accompagnée de la photo la plus *séduisante* obtenait la meilleure note.

    On ne peut même se consoler en se disant que les goûts varient : chargés de classer par ordre de préférence douze photos de femmes, quatre mille lecteurs d'un grand journal de province donnèrent des réponses pratiquement identiques. Que cela nous plaise ou non, nous vivons dans une « beautécratie ».

Extrait d'un article du *Nouvel Observateur* par Catherine Dreyfus.

en bonne santé / laid *(fam.)*	
proverbe	
preschool	
énorme *(fig.)*	
marques	
apparence	
report card / accompagné	
quotient d'intelligence / aidé	
essaya	
experiment	
charmante	

◆ QUESTIONS

1. Comment a-t-on été jugé le plus populaire dans cette école maternelle?
2. Quelle sorte de pronostic a été donné par les professeurs?
3. Dans les jugements sur d'autres personnes, quel rôle le goût joue-t-il?
4. Que veut dire le terme « beautécratie »?
5. En quoi consiste la discrimination esthétique?

◆ À VOUS LA PAROLE

1. « Mieux vaut être beau et bien portant que moche et malade. » Quelle est votre interprétation de cette sagesse populaire? Y a-t-il de la vérité là-dedans?
2. Que pensez-vous des expériences des chercheurs?
3. Expliquez votre idéal de la beauté masculine et féminine.
4. Croyez-vous que la discrimination esthétique existe dans nos écoles? À cette université? Expliquez vos réponses.

SUJETS DE DISCUSSIONS

1. Essayez de convaincre un ami de se farder.
2. Défendez ou critiquez l'idée « À vie d'hommes réactions d'hommes ».
3. Il peut arriver que les gens d'une génération réagissent fortement quand il s'agit des habits portés par une autre génération. Mentionnez les choses qu'ils peuvent désapprouver et donnez des exemples de ce qu'ils peuvent en dire.
4. Pour réussir dans la vie, il faut avoir un physique séduisant. (pour ou contre)
5. Il n'y a que les filles qui sont jugées sur leur physique. (d'accord ou pas d'accord)
6. Il est toujours vrai que l'habit fait le moine. (pour ou contre)
7. Imposer des règles pour s'habiller, c'est contre la liberté personnelle. (pour ou contre)

chapitre

5

Le Voyage *trip*
et les moyens
de transport

L'ESSENTIEL

Dans la rue

un piéton, une piétonne *pedestrians*

descendre *go down*
monter *go up*
traverser *cross*
se promener (sur) *walk*
marcher (sur) *walk*
flâner (sur) *linger*

chercher *look for*
demander *ask for*
indiquer *indicate*
perdre *lose*

se perdre, s'égarer *get lost*

la rue *street*
la chaussée *street*
la route *road*
le boulevard *Boulevard*

l'adresse (f.) *address*
le chemin *way*

Dans une voiture

le conducteur, *driver*
    la conductrice

aller *go*
rouler *roll*

passer *pass*

prendre *take*

démarrer *start*
conduire *drive*
accélérer/ralentir *accel/slow down*
freiner *to brake*
park in garage ← garer, stationner *park*

dépasser, doubler *pass side by side*
rattraper *catch up*

déraper *skid*
klaxonner *horn*

en voiture *car*

le permis de conduire *licence*

une assurance *insurance*

la voiture *car*

une autre voiture
un camion *truck*

le conducteur,
    la conductrice

prendre

un auto-stoppeur *hitchhiker*

avoir

un accident *accident*
une panne *break down*
une crevaison *a Blowout*

l'agent (m.) de police, *police*
    le flic (fam.) *slang*
le gendarme

donner *give*
dresser *set up*

la contravention *traffic ticket*

le C.R.S.[1] *cop*

diriger

la circulation, le trafic *traffic*

s'occuper (de)

l'embouteillage (m.) *jam*

Vocabulaire supplémentaire

le trottoir *sidewalk*
le tableau de bord *dashboard*
le réservoir *gas tank*
le compteur *mile counter*
le pneu crevé *flat tire*

le volant *gas*
la pompe à essence *gas pump*
la station-service
faire le plein *fill it up*
la voie à sens unique *one way*

cul-de-sac → dead end

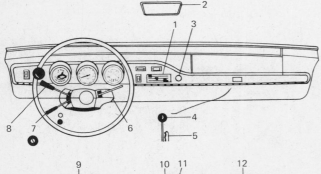

7 la porte   8 le vitre   9 le siège d'arrière
6 le volant
4 le pare-brise
5 l'essuie-vitre
hood
3 le capot
trunk
10 le coffre
spare
11 la roue de secours
2 le phare
12 le pare-choc
1 la roue
13 le pneu

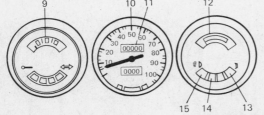

1 commande du climatiseur
2 rétroviseur
3 allume-cigare
4 levier de vitesse
5 levier de frein à main
6 contacteur d'allumage-démarrage
7 manette des feux indicateurs de direction
8 manette d'éclairage et avertisseurs
9 indicateur de niveau d'essence
10 compteur de vitesse   } en kilomètres
11 totalisateur de distance } et/ou en miles
    parcourue   } suivant équipements
12 indicateur de charge des accumulateurs
13 témoin de serrage frein à main
14 témoin des feux de position
15 témoin des feux de route

[1]Un agent de police = le policier municipal ; un gendarme dépend de l'armée et du ministère de la Défense ; un C.R.S. = membre de la Compagnie républicaine de sécurité, qui dépend du ministère de l'Intérieur.

I. Conversation-puzzle : **Comment trouver votre chemin**
Remettez en bon ordre les phrases de chacune de ces conversations pour la présenter ensuite avec un(e) camarade de classe.

A. 1. C'est loin d'ici.
2. Je vous remercie beaucoup, madame.
3. Excusez-moi, madame. Pourriez-vous me dire comment arriver à la gare?
4. Non, ce n'est pas loin d'ici.
5. De rien, monsieur.
6. Descendez cette rue et tournez à droite au premier feu rouge *(stop-light).*

B. 1. Tournez à gauche aux P. et T. et puis prenez la deuxième rue à votre gauche.
2. Non, c'est à dix minutes d'ici.
3. Il n'y a pas de quoi, monsieur.
4. Pardon, madame. Sauriez-vous où se trouve la rue Saint-Roch?
5. Est-ce trop loin pour y aller à pied?
6. Merci beaucoup, madame.

C. 1. Je vous en prie, monsieur.
2. Non, ce n'est qu'à dix minutes d'ici.
3. Prenez la première rue à droite, puis la troisième rue à gauche. Vous ne pouvez pas la manquer.
4. Ça me prendra beaucoup de temps pour y arriver?
5. Excusez-moi, madame, mais j'essaie de trouver la Place de la Comédie.
6. Merci, madame, c'est très aimable à vous.

II.

1. Que fait un piéton?
2. À quoi un trottoir sert-il?
3. À qui demandez-vous votre chemin si vous vous égarez?
4. Qui donne des contraventions? En avez-vous jamais reçu une? Pourquoi?
5. Vous êtes conducteur(-trice). Décrivez ce que vous faites du moment où vous démarrez jusqu'à l'heure où vous arrivez à votre destination.
6. Qu'est-ce qu'une crevaison? En avez-vous jamais subi une?
7. Pourquoi a-t-on besoin d'un permis de conduire? Et d'une assurance?
8. Qu'est-ce qu'il faut faire pour obtenir un permis de conduire aux États-Unis?
9. Pourquoi un conducteur double-t-il une autre voiture?
10. Décrivez une voiture que vous voudriez acheter.

Les panneaux de la route (la vitesse maximum ; un excès de vitesse)

speeding *nts*

Les signaux de danger   *Danger sign*

route glissante   *slippery*

virage à droite   *turn right*

stop à 150 mètres   *stop in 150 meters*

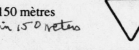

Les indications utiles

parking à 500 mètres

Les ronds bleus: signaux d'obligation

sens obligatoire   *obligal*

minimum speed
rouler au moins à la vitesse indiquée

30

Les ronds rouges (signaux d'interdiction)

vitesse à ne pas dépasser   *Speed limit*

100

sens interdit (interdiction de passer)   *do not enter*

Dans le train

le voyageur,
la voyageuse

prendre	le train
acheter, prendre payer	un billet (simple) *ticket*
confirmer	de première classe
annuler	de seconde classe
	un aller-retour *round trip*
	un aller simple *one way*
	un retour
faire	une réservation (à l'avance)
louer	une couchette
retenir, réserver	une place
changer (de)	train
monter (dans) descendre (de) manquer	le train (le wagon) l'express *(m.)*, le rapide, le T.G.V.[1] l'omnibus *(m.)*

[1]Train à grande vitesse.

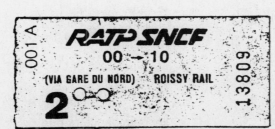

MONTPELLIER 02
TICKET DE QUAI

POUR ÊTRE VALABLE CE
TICKET DOIT ÊTRE COMPOSTÉ
LORS DE L'ACCÈS AU QUAI

657019

Dans un avion

l'avion (m.) à réaction, le jet (fam.)	décoller (de) *takeoff* atterrir (sur) *land*	la piste *runway* le terrain d'atterrissage *landing strip*
un passager, une passagère	aller *go*	en avion
	faire enregistrer faire peser	les bagages (m. pl.)
	attendre (dans)	la salle d'attente *waiting room*
	embarquer, monter à bord (de)	l'avion
	attacher/détacher	la ceinture de sécurité *safety belt*

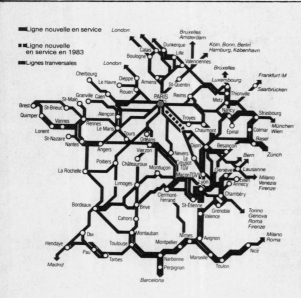

■ Ligne nouvelle en service
■ Ligne nouvelle en service en 1983
■ Lignes tranversales

TRAIN + HOTEL
Tous les jours, toute l'année. Une seule réservation. Renseignez-vous.

SOMMAIRE

	PAGES
GÉNÉRALITÉS	1
HORAIRES	
EST	2-3
NORD	4 à 6
OUEST	6-7
SUD-OUEST	8-9
SUD-EST	10 à 16
Lignes transversales	17 à 20
VOITURES-LITS (TEN)	21 à 24

TRAIN + AUTO
Ce service fonctionne dans toutes les gares françaises mentionnées dans cette brochure, sauf Longwy.

Vocabulaire supplémentaire

la compagnie aérienne le vol (direct) *to fly* l'hôtesse (f.) de l'air	le steward *male* le pilote, le co-pilote

La douane *customs*

le touriste, la touriste	se présenter (à) passer (à)	la douane
	montrer	le passeport le visa la carte d'identité
	déclarer	les achats (m. pl.)
	payer	des droits (m. pl.)
le douanier	fouiller	les valises (f. pl.)
	confisquer	la contrebande (à qqn)

I.

1. Pour faire un voyage par le train (ou en avion), qu'est-ce qu'il faut faire?
2. Qu'est-ce qu'un billet aller-retour?
3. Pourquoi loue-t-on une couchette?
4. Quelle est la différence entre un train rapide et un train omnibus?
5. Regardez l'horaire du train. À quelles heures les trains partent-ils pour Marseille? Ça prend combien de temps pour aller de Paris à Marseille?
6. Pourquoi faut-il peser les bagages pour un voyage en avion?
7. À quoi une ceinture de sécurité sert-elle?
8. Quels documents doit-on présenter à la douane?
9. Pourquoi un douanier fouille-t-il les valises?
10. En quoi la contrebande consiste-t-elle?

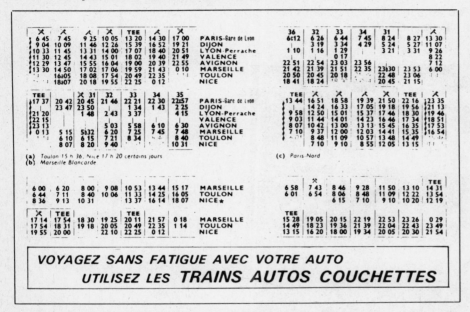

(a) Toulon 15 h 36, Nice 17 h 20 certains jours
(b) Marseille Blancarde
(c) Paris-Nord

VOYAGEZ SANS FATIGUE AVEC VOTRE AUTO
UTILISEZ LES TRAINS AUTOS COUCHETTES

II. Imaginez des réponses convenables aux questions suivantes. Puis, refaites vos réponses en vous servant de l'expression **aussitôt que.**

Exemples : Qu'est-ce que vous avez fait après avoir demandé des renseignements?
Après avoir demandé des renseignements, j'ai payé mon billet.
Aussitôt que j'avais demandé des renseignements, j'ai payé mon billet.

Qu'est-ce que vous avez fait...

1. après avoir fait la valise?
2. après avoir fait enregistrer les bagages?
3. après avoir cherché la salle d'attente?
4. après avoir atterri à Nice?
5. après avoir montré votre passeport au douanier?
6. après être passé(e) à la douane?
7. après avoir pris un aller simple?

EXERCICES

I. Expliquez la différence entre les mots suivants et puis employez-les dans des phrases originales.

1. un conducteur et un voyageur
2. le trottoir et la chaussée
3. un avion et un avion à réaction
4. démarrer et dépasser
5. la circulation et l'embouteillage
6. un billet de première classe et un billet de seconde classe
7. une panne et un accident

II.
1. Quel est votre moyen de transport préféré? Expliquez votre réponse.
2. Quand vous allez en vacances, quel moyen de transport employez-vous (ou préférez-vous employer)?
3. Que pensez-vous du système des transports publics où vous habitez en ce moment? Est-il bien développé, bon marché, efficace, etc.?
4. Quels sont les avantages d'une petite voiture? Est-elle facile à conduire, économique, etc.? Quels sont les désavantages d'une petite voiture?
5. Si une voiture roule devant vous à la même vitesse (ou plus vite encore), vous croyez-vous obligé de la doubler? Expliquez.
6. Décrivez votre voiture. Est-ce qu'on peut dire qui vous êtes à cause de la voiture que vous possédez? Expliquez.

III. Regardez les photos des deux voitures. Laquelle préférez-vous et pourquoi? Discutez le style, le confort, le prix, la valeur, etc.

IV. Avec un(e) camarade de classe, imaginez une conversation entre :

1. un conducteur ou une conductrice et un agent de police
2. un douanier et un voyageur ou une voyageuse
3. un(e) Américain(e) et un(e) Français(e) qui partagent une couchette

V. **À vous les proverbes**

En employant le vocabulaire de l'Essentiel et les proverbes 12 à 17 dans l'Appendice C (page 196) inventez une histoire ou une conversation par écrit pour la présenter à vos camarades de classe.

Accident au cours de l'examen du permis de conduire

Le 10 février, une jeune fille de vingt ans subissait l'examen du permis de conduire *à bord de* la voiture de son moniteur. L'inspecteur examinateur, qui était
à son côté, avait eu la mauvaise idée de *déposer,* sur le tableau de bord, le
volumineux dossier contenant les *fiches* de tous les candidats du jour. Au dé-
marrage, après un stop, le dossier glissa et tomba sur les genoux de la jeune
candidate qui *lâcha* la pédale! La voiture alla s'écraser contre un mur.

    Le moniteur, estimant que la faute initiale *incombait* à l'examinateur, de-
manda réparation au ministère de l'Équipement qui mit quatre mois pour lui
répondre. Le moniteur déposa une *requête* au tribunal administratif de Poitiers
pour réclamer la somme de 5 598 F, *montant* des réparations effectuées sur la
voiture. Le tribunal a admis l'entière responsabilité de l'examinateur, qui n'avait
pas à déposer le dossier sur le tableau de bord. La chute était bien à l'origine de
l'accident.

    Sur les circonstances mêmes de l'accident, le tribunal estime, en plus, que
l'examinateur, qui *disposait* de la *double commande,* aurait pu stopper la voiture avant le choc, *alors qu'*il admet l'inexpérience de la candidate. L'État est
condamné à payer les *dégâts.* L'élève a tout de même obtenu le permis avec le
même examinateur, mais au cours d'un autre examen.

Extrait d'un article du *Figaro.*

dans
mettre
cards

laissa échapper
appartenait

demande par écrit
prix total

avait à sa disposition / dual controls
pendant qu'
détériorations, dommages

◆ QUESTIONS

1. Décrivez ce qui s'est passé pendant l'examen du permis de conduire de cette jeune fille.
2. Pourquoi le moniteur a-t-il demandé réparation?
3. Qu'est-ce que le tribunal de Poitiers a décidé?
4. Selon le tribunal, qu'est-ce que l'examinateur aurait pu faire?
5. La jeune fille, a-t-elle eu son permis de conduire?

◆ À VOUS LA PAROLE

1. Si vous aviez été la fille, quels sentiments auriez-vous éprouvés au cours du deuxième examen? Expliquez votre réponse.
2. Décrivez votre examen du permis de conduire.
3. Décrivez un accident dont vous avez été témoin.

Pour prendre l'habitude de bien conduire

Pour vous aider à prendre l'habitude de bien conduire, il suffit de vous poser souvent les six questions suivantes.

1. Suis-je en forme?
2. Ma voiture est-elle en bon état?
3. Est-ce que je roule à la vitesse convenable?
4. Est-ce que je suis bien placé(e) sur la chaussée?
5. Est-ce que je ne risque pas d'être surpris(e) par un autre conducteur, ou un piéton?
6. Est-ce que je ne risque pas de surprendre un piéton ou un autre conducteur?

En prenant l'habitude de bien conduire, vous diminuerez les risques d'accident et vous profiterez mieux de tous les avantages et du plaisir qu'une voiture peut vous offrir.

Par contre, si vous ne conduisez pas bien, vous risquez la suspension de votre permis de conduire. Il faut connaître les principaux cas de suspension du permis de conduire. Votre permis peut être retiré :

1. si vous roulez à gauche sans raison sur une *chaussée à double sens* — two-way street
2. si vous *franchissez* une ligne blanche (ou jaune) infranchissable — **traversez**
3. si vous changez de direction sans précaution et sans avertir avec le *clignotant* — turn signal
4. si vous roulez à une vitesse excessive ou supérieure aux limites obligatoires
5. si vous dépassez sans précaution
6. si vous accélérez quand vous êtes dépassé(e)
7. si vous vous arrêtez ou stationnez de façon dangereuse
8. si vous ne marquez pas l'arrêt au « stop » ou si vous ne vous arrêtez pas au *feu rouge* — stoplight
9. si vous ne cédez pas le passage à un conducteur prioritaire[1]
10. si vous refusez de vous arrêter quand un gendarme ou un agent le demande
11. si vous ne vous arrêtez pas après un accident
12. si vous conduisez avec une alcoolémie[2] trop élevée

[1]En France on laisse la priorité aux conducteurs qui viennent de la droite dans un carrefour.

[2]L'analyse du sang permet de savoir exactement combien le sang contient d'alcool. Le nombre de grammes d'alcool pur contenus dans 1000 grammes de sang est appelé le **taux d'alcoolémie.**

Si vous faites de votre mieux pour tenir compte de ces six questions et aussi des douze cas de suspension du permis de conduire, vous allez prendre les habitudes qui font le vrai bon conducteur.

Adapté du *Permis de conduire* et du *Code de la route (1974).*

◆ QUESTIONS

1. Expliquez ce que veut dire une voiture en bon état.
2. Quels sont les cas de suspension du permis de conduire en France?
3. Qu'est-ce que c'est que l'alcoolémie?
4. Pourquoi est-il important de bien conduire?
5. Comment peut-on être surpris par un autre conducteur? Par un piéton?
6. Quels sont les habitudes qui font le bon conducteur?

◆ À VOUS LA PAROLE

1. À votre avis, qu'est-ce qu'il faut faire pour être bon conducteur?
2. À votre avis, qu'est-ce qu'une vitesse excessive? Est-il nécessaire de contrô-ler la vitesse?
3. Pourquoi un conducteur refuserait-il de s'arrêter si un agent de police le lui demandait?
4. En voyageant, vous avez perdu le contrôle de votre voiture à cause du mau-vais état de la chaussée. En fait, ce qui est arrivé c'est que _____.
5. Une jeune fille a entrepris un voyage pour aller de Caroline du nord en Floride (d'Oregon en Californie ; du Minnesota au Texas) sans avoir fait réviser sa voiture et _____.
6. Comment pourrait-on persuader un(e) ami(e) qui a trop bu de ne pas con-duire?

La Vitesse, c'est dépasser

En cette année, un *fléau* va tuer au moins treize mille hommes, femmes et enfants dans notre pays, peut-être *davantage*. Il frappera *en outre* quelque trois cent cinquante mille personnes, dont cinquante mille resteront handicapées pour le reste de leurs jours. Il s'agit des accidents de la route que la belle saison et les vacances remettent à l'ordre du jour.

    Faut-il *accuser la fatalité?* Certainement pas. Les moyens de réduire le nombre des morts et des blessés de moitié au moins existent. Il est clair que le remède principal concerne la limitation de vitesse.

    Toutes les statistiques produites montrent d'une part que la limitation de la vitesse *entraîne* une diminution quasi proportionnelle du nombre et de la gravité des accidents. Si l'on considère que l'excès de vitesse est responsable directement d'un accident sur quatre, et les fautes de conduite d'un sur deux, *force est* d'admettre que l'inattention, l'erreur d'évaluation, le mauvais réflexe (et toute autre forme de déficience du conducteur) *comportent* des conséquences d'autant moins *graves* que le véhicule roule moins vite. À la limite, la vitesse peut être aussi rendue responsable, sinon de trois accidents sur quatre, du moins de près de trois morts sur quatre.

    Ce sont des conclusions exprimées dans un rapport fait pour le Conseil économique, qui n'ont pas été reprises dans l'avis du Conseil malgré l'*appui* des *syndicats ouvriers* et des associations familiales. La Sécurité Routière continuera donc de *clamer* dans le désert son slogan—« La vitesse, c'est dé*passé* »—si provocateur, si extraordinairement maladroit d'ailleurs dans sa formulation qu'il *confine* au sabotage pur et simple: *si l'on n'a pas trop d'orthographe,* on lit évidemment : « La vitesse, c'est dépasser », et qui, sur la route, n'a pas plus envie de dépasser que d'être dépassé?

Extrait d'un article du *Monde* par Pierre Viansson-Ponté.

catastrophe

plus / de plus

attribuer la responsabilité au destin

a pour conséquence

il est nécessaire

ont

support

labor unions

crier / a excédé ses limites

est très proche du / si l'on ne sait pas bien comment écrire les mots

◆ QUESTIONS

1. De quel fléau parle-t-on dans cet article?
2. Pourquoi est-ce qu'on ne peut pas attribuer la responsabilité de ce fléau au destin?
3. À quoi la limitation de vitesse sert-elle?
4. Quel rapport existe entre la vitesse et le nombre des accidents? Et le nombre des morts?
5. Que veut dire l'expression « clamer dans le désert »?
6. Quel est le slogan de la Sécurité Routière? Que veut dire ce slogan?
7. Comment les gens peuvent-ils interpréter ce slogan? Pourquoi?

◆ À VOUS LA PAROLE

1. Dépasser ou être dépassé—que préférez-vous? Expliquez votre réponse.
2. Croyez-vous que la vitesse soit dépassée? Expliquez.
3. À votre avis, quel devrait être le slogan de la Sécurité Routière?

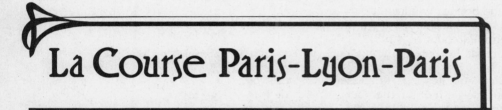

La Course Paris-Lyon-Paris

Trois journalistes ont essayé de faire le meilleur temps possible pour un voyage aller et retour Paris—Lyon en se servant de trois modes de transport. Voilà les résultats de cette *course*.

race

EN TRAIN

7 h 10 : Cinq minutes de marche dans le matin froid pour atteindre la station de métro Georges-V. Je réussis à prendre mon train, gare de Lyon.

7 h 45 : Les premiers tours de roue. Bien *calée* dans un compartiment de 1ère, j'ai devant moi la perspective de quatre heures de voyage. Je vais au wagon-restaurant prendre un petit déjeuner qui constituera, avec un arrêt de deux minutes en gare de Dijon, le seul *fait marquant* de mon voyage.

installée *(fam.)*

épisode mémorable

11 h 45 : Entrée en gare de Lyon. Le temps de sauter dans un taxi et je débarque à 12 heures exactement au *12 de la rue Malesherbes.* Durée de l'aller Paris-Lyon : 4 h 50.

bureau de *L'Express* à Lyon

15 h 30 : Fin du déjeuner. Un taxi me mène à la gare, où j'attrape *de justesse* le train de...

avec très peu de marge

15 h 43 : Le rapide venant de Grenoble me reconduit, en 512 *km,* à mon point de départ. Voyage monotone. Quelques cigarettes fumées dans le couloir *font office* de récréation.

km = ⅝ mile
servent

20 h 10 : Arrivée en gare de Lyon avec dix minutes de retard sur l'horaire prévu. Les lenteurs du *piétinement* parisien me font perdre dix minutes avant d'atteindre le métro.

de la foule qui marche lentement

20 h 20 : Encore neuf minutes de patience avant son passage, et me voici enfin, à 20 h 44 à Georges-V.

20 h 50 : Je suis à *L'Express.* Le retour m'aura coûté 5 h 20. Temps total : 10 h 10.

EN VOITURE

8 h 30 : Départ de *L'Express*. Circulation assez fluide puisque vingt et une minutes suffisent pour parcourir les 14 km qui nous séparent de l'autoroute du Sud, où voitures et camions roulent *pare-chocs contre pare-chocs*.
bumper to bumper

10 h 30 : Premier véritable arrêt à 2 km du *péage* de Pouilly-en-Auxois. Dix minutes pour refaire le plein d'essence et boire une tasse de café. Dix-sept francs remis au *guichetier* pour poursuivre la route. Malgré la réapparition des feux rouges, l'entrée à Lyon se fait dans de bonnes conditions.
toll booth

personne qui reçoit la taxe de l'autoroute

12 h 35 : Arrivée devant le 12 de la rue Malesherbes. Il y a une place pour stationner. Le compteur marque 476 km. Parcours en 4 h 5.

15 h 48 : Après le déjeuner, je reprends la route. La sortie de Lyon *s'effectue* sans problèmes.
s'accomplit, est faite

17 h 30 : Après avoir consacré cinq minutes au remplissage du réservoir, *j'avale* les kilomètres avec une régularité de métronome. Mais, à partir de Fontainebleau, la circulation se fait progressivement plus dense. Elle me permet cependant de *rallier L'Express* à 19 h 43, soit en trois heures cinquante-cinq minutes. Temps total: 8 h pour 952 km, soit une moyenne de 119 km-h.
cover *(fig.)*

regagner, arriver à

EN AVION

10 heures : C'est le départ. J'extrais ma voiture du parking de l'immeuble de *L'Express*. Dix longues minutes à suivre un dialogue entre bus mal engagé et camion de *livraison* mal garé.
delivery

10 h 40 : *Orly* en vue. Où se garer? Je parcours les deux *sous-sols* du *P 1 : tout est complet*. En surface, plusieurs automobilistes tournent, eux aussi, en vain. Au troisième tour, un monsieur compatissant finit par me céder la place qu'il allait occuper.
un des trois aéroports de Paris / underground levels / Parking Lot No. 1 / pas de places

Le temps de traverser l'aéroport et *d'escalader* la *passerelle* du Boeing 707 d'Air France, il est 11 heures.
monter / boarding ramp

11 h 15 : Nous décollons. Voyage bref consacré à une bataille avec les pages d'un *quotidien* difficile à *manier* dans l'espace réservé au voyageur.
journal qui paraît chaque jour / manipuler

12 h 10 : Nous atterrissons à Lyon-Bron. Taxi et, vingt minutes après (un record : il faut quelquefois plus d'une heure entre l'aéroport et Lyon), je suis au rendez-vous.

15 h 30 : Taxi et départ pour Bron. Une dizaine de personnes *piétinent* en liste d'attente. La Caravelle d'*Air Inter* est pleine.
attendent impatiemment
compagnie aérienne française

17 h 30 : Orly. J'ai laissé la voiture sous un lampadaire, mais lequel? En un quart d'heure de recherches, je n'ai jamais tant vu de Fiat 500 ni de *réverbères*. Traversée de Paris difficile : tous les bureaux de Montparnasse semblent *se vider* en même temps.
lampadaires
perdre leur contenu de gens

18 h 40 : *Je m'engouffre* dans le garage de *L'Express*. Temps total : 5 h 50.
j'entre rapidement *(fig.)*

Extrait d'un article de *L'Express*.

◆ QUESTIONS

1. Combien de temps le voyage Paris–Lyon (et Paris–Lyon–Paris) prend-il par le train? En voiture? En avion?
2. Quels autres modes de transport fallait-il employer? Pour quelles raisons?
3. Décrivez l'aspect le moins plaisant de chaque voyage.
4. Qu'est-ce qu'un guichetier? Un wagon-restaurant?
5. Le voyage de Paris à Lyon (427 km) par le T.G.V. prend deux heures. Quelles seraient les modifications d'heure dans le déroulement du voyage par le T.G.V.?
6. Lequel de ces trois voyages était le plus commode? Le plus tranquille? Le plus énervant?

◆ À VOUS LA PAROLE

1. À votre avis, quel est le moyen de transport le plus efficace? Expliquez votre réponse.
2. S'il vous fallait faire un voyage Paris–Lyon–Paris, quel moyen de transport employeriez-vous? Donnez les raisons de votre choix.
3. Croyez-vous que la course Paris–Lyon–Paris ait prouvé quelque chose?
4. Quels sont les avantages et les désavantages de voyager en voiture? Par le train? En avion? En auto-stop?

SUJETS DE DISCUSSIONS

1. Comment considérez-vous la voiture? (comme un objet utile ; essentiel ; indispensable ; un objet de luxe?) Expliquez votre réponse.
2. Croyez-vous que les Américains gaspillent *(waste)* l'essence? Expliquez votre réponse en donnant des détails précis.
3. « La voiture permet à une personne d'exprimer et d'exercer son esprit d'individualisme. » Êtes-vous d'accord? Pourquoi oui ou pourquoi non?
4. Persuadez quelqu'un de vendre sa voiture et de ne se servir que des transports publics.
5. Persuadez vos camarades de classe que les femmes (les hommes) conduisent mieux que les hommes (les femmes).
6. La cause de la plupart des accidents de voiture est la mauvaise condition physique du conducteur. (pour ou contre)
7. La limitation de vitesse sur les autoroutes est-elle stupide? Expliquez votre réponse.
8. Il y a deux heures que vous attendez vos bagages à l'aéroport et quelqu'un vient vous expliquer qu'ils sont perdus. Expliquez quels sentiments vous éprouvez à ce moment et ce que vous allez faire pour les retrouver.

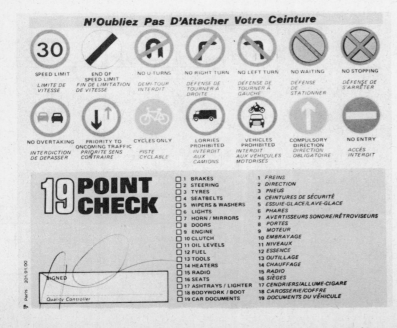

chapitre
6
Les Vacances: le logement et la nourriture

L'ESSENTIEL

À l'hôtel

le client, la cliente	réserver	une chambre (double/simple)
	s'installer (dans)	avec un grand lit
	loger (dans)	avec une salle de bains
		avec des toilettes
		avec une douche
		à demi-pension
	demander	la clé de la chambre
	se plaindre (de)	le service
	to complain	le chauffage *heat*
		le climatiseur *air condition*
		le bruit *noise*
		le matelas (dur/mou)
le gérant, la gérante	accueillir *welcome*	les clients (à la *at* réception) *desk*
	manager	
le (la) propriétaire	faire monter *Big up*	les bagages *(m. pl.)*
la femme de chambre	descendre *down*	les valises *luggage*
maid		

Vocabulaire supplémentaire

le service (compris/non compris) ; la taxe ; le petit déjeuner

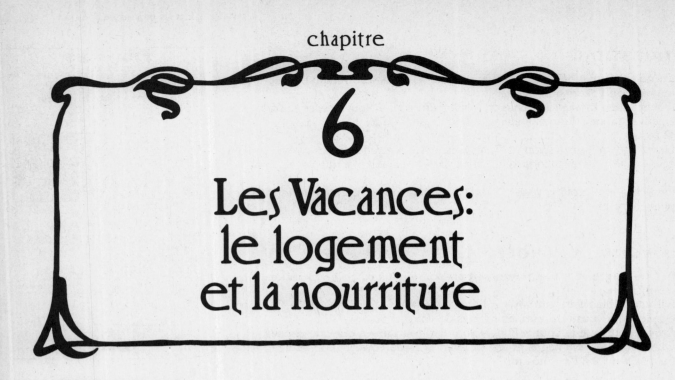

I. Conversation-puzzle : À l'hôtel

Remettez en bon ordre les phrases de chacune de ces conversations pour la présenter ensuite avec un(e) camarade de classe.

A. 1. Oui, nous en avons une au troisième étage.
   2. Trente-six francs, service non compris.
   3. Mais oui. Attendez un moment.
   4. Puis-je la voir, s'il vous plaît?
   5. Avez-vous une chambre pour une personne?
   6. Et le prix de cette chambre?

B. 1. Bien entendu. C'est par ici.
   2. Avez-vous une chambre à deux lits avec toilettes?
   3. Pourriez-vous me la montrer?
   4. Oui, mais elle donne sur la rue.
   5. Soixante-douze francs, service compris.
   6. Ça fait combien pour cette chambre?

C. 1. Oui. Voulez-vous me suivre, s'il vous plaît.
   2. Auriez-vous quelque chose de moins cher?
   3. Combien est-ce que ça coûte?
   4. Je voudrais réserver une chambre pour demain soir. En avez-vous une avec salle de bains?
   5. Cent dix francs avec le petit déjeuner.
   6. Oui, vous pouvez avoir la chambre 49 qui donne sur la mer.

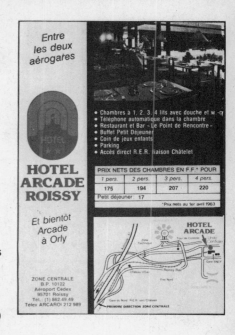

II. Pour chaque réponse donnée, indiquez (a) les personnes qui parlent et (b) la situation dans laquelle ils se trouvent.

Exemple : Vous auriez dû me dire l'heure exacte de votre arrivée.
   (a) **Le gérant à la réception parle à un client.**
   (b) **Quand le client n'est pas arrivé à l'heure, le gérant a donné sa chambre à un autre client.**

1. Vous auriez dû réserver une chambre avec toilettes.
2. Le gérant aurait dû accueillir les nouveaux clients de l'hôtel.
3. La femme de chambre aurait dû faire les lits.
4. Les clients auraient dû demander la clé de leur chambre.
5. Il aurait dû payer la note de son séjour à l'hôtel.
6. Le propriétaire aurait dû faire descendre les bagages.
7. Vous auriez dû vous plaindre du bruit.
8. La cliente aurait dû s'installer dans une chambre avec un grand lit.

Légende :
- ■ plus de 150 F
- ● de 100 à 150 F
- ▲ de 50 à 100 F
- ▼ moins de 50 F

14e suite

- La Place Denfert-Rochereau, point de départ de la visite des Catacombes.
- Le boulevard et le cimetière du Montparnasse.
- La Porte d'Orléans.
- Le Parc de Montsouris et la Cité Internationale Universitaire.
- L'Eglise Saint-Pierre du Petit Montrouge.

N° d'ORDRE	ADRESSES / RUE	TELEPHONE TELEX	NOMBRE de COUVERTS	FERMETURE	HEURES de SERVICE	PRIX MENU	PRIX MOYEN à la CARTE	SPECIALITES	RENSEIGNEMENTS DIVERS	CARTE de CREDIT
373	Falstaff, 42, rue du Montparnasse E 5	326-91-34	80	Dimanche Lundi midi	12 h/15 h 19 h/0 h 45	75	100/150	Nouvelle cuisine française et tradit.	Décor 1930	AE CB DC
374	Rest. Gérard et Nicole, 6, avenue Jean-Moulin E 5	542-39-56	35	Sam. Dim. Mi-juil./mi-août	12 h 15/14 h 19 h 30/22 h		120	Cuis. française Carte de saison	Cadre rustique	CB
375	Maison du Cantal, 82, boulevard du Montparnasse E 5	354-77-99	70	Dimanche	12 h/15 h 19 h/23 h	78/180	120	Auvergnates (Cantal)		AE CB DC
376	La Ruche (Hôtel Sheraton), 19, rue du Cdt-Mouchotte E 5	320-15-51 200 135 G	150		7 h/23 h	90	90	Cuisine Internationale	Restaurant Buffet	AE CB DC EC
377 ▲	La Coupole, 102, bd du Montparnasse E 5	320-14-20	430		8 h/2 h		85/100	Fruits de mer. Grillades Pâtisseries maison	Dancing matinée et soirée	CB
378	Huong Giang, 79, rue Daguerre E 5	322-13-08	100	Mardi	12 h/15 h 19 h/23 h	32	50/100	Vietnamiennes	Musique	AE CB
379	Le Patio (PLM St-Jacques), 17, boulevard St-Jacques E 5	589-89-80	270		12 h/23 h		65/80	Françaises. Grillades « Bœuf and Co »	3e mezzanine hôtel PLM St-Jacques	AE CB DC
380	Mon Pays, 49, avenue Jean-Moulin E 6	539-71-54	40	Dimanche Fêtes. Juillet	12 h/14 h 19 h/22 h	49,50	80	Cuisine du Sud-Ouest		AE DC
381	Au Périgord, 70 bis, avenue Jean-Moulin E 5	539-64-01 G	60		12 h/15 h 19 h/22 h 30	50	70	Périgourdines Cassoulet et foie gras	Serv. extérieur	AE CB DC

15e

La Tour Maine-Montparnasse. Complexe commercial et administratif.

N° d'ORDRE	ADRESSES / RUE	TELEPHONE TELEX	NOMBRE de COUVERTS	FERMETURE	HEURES de SERVICE	PRIX MENU	PRIX MOYEN à la CARTE	SPECIALITES	RENSEIGNEMENTS DIVERS	CARTE de CREDIT
382 ■	Bistrot 121, 121, rue de la Convention E 3	557-52-90	90	Dim. soir et lundi	12 h/14 h 30 19 h 30/22 h 30		180	Cuisine traditionnelle et nouvelle cuisine	Cadre agréable	AE CB EC
383	Morot Gaudry, 8, rue de la Cavalerie D 3	567-06-85 G	60	Samedi midi Dimanche	12 h/14 h 15 20 h/22 h 15	150/230	200/230	Grande et nouvelle cuisine française	Vaste salle sur les toits de Paris	CB
384	Raajmahal, 192, rue de la Convention E 3	533-15-57 533-29-39 202 464 F	100	Dimanche Lundi midi	12 h/14 h 19 h 45/22 h 45		150/200	Tandoori Curry	Cadre indien	AE CB DC EC
385	Relais de Sèvres (Hôtel Sofitel), 8-12, rue Louis-Armand E 2	554-95-00 200 432	80	Août	12 h/15 h 19 h 30/24 h	150	200	Cuisine contemporaine	Décor Louis XV	AE CB DC
386 ●	Aquitaine, 54, rue de Dantzig E 3	828-67-38	70	Dimanche Lundi	12 h/14 h 30 19 h 30/23 h 30		145	Viandes de la Chalosse. Poissons	Terrasse 1er étage Musique	AE CB DC
387	Le Ciel de Paris (56e étage) Tour Maine-Montparnasse, 33, avenue du Maine E 5	538-52-35 204 418	180		12 h/15 h 19 h/24 h	100	130/150	Cuisine française	Piano. Bar Salon de thé	AE CB DC
388	Le Copreaux, 18, rue Copreaux E 4	306-83-35	50	Samedi midi Dimanche	12 h 30/15 h 19 h 30/22 h 30	65	100/150	Cuisine régionale		AE CB DC
389	La Gauloise, 59, avenue de la Motte-Picquet E 3	734-11-64 734-49-78	100	Sam.-Dim.	12 h/14 h 30 19 h/23 h 30		120/150	Cuisine française Tendance nouvelle	Salons 5 à 15 p. Terrasse découv.	AE CB DC

pp. 68-69 71-72 82-85

A la Mère Catherine.
Jardin - terrasse
Ouvert tous les jours
jusqu'à 1 h du matin.
RESTAURANT
6, Place du Tertre à Montmartre
TEL. MON. 32.69.

Au restaurant

un garçon, une serveuse	présenter *present*	la carte[1] *the paper*
	offrir *offers*	le menu[2] *the food*
		le plat *dish*
	servir	le repas
	attendre	un pourboire *a tip*
le client, la cliente	avoir	faim
	mourir (de)	*hungry*
	réserver *reserve*	une table
		de quatre couverts
		pour quatre 4 personnes
	demander *order*	la carte des vins *wine menu*
	commander	la nourriture
	manger	
	prendre	une boisson *drink*
		un apéritif *appetizer*
	payer *pay*	l'addition (f.) *bill*

Les repas en France

Breakfast

Le petit déjeuner (vers 8 heures)	Le déjeuner (entre 12 et 14 heures) *lunch*	Le dîner (entre 19 et 20 heures) *dinner*
du café au lait, un grand crème	les hors-d'œuvre ou l'entrée	un potage, une soupe *thick* *watery*
du chocolat chaud	un plat garni *colcuts*	de la viande, de la charcuterie ou une omelette
des croissants, du pain	un rôti de porc *roast pork*	
du beurre	un rosbif/mouton/veau *veal*	un légume
de la confiture	un poulet rôti *chicken*	des fromages
	une salade verte (de saison) ou des fromages (m.)	un dessert
	un dessert	

[1]Carte = prix individuel de chaque plat présenté.
[2]Menu = l'ensemble à prix fixe des plats.

I. Conversation-puzzle : **Dans un restaurant** •

Remettez en bon ordre les phrases de chacune de ces conversations pour la présenter ensuite avec un(e) camarade de classe.

A. 1. Si la soupe est bonne, je commencerai par ça.
2. Et ensuite, monsieur?
3. Et pour commencer, monsieur?
4. Une côtelette *(chop)* de porc, du fromage et un gâteau du chef.

B. 1. Un poulet rôti, une salade de saison et des fruits.
2. Avez-vous choisi, monsieur?
3. Et comme viande, monsieur?
4. D'abord, une omelette aux fines herbes.

C. 1. Je voudrais des hors-d'œuvre variés.
2. Un steak bien cuit *(well done)* et du fromage. Pas de dessert, merci.
3. Vous désirez, monsieur?
4. Et après cela, monsieur?

II.

1. En France qu'est-ce qu'on prend pour le petit déjeuner? Et aux États-Unis? Et qu'est-ce que vous prenez pour le petit déjeuner?
2. Quelle viande préférez-vous? Quels légumes? Quels fruits?
3. Qu'est-ce que c'est qu'un plat garni?
4. Qu'est-ce que vous prenez comme boisson avec votre déjeuner? Et avec votre dîner?
5. Que veut dire l'expression « mourir de faim »?
6. Pour quelles occasions allez-vous au restaurant? Qui paie l'addition?

Le Botticelli restaurant

Chef des Cuisines
Rémy GAIROARD

Notre chef Rémy Gairoard vous propose également

LES POTAGES

POTAGE SAISONNIER .... 18,00 F
Fresh vegetable soup
Suppe der Jahreszeit

SOUPE DE POISSONS .... 29,00 F
Fish soup
Fischsuppe

VELOUTE DE VOLAILLES AU FUMET DE TRUFFES .... 31,00 F
Cream of chicken and truffle soup
Geflügelvelouté im Trüffelduft

LES HORS-D'ŒUVRE

ŒUFS BROUILLES AUX GRISETS .... 32,00 F
Scrambled eggs with delicately flavoured mushrooms
Rührei mit Grisetchampignons

MARINADE DE LOUP, SAUCE ESTRAGON .... 60,00 F
Marinated bass with estragon sauce
Eingelegter Seebarsch in Estragonsosse

FEUILLETE D'ESCARGOTS SAUCE POULETTE .... 40,00 F
Light pastry case filled with snails in a fresh cream sauce
Schnecken im Blätterteig in Rahmsosse

TERRINE DE POISSONS AU COULIS DE TOMATES FRAICHES .... 46,00 F
Fish terrine with tomato sauce
Seeschale in frischer Tomatenbrühe

SALADE GOURMANDE AUX COPEAUX DE FOIE GRAS .... 40,00 F
Finely sliced foie gras served with a mixed spring salad
Feinschmeckersalat mit Gänseleberpastetenstreifen

LES POISSONS (selon arrivage)

ESCALOPE DE SAUMON A LA MENTHE FRAICHE .... 75,00 F
Salmon escalope with fresh mint
Lachsschnitzel mit frischer Minze

TRUITE SAUMONEE GRILLEE, BEURRE D'ANCHOIS .... 43,00 F
Grilled pink trout with anchovy butter
Gegrillte Lachsforelle in Sardellenbutter

FILET DE DORADE AUX POIVRONS VERTS ET ROUGES .... 68,00 F
Bream fillets with red and green peppers
Doradenfilet in grünem und rotem Paprika

EMINCES DE LOUP A LA SAUGE .... 69,00 F
Finely sliced bass with sage
Seebarschscheiben in Salbei

PATE DE POISSONS AU BEURRE D'HERBES .... 36,00 F
Fish pate with herb butter
Fischpastete in Kräuterbutter

Tous les poissons peuvent être servis pochés, grillés, ou meunière.
(All fish may be served either poached, grilled or meunière)
(Alle Fische können pochiert, gegrillt oder nach Müllerin Art serviert werden)

LES VIANDES

AIGUILLETTES DE CANARD AUX PECHES .... 79,00 F
Sliced duck fillets with peaches
Ente mit Pfirsichen

ENTRECOTE AUX BAIES DE POIVRE ROSE .... 68,00 F
Entrecote with pink pepper
Entrecote gebraten, mit rosa Pfefferbeeren

CARRE D'AGNEAU A LA MOUTARDE DE MEAUX .... 63,00 F
Rack of lamb with mustard from Meaux
Lammfleischwürfel in Senf aus Meaux

FILET MIGNON DE VEAU AU PISTIL DE SAFRAN .... 70,00 F
Veal fillet mignon with saffron
Kalbslende mit Safranstempein

LES SALADES

CREME ET COMTE .... 17,00 F
Fresh cream and comte cheese
Rahm und Comtékäse

CROUTONS ET LARDONS .... 20,00 F
Cubes of toasted bread and bacon
Geröstete Brot und Speckwürfelchen

HUILE DE MAUSSANNE AU CITRON .... 15,00 F
Maussanne olive oil and lemon
Olivenöl aus Maussane mit Citrone

LA SELECTION DE FROMAGES .... 22,00 F

The Cheeseboard
Ausgewählter Käse

LES DESSERTS

ASSIETTE DE SORBET BOTTICELLI .... 22,00 F
Assorted sorbets Botticelli
Botticelli-Sorbet (Eis)

CHARIOT DE DESSERTS .... 26,00 F
Dessert trolley
Dessertspeisewagen

GRATINEE AUX FRUITS DE SAISON .... 26,00 F
(Poires, fraises, pêches, framboises ou griottes)
Fresh fruit served with a subtle, blend of eggs, fresh cream and liqueur
(Choice according to season : pear, strawberries, peach, raspberries, cherries)
Früchtegratiné der Saison
(Birne, Erdbeere, Pfirsich, Himbeere, Griottekirsche)

LE CAFE ET SES CROQUANTS .... 8,00 F
Coffee with "croquants"
Kaffee mit "Croquants"

---

le
"Menu Patio"
(repas d'affaires)
à 90 F
(boissons et café compris)

le
"Menu Botticelli"
(menu gastronomique)
à 130 F
(plus boissons)

et les suggestions du jour

Carte et Menus
servis au Restaurant
de 12 h 30 à 14 h et de 19 h 30 à 22 h

Seul le menu Patio
est servi en étage
de 12 h 30 à 14 h et de 19 h 30 à 22 h

Pour réserver votre table :
Tél. : 809 ou 0

Service 15 % (not included)   SERVICE 15 % NON COMPRIS   Service 15 % nicht inbegriffen   Service 15 % non compris

EXERCICES

I. Employez les expressions ci-dessous et les expressions de l'Appendice A à la page 167 pour réagir aux situations données. Expliquez ce que vous diriez et ce que vous feriez pour résoudre chaque problème.

EXPRESSIONS À EMPLOYER POUR PORTER PLAINTE

Excusez-moi de vous déranger mais _____.
J'ai un petit problème et j'espère que vous pourrez m'aider _____.
J'ai un problème à résoudre. Il s'agit de _____.
Excusez-moi, monsieur, mais il n'y a pas _____. Pourriez-vous _____ tout de suite?
On n'est pas très content (satisfait) de _____.

EXPRESSIONS À EMPLOYER POUR S'EXCUSER

Mon dieu, je le regrette énormément!
Pas possible! Je m'en occupe immédiatement.
Je ne sais quoi dire.
Je regrette de ne pas m'en être aperçu.
Je suis désolé(e), mais c'est comme ça.

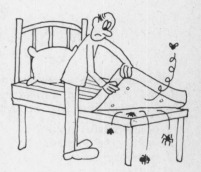

A. En arrivant à l'hôtel vous découvrez que la chambre que vous avez réservée :
  1. est occupée par une autre personne
  2. n'a pas de salle de bains
  3. exige une demi-pension

B. En entrant dans votre chambre, vous remarquez :
  1. qu'il n'y a ni savon ni serviettes dans la salle de bains
  2. qu'elle donne sur une rue pleine de bruit
  3. qu'il n'y a pas de chauffage et qu'il fait froid

C. Dans un restaurant :
  1. ça fait une heure que vous attendez une table
  2. vous ne pouvez pas lire le menu écrit à la main
  3. vous n'avez pas assez d'argent pour payer l'addition

II. Vous êtes en train de discuter les projets de vacances avec votre famille. En employant les trois formules suivantes et les phrases suggérées, donnez-leur votre avis.

LES FORMULES

a. Nous ne devrions pas _____.
b. Il vaudrait mieux _____.
c. Dans ce cas-là on pourrait _____.

PHRASES SUGGÉRÉES

a. prendre des vacances au mois de février
b. voyager en juillet quand il fera plus chaud
c. faire du camping

Exemples : a. **Nous ne devrions pas** *prendre des vacances au mois de février.*
           b. **Il vaudrait mieux** *voyager en juillet quand il fera plus chaud.*
           c. **Dans ce cas-là on pourrait** *faire du camping.*

A. 1. voyager en Europe par le train
2. prendre l'autoroute
3. manger dans les restaurants
4. rester longtemps dans les grandes villes

B. 1. louer une voiture
2. suivre de petits chemins
3. faire des pique-niques
4. nous installer dans de petits villages

C. 1. s'arrêter où l'on veut
2. mieux voir le paysage
3. faire des économies
4. rencontrer plus facilement les habitants

III. **SITUATION 1**

On vous a invité au restaurant. Vous venez de consulter le menu et vous ne trouvez rien de bon à manger. Vous voudriez aller manger ailleurs. Qu'allez-vous dire si vous avez été invité(e) par...

1. votre petit(e) ami(e)?
2. votre chef de bureau?
3. votre professeur?
4. votre oncle préféré?

SITUATION 2

Vous êtes cette personne. Vous venez de goûter quelque chose qui n'a pas l'air très bon. En voyant votre expression la personne qui vous a invité(e) (ou le garçon qui vous sert) s'inquiète et vous demande ce qui ne va pas. Que lui dites-vous si cette personne est votre meilleur(e) ami(e)? Un garçon qui a l'air grincheux *(grumpy disposition)*? Le propriétaire du restaurant? Le chef de cuisine?

IV. Imaginez. En employant le vocabulaire de l'Essentiel, inventez et préparez un dialogue auquel l'un(e) de vos camarades devra participer de façon impromptue.

La Fringale des congés

Quelle est cette *fringale* de congés qui saisit soudain les Français? Ne travaille-raient-ils désormais que pour les vacances? Leur job serait-il devenu si ennuyeux ou si *pénible* que la moindre perspective de temps libre les jette sur les routes?

    C'était en 1936 que la *Chambre des députés* et le Front populaire[1] ont voté la loi qui a accordé, pour la première fois, deux semaines de vacances aux salariés. Quarante ans ont passé. Les quinze jours sont devenus trois semaines en 1956 et un mois en 1969.[2] Auquel s'ajoutent les quelques dix fêtes légales dispersées au cours de l'année. Telle est donc la règle générale. Le problème est qu'en France la réalité ne correspond pas nécessairement à la légalité. Oh! la loi, elle, est respectée. Elle est même plus que respectée. Si bien que les Français dans leur grande majorité arrivent à des congés qui dépassent parfois très largement ceux *prévus* par la loi.

    L'été reste, bien sûr, la période *bénie* des Français pour leurs congés. Mais il y a depuis quelques années une double nouveauté : les vacances d'hiver avec ses foules *hérissées* de skis et de *bâtons*. Et surtout les week-ends de deux, trois ou quatre jours. Ce n'est pas sans raison que les agences de voyages ont multiplié leurs propositions de courts séjours.

    Mais pourquoi les Français sont-ils saisis depuis quelque temps par cette fringale des congés? Il reste que ce goût du loisir, du temps libre, de la détente, est assez impressionnant. De l'urbanisation à la *dureté* des *tâches,* les raisons ne manquent pas pour expliquer le phénomène. Mais il en est une, toute simple, qui résume peut-être toutes les autres—c'est que les Français travaillent beaucoup. Plus en règle que les Allemands ou les Américains, les Italiens ou les Britanniques.

    En outre, et on l'oublie souvent, le temps de travail ne rend pas compte de ce que les spécialistes appellent l'amplitude de la journée de travail, c'est-à-dire les heures comprises entre le départ du domicile et le retour chez soi. Or cette amplitude est d'environ onze heures.

    Enfin, et cela encore on ne le compte guère, tous les Français, au cours de leur vie, ne travaillent pas le même temps. Ils ne travaillent pas non plus de la même manière ; selon l'âge, le sexe, la profession, le temps de travail et de loisir n'a pas la même signification. Mais cela est une autre histoire.

Extrait d'un article du *Point* par Claude Sales.

Glossary (right margin):
un appétit ou un désir ardent d'une chose

dur
House of Representatives

admis, permis
glorifiée

armées d'objets menaçants *(fig.)* / ski
  poles

difficulté, sévérité / travaux à faire

de plus

[1]Le Front populaire est le premier gouvernement socialiste à exercer le pouvoir en France dont le chef était Léon Blum. Ce gouvernement a voté beaucoup de réformes sociales en faveur des travailleurs.

[2]De nos jours, 5 semaines de vacances.

◆ QUESTIONS

1. Qu'est-ce que la fringale des congés?
2. Pourquoi est-ce que l'auteur dit que la loi sur les vacances est même plus que respectée?
3. Combien d'heures par jour les Français travaillent-ils?
4. Que veut dire l'expression « l'amplitude de la journée de travail »?
5. Pourquoi les Français sont-ils saisis par cette fringale des congés?

◆ À VOUS LA PAROLE

1. Avez-vous jamais eu une fringale des congés? Quand est-ce que cela vous est arrivé?
2. Quelle est la différence entre la durée des vacances en France et aux États-Unis?
3. Si vous étiez salarié(e), quel système des vacances préféreriez-vous? Pourquoi?
4. Décrivez vos vacances idéales.

La Confession d'un portier d'hôtel

Le portier d'hôtel est depuis longtemps, au cinéma, un mythe. Un mythe qu'il est bien difficile de rencontrer dans la vie quotidienne. Mais l'on en a trouvé un— Pierre Porte, qui travaille au Sheraton de Paris.

Irréprochable, Monsieur Porte. Chaussures noires, pantalon noir, chemise blanche, gilet de piqué blanc, redingote noire au col *brodé* de clefs d'or croisées. « J'ai un profond respect pour mon uniforme. Les jeunes, même les plus ambitieux, en ont honte. Quand je suis entré au Sheraton, j'ai demandé à porter l'habit traditionnel de ma profession. Ça peut sembler anachronique, dans ce *cadre*, mais les clients sont ravis de constater qu'une certaine qualité n'a pas disparu. »

> impeccable
> orné, embelli
>
> environnement

Il est entré dans l'hôtellerie comme la plupart de ses *pairs :* par hasard. Il y est resté, par goût de l'argent agréablement gagné, par fascination pour un univers séduisant, cocktail subtil de futilité et de sérieux, d'*insouciance* et de puissance.

> égaux
>
> freedom from care

Les clients *ignorent* la plupart du temps qu'un concierge est un chef d'équipe. « En basse saison, je dirige trente-cinq personnes : les assistants concierges, les messagistes, les voituriers, les bagagistes. De quarante-cinq à cinquante en haute saison. »

> ne savent pas

Le concierge *veille à* tout, supervise un très grand nombre d'activités : faire porter fleurs ou fruits aux V.i.p. ; renvoyer aux États-Unis la *mallette* oubliée par une charmante Américaine ; répondre aux vœux de l'ambassadeur du Sénégal ; orchestrer le travail dans la salle des bagages.

> s'occupe de
> petite valise

Dans un hôtel de luxe, le concierge est irremplaçable et indispensable. Il est le seul à pouvoir satisfaire toutes les demandes d'une clientèle exigeante, capricieuse, *farfelue, imprévisible*. Le concierge est une création du *palace* traditionnel. L'intérêt d'un grand hôtel moderne et américanisé est d'en posséder un aussi.

> à l'esprit bizarre, un peu fou / dont on ne peut pas prévoir les réactions / hôtel luxueux

« Dites-moi, Porte. (Le client attire le concierge *à l'écart*.) Je voudrais faire monter des roses rouges au 1021. Très vite. C'est urgent. » Le billet de cent francs passe comme l'*éclair* d'une main à l'autre. « Vous garderez la différence, bien sûr... » Cinq minutes plus tard, les fleurs seront *déposées* dans le vase du 1021.

> loin des autres
>
> lightning
> mises

« Dites-moi, Porte. J'avais besoin d'une table de douze *couverts* au *Lido*. Un *marché* important à conclure. Votre assistant m'a dit que c'était complet. Vous arrangez ça? » Ce sera arrangé.

« Dites-moi, Porte. J'ai absolument besoin d'une *504* neuve, demain matin. Boîte automatique, toit ouvrant. Je n'ai pas le temps de m'en occuper. Je vous fais confiance. » Confiance justifiée : la voiture sera là.

Monsieur Porte sourit : « Il faut être psychologue pour exercer cette profession. Et diplomate. C'est un long travail. Car il ne suffit pas d'avoir une attitude correcte et plaisante. Les gens que nous fréquentons sont en général assez cultivés, informés en tout cas. Donc, il faut que nous le soyons aussi. »

Extrait d'un article de *L'Express.*

places / boîte de nuit parisienne
affaire de commerce

voiture Peugeot 504

◆ QUESTIONS

1. Qu'est-ce qu'un portier d'hôtel?
2. Comment est l'uniforme de Monsieur Porte?
3. Pourquoi préfère-t-il le porter?
4. Pourquoi les jeunes portiers auraient-ils honte de porter cet uniforme?
5. Pour quelles raisons Monsieur Porte est-il resté dans son métier? Comment y est-il entré?
6. Décrivez en détails précis le métier d'un portier au Sheraton de Paris.
7. Comment est la clientèle du Sheraton?
8. Quels types de commissions Monsieur Porte fait-il pour ses clients?
9. Selon Monsieur Porte, qu'est-ce qu'il faut pour exercer la profession d'un portier d'hôtel?

◆ À VOUS LA PAROLE

1. Racontez ce qui vous est arrivé quand vous avez cherché une chambre dans un hôtel.

2. Racontez une expérience intéressante que vous avez vécue quand vous travailliez comme garçon, serveuse, portier, etc.
3. Racontez la vraie histoire :
   a. des roses rouges pour la chambre 1021 au Sheraton de Paris
   b. de la table de douze couverts au Lido
   c. de la Peugeot 504 toit ouvrant, boîte automatique
   N'oubliez pas de vous servir de votre imagination!
4. Voudriez-vous être portier d'hôtel? Expliquez votre réponse.

Français, mettez-vous au régime!

Le gouvernement est inquiet : de plus en plus de Français sont victimes de l'obésité (un Français sur cinq est obèse). Quelles sont les principales erreurs *alimentaires?* Selon une *enquête effectuée* dans toute la France, elles sont au nombre de sept :

1. Le Français absorbe trop de *corps gras,* sous forme de charcuteries, de sauces et de corps gras d'*assaisonnement.* épices

2. Il boit trop d'alcool et de vin qui lui apportent des calories *excédentaires* (un *litre* de vin représente 700 calories).

3. Il consomme souvent trop de *farineux* et de produits sucrés, en regard de ses besoins nutritionnels réels.

4. Dans l'équilibre de ses *apports* en protéines animales, il favorise trop la viande au détriment des produits laitiers et des poissons.

5. Il se contente d'un apport limité de calcium, surtout chez les jeunes qui ne consomment pas assez de lait et de fromage.

6. Il n'absorbe pas assez de légumes et de fruits, ce qui se traduit par une insuffisance en vitamine C.

7. Ses *pris alimentaires* sont mal *réparties,* insuffisantes au petit déjeuner, trop importantes au déjeuner et au dîner.

Qu'appelle-t-on être *suralimenté?* C'est manger davantage que les besoins physiologiques ne le commandent. Cela revient à dire qu'il faut manger lorsqu'on a faim et non pas lorsqu'on a envie. Si l'on cède à la simple envie, on arrive très vite à la prise de poids excédentaire, parce que le nombre de calories normal (de 2200 à 2500 par jour) est dépassé, tandis qu'en même temps, le sujet ne *dépense* pas assez cet excès d'apport par des dépenses d'énergie—par exemple, l'exercice physique.

Comment répartir l'alimentation? En trois repas presque égaux. En France, on minimise beaucoup le petit déjeuner. Or il a lieu après douze heures de *jeûne* environ et il sera suivi d'une longue matinée de travail ; 30 pour cent des écoliers partent en classe sans avoir rien pris, les autres ayant simplement absorbé une tasse de liquide. Quant aux adultes, ils se contentent souvent d'un « *petit noir* ». Oeufs, viande froide, fromage, lait, sont nécessaires. On diminuera alors les deux autres repas. Le Français absorbe au déjeuner et souvent au dîner : hors-d'œuvre, plat garni, fromage, dessert. Le repas qui comporte de la viande peut négliger le fromage, mais le repas constitué de produits céréaliers doit être complété avec lait ou fromage. Du vin sagement : un demi-litre par jour au plus. Un peu moins pour les sédentaires et les femmes. Il faut préparer une nourriture correspondant aux besoins réels. Si la bonne cuisine se fait avec une *balance*[1] et une montre, l'alimentation équilibrée ne requiert qu'une balance et du bon sens.

Extrait d'un article de *Paris-Match.*

[1]En France on pèse les produits dont on se sert pour faire la cuisine. On ne mesure pas par tasse.

Glossary (right margin):

de nourriture
sondage / réalisée, accomplie

fats
épices, condiments
supplémentaires
35 fluid ounces
produits des plantes qui fournissent de la farine
quantité qu'on consomme

repas *(fig.)* / distribuées

consomme

abstinence d'alimentation

une tasse de café *(fig.)*

scales

◆ QUESTIONS

1. Que veut dire l'expression « mettez-vous au régime »? « Être suralimenté »? « Être sous-alimenté »?
2. Pourquoi les Français sont-ils victimes de l'obésité?
3. Comment se fait-il qu'on gagne du poids? Et qu'on perde du poids?
4. Quel rôle l'exercice physique joue-t-il en ce qui concerne l'alimentation?
5. Comment doit-on répartir l'alimentation?

◆ À VOUS LA PAROLE

1. De quoi a-t-on besoin pour bien faire la cuisine? Pour avoir une alimentation équilibrée?
2. Est-ce qu'on peut changer le titre de cet article en « Américains, mettez-vous au régime! »? Expliquez votre réponse.
3. Êtes-vous suralimenté(e) ou sous-alimenté(e)? Expliquez votre réponse.
4. Avez-vous déjà suivi un régime? Décrivez votre expérience.
5. On conseille aux Français de prendre sagement du vin—c'est-à-dire un demi-litre par jour. Croyez-vous qu'un demi-litre soit une quantité « sage »? Expliquez votre réponse.

La France vue par les touristes étrangers

Portant chemisettes à fleurs et shorts au château de Chambord ; remerciant— « very nice »—au restaurant Troisgros de Roanne ; regrettant de trouver le café Le Flore fermé parce que le guide *Europe on 10 Dollars a Day* leur raconte que Jean-Paul Sartre habite Saint-Germain-des-Prés ; *alors qu'*il a déménagé depuis quinze ans ; 3,7 millions d'étrangers passent, cette année, leurs vacances en France. Et cela fait 3,7 millions d'idées de la France.

    « Chez vous, les gens sont *grincheux* et considèrent souvent l'étranger comme un pigeon à plumer », estime M. Francis Jackson, Britannique de 42

en dépit du fait, malgré le fait qu'

de mauvaise humeur

ans. Mais M. Jackson vient tous les ans, de façon irrationnelle, se faire « plumer » sur la Côte d'Azur. Pourquoi? « J'aime les sites, la douceur de vivre, une certaine manière d'être des Français. Quand je suis reparti, cela me manque. »

Pour la nourriture, peu de problème. L'image de la France à l'étranger est d'abord celle d'un restaurant aux tables bien garnies. Un Suisse commente : « La France, c'est la *grande bouffe,* mais dans le calme et l'intelligence. »

bonne cuisine *(fam.)*

La culture vient aussitôt après la cuisine—et avant le cœur—dans les préoccupations des visiteurs. Notre Dame, l'Arc de Triomphe battent toujours les records de fréquentation.

Pour les touristes qui ne viennent pas d'un pays à monnaie forte, c'est lutter contre le coût de la vie en France. Beaucoup d'Anglais et de Belges ne font, au restaurant, qu'un repas par jour. « Vos prix sont incompréhensibles. Et, au café, une bière ou un soda revient tout de suite à sept francs. »

Notre réputation de peuple peu accueillant décourage *d'emblée.* Un groupe *néerlandais* explique : « Nous ne sommes pas venus en France pour voir les Français. Nous vivons entre nous. Cela nous suffit. Nous ne *fuyons* pas les gens du pays, mais nous ne les recherchons pas. »

tout de suite
gens qui habitent la Hollande
évitons

Ceux qui les recherchent *sont* souvent *déçus.* Pour un monsieur de Vienne, « les gens du Nord vous reçoivent chez eux, les gens du Sud dans la rue. À Paris, on ne vous reçoit *nulle part* ». Manque de chaleur humaine? On parle

éprouvent une déception

en aucun lieu

volontiers des chauffeurs de taxi *butés,* des passants nerveux, des serveurs *go-*
guenards. « Les garçons de café *ironisent sur* mon accent ou mon français in-
suffisant. Les provinciaux sont plus tolérants. Ils commencent à admettre qu'un
étranger peut ne pas parler comme un académicien. »

La barrière de la langue reste *redoutable* pour les non-francophones. Selon
les Américains, « la France est le seul pays du monde à ne pas vouloir comprendre l'anglais ».

Malgré les critiques et les restrictions, les guides sont formels : Paris reste le
haut lieu de l'aventure, de la beauté, de la jeunesse d'esprit. Et Brigitte Bardot,
dans un film publicitaire *susurre :* « Pour moi, la France, c'est du bon vin et de
la nourriture délicieuse. C'est l'été sur la Côte d'Azur et l'hiver dans les Alpes, ce
sont les petits bistrots, les châteaux, les robes des grands couturiers, Paris et
son peuple. » Ce sont ces petits clichés qui font les grands voyages.

fermés, peu ouverts à d'autres gens /
moqueurs, insolents / se moquent de

terrible, effrayante

murmure doucement

Extrait d'un article de *L'Express* par André Bercoff et Alain de Penanster.

◆ QUESTIONS

1. Pourquoi les touristes viennent-ils en France?
2. Les étrangers, que pensent-ils des Français? Et du coût de la vie en France?
   Et des contacts avec les Français?
3. Les Français que pensent-ils des touristes?
4. Comment est-ce que les Français du nord accueillent les touristes? Les gens
   du sud? Les commerçants? Les garçons de café? Les chauffeurs de taxi? Les
   provinciaux?
5. Que veut dire la phrase « un pays à monnaie forte »?
6. Pourquoi les touristes sont-ils attirés par Paris?
7. Que veut dire la phrase « les petits clichés font les grands voyages »?

◆ À VOUS LA PAROLE

1. Pour quelles raisons voudriez-vous (ou ne voudriez-vous pas) prendre vos
   vacances en France?
2. La France a à peu près la même superficie que le Texas. Imaginez-vous
   l'époque des vacances—l'été—avec à peu près 4 millions d'étrangers traver-
   sant votre état : Comment les routes seraient-elles? Les campings? Les
   parcs? Les restaurants? Les magasins? Les cinémas? Les stations-service? À
   la fin d'un tel été quelle serait votre attitude envers les étrangers? Quelle serait
   votre humeur?
3. Quelle est votre attitude envers les gens qui ne veulent pas apprendre une
   langue étrangère?
4. Quelle est votre opinion personnelle sur les Français? Si vous avez été en
   France, avez-vous changé d'opinion? Croyez-vous que ces touristes interrogés aient raison?

SUJETS DE DISCUSSIONS

1. Expliquez les raisons de la suralimentation en Amérique et en France.
2. Commentez cette phrase de Molière (de *l'Avare*) : « Il faut manger pour vivre
   et non pas vivre pour manger. »
3. Imaginez être un(e) Français(e) faisant un premier voyage aux États-Unis.
   Donnez vos opinions sur les Américains et sur leur vie.
4. Vous êtes touriste arrogant(e) et désagréable qui n'a rien de bon à dire sur le
   pays et sur les gens qui l'habitent et vous parlez avec un des indigènes qui
   est sympathique, agréable et aime que les touristes visitent son pays. Quelle
   sorte de conversation auriez-vous avec lui?
5. « Puisque les films nous permettent de voir tous les pays du monde, il n'est
   pas nécessaire de voyager à l'étranger. » Êtes-vous d'accord ou non?
6. Est-ce vrai qu'un touriste n'arrive jamais à connaître bien un pays et sa culture parce que tout ce qu'il voit est superficiel? Expliquez votre réponse.

chapitre

7

Les Français sont aussi comme ça

L'ESSENTIEL

une personne	respecter	quelqu'un
	se moquer (de)	
	se disputer (avec)	
	haïr, détester	
	mépriser	
	maltraiter	
	énerver	
	gêner	
	tracasser	
	insulter	
	injurier	
	blesser	
	infliger	un affront (à quelqu'un)
un beau parleur	bavarder, converser, causer	d'une façon impolie/poliment
	papoter	
	faire raconter	des commérages (m. pl.)
une personne	se taire	
	se tromper	
	râler (fam.)	
	maugréer, grogner	
	pleurnicher	
	ricaner	
	chuchoter	
	balbutier	
	mentir	
	jurer (à la cour)	
	blasphémer	
	s'excuser	

I.

1. De quoi (qui) vous moquez-vous?
2. Avec qui vous disputez-vous?
3. Par qui les étudiants sont-ils maltraités? Tracassés?
4. Qu'est-ce qui vous énerve?
5. Dans quelles circonstances est-ce qu'on injurie quelqu'un?
6. Qu'est-ce qui vous gêne?
7. Que pensez-vous des gens qui papotent? Qui racontent toujours des plaisanteries?
8. Dans quelles circonstances est-ce que vous balbutiez? Ricanez? Râlez?
9. Que demandez-vous à une personne qui parle trop?
10. Que savez-vous quand vous voyez une personne (un enfant) qui pleurniche?

II. Conversation-puzzle : **Comment s'excuser**
Remettez en bon ordre les phrases de chacune de ces conversations pour la présenter ensuite avec un(e) camarade de classe.

A. 1. Comme c'est bête. Je crois que j'ai perdu ta radio!
2. Je ne sais quoi dire. Je vais la remplacer, bien entendu.
3. Ne t'inquiète pas ; ce n'est qu'un petit malheur.
4. Mais non. Je ne l'ai jamais aimée de toute façon.

B. 1. Oh, mais non ; c'est hors de question.
2. Ce n'est pas grave.
3. Je regrette énormément d'avoir cassé ta jolie statuette!
4. Comme je le regrette. Dis-moi où tu l'as achetée pour que je puisse la remplacer.

C. 1. Je regrette d'avoir plongé ta montre dans l'eau.
2. Ce n'est pas du tout nécessaire.
3. Mais je vais la payer.
4. Oh, cela ne fait rien.

le ton (du langage)	pouvoir être	vif amer doux grossier vulgaire éloquent déplacé
Il est possible de traiter une personne avec		respect *(m.)* gentillesse *(f.)* brusquerie *(f.)* impolitesse *(f.)* malhonnêteté *(f.)*
un interlocuteur, une interlocutrice un auditeur, une auditrice	réagir (avec)	étonnement *(m.),* surprise *(f.)* incrédulité *(f.)* plaisir *(m.)* colère *(f.)*
une personne	pouvoir être	maladroite/adroite indolente/énergique timide/sûre de soi réservée/ouverte étourdie/organisée négligente/soigneuse froussarde/courageuse rusée/candide facile à vivre/tyrannique détendue/anxieuse intelligente/bête, stupide sotte/intelligente

I.
1. Comment une personne réagit-elle quand elle entend une mauvaise nouvelle? Un commentaire grossier? Un compliment? Une plaisanterie grossière?
2. Pourquoi est-ce qu'on parle avec un ton éloquent, amer, doux, grossier?
3. Décrivez une personne qui est maladroite (indolente, ouverte, étourdie, froussarde).
4. Pourquoi préférez-vous les personnes qui sont faciles à vivre (soigneuses, énergiques, détendues)?

II. Un Test : Êtes-vous sûr(e) de ne pas avoir de préjugés?

1. Nous n'avons pas toujours conscience de certains jugements qui ont l'apparence de la vérité et ne sont en réalité que des préjugés tenaces. Le test suivant vous permettra de redresser certaines erreurs. Regardez les réponses et commentaires à la page 188 et comparez-les avec les résultats de vos camarades de classe.

VRAI	FAUX	
		1. Les filles sont plus obéissantes que les garçons.
		2. Les filles sont plus maternelles et altruistes.
		3. Les filles sont plus vulnérables aux atteintes (chocs) de l'extérieur.
		4. Les filles s'expriment plus facilement.
		5. Les filles sont plus passives.
		6. Les filles sont plus sociables.
		7. Les filles ont une sensibilité tactile plus développée.
		8. Les filles sont plus influençables.
		9. Les filles sont plus peureuses.
		10. Les filles ont un complexe d'infériorité.
		11. Les filles sont moins compétitives.
		12. Les garçons sont meilleurs analystes.
		13. Les garçons sont plus ambitieux.
		14. Les garçons sont plus doués (ont des aptitudes) pour les maths.
		15. Les garçons sont plus agressifs.
		16. Les garçons s'orientent plus facilement dans l'espace.
		17. Les garçons sont plus actifs.
		18. Les garçons sont plus dominateurs.
		19. Les garçons sont plus visuels ; les filles plus auditives.
		20. Les garçons sont plus inventifs, alors que les filles sont plus à l'aise dans les tâches (travaux à faire) répétitives.

2. Inventez un test du même genre en employant le vocabulaire de l'Essentiel pour le faire passer à vos camarades de classe. Faites l'analyse des résultats et présentez-les à vos camarades de classe.

EXERCICES

I. Répondez aux questions.

1. Dans quelles circonstances seriez-vous obligé(e) de jurer (mentir, pleurnicher, raconter des plaisanteries, chuchoter, vous excuser)?

2. Dans quelles circonstances seriez-vous obligé(e) d'être courageux (-euse)? D'être détendu(e)? D'être anxieux(-se)? D'être sûr(e) de vous? D'être impoli(e)?

3. Décrivez votre réaction si quelqu'un vous insulte dans la rue (si quelqu'un vous fait un compliment ; vous raconte un commérage ; vous blesse).

4. Avez-vous jamais infligé un affront à quelqu'un? Expliquez.

5. Comment réagissez-vous quand vous savez que quelqu'un vous a menti (vous a maltraité ; s'est moqué de vous ; vous a traité avec gentillesse)?

II. Décrivez les réactions d'un(e) ami(e) qui se trouve dans les situations suivantes et puis essayez de trouver de bonnes phrases pour l'encourager. (Consultez l'Appendice A à la page 167.)

Votre ami(e)...

1. vient de perdre tout son argent
2. a très mal aux dents et mal à la tête et les pharmacies sont fermées
3. a la grippe et croit qu'il (elle) va mourir
4. vient de renverser un verre de vin sur son plus joli pantalon (sa plus jolie jupe)
5. vient d'apprendre que les réparations de sa voiture coûteront plus de 200 dollars et n'a pas assez d'argent pour les payer
6. vient d'échouer à son examen de permis de conduire pour la deuxième fois
7. vient d'être injurié(e) par quelqu'un
8. vient de se disputer avec son (sa) meilleur(e) ami(e)

III. Décrivez votre caractère ; celui de votre mère, père, frère, sœur ; celui d'une personne difficile ; celui des Américains ; celui des Américaines; celui de votre petit(e) ami(e).

IV. Les réactions à la couleur étant individuelles, les psychologues ont établi des corrélations entre le caractère d'une personne et ses couleurs préférées. Choisissez votre couleur ou vos couleurs préférée(s). (Voir page 108 pour les corrélations établies par les psychologues.)

rouge	vert	pourpre	gris
orange	bleu vert	brun	noir
jaune	bleu	blanc	

Commentez la phrase : « Dites-moi quelle couleur vous aimez et je vous dirai qui vous êtes. » En ce qui vous concerne, est-ce que les psychologues ont raison?

V. Préparez une description d'une des personnes suivantes : un(e) camarade de classe ; un professeur ; une personne célèbre ; un beau parleur ; un râleur ; un(e) étourdi(e) ; un menteur ; un pleurnicheur. Après l'avoir présentée à vos camarades de classe, demandez-leur de deviner qui c'est.

VI. Imaginez. En employant le vocabulaire de l'Essentiel, inventez et préparez par écrit un dialogue auquel l'un de vos camarades devra participer de façon impromptue.

La Galanterie: un attrape-nigaudes

ruse grossière qui ne trompe que les sottes

La galanterie n'est pas morte, même si certains hommes qu'*irrite* le désir d'autonomie des femmes en ont *fait* joyeusement *leur deuil.* Elle n'est pas morte, mais elle est réduite à quelques gestes rituels, parfois agréables ou touchants, mais souvent ridicules et *gênants.*

exaspère

se résignent à en être privés

ennuyeux

Il faut se faire à cette évidence : la galanterie, présentée comme l'*exquis* privilège de la condition féminine, n'est en réalité qu'une manifestation déguisée de l'instinct sexuel. Elle est directement proportionnelle au charme de l'intéressée et *décroît inexorablement* avec son âge. Ce n'est pas qu'il soit désagréable d'être un plus ou moins obscur objet du désir. Il s'agit seulement de ne pas se faire trop d'illusions sur le message.

délicat

diminue / fatalement

D'ailleurs, il suffit d'observer les comportements virils de plus près pour s'apercevoir que galanterie n'est pas le moins du monde synonyme de courtoisie. C'est le monsieur qui vient vous *faire une queue de poisson* pour vous *choper* la dernière place du parking qui, quelques minutes plus tard, *s'effacera* pour vous laisser entrer la première au restaurant.

doubler un véhicule et se rabattre brusquement devant lui / attraper, prendre vivement / se mettra de côté

La galanterie n'est pas morte, c'est vrai. Mais elle ne représente qu'un rituel *vide de sens,* maintenant que les femmes ne portent plus de corset et peuvent se baisser, ne sont plus *engoncées* dans des *robes à tournures* et peuvent monter seules en voiture, font du sport et sont capables de porter leur valise.

sans signification

serrées, coincées / dresses with bustles

On ne baise pas la main d'une dame en bottes et blue-jeans. On ne porte pas le sac à dos de la fille avec qui on part en vacances. La vraie galanterie est aujourd'hui à réinventer.

Échanger quelques attitudes stéréotypées, quelques gestes *dérisoires,* quelques comportements sans réelle signification (se sentir obligé de payer pour une femme au restaurant ou au cinéma par exemple), contre le naturel, la camaraderie ou l'amitié, quel *profit* pour les relations humaines! « Tu as des ennuis d'argent, Hubert? Je t'invite, ce soir. »

ridicules

avantage

Et pourquoi ne lui enverrions-nous pas des fleurs, à Hubert, si nous en avons envie? Il n'apprécierait pas? Tout s'apprend, et surtout les bonnes choses.

Extrait d'un article de *F Magazine* par Odile Lacombe.

◆ QUESTIONS

1. Selon l'auteur, qu'est-ce que la galanterie?
2. Quelle relation y a-t-il entre l'âge et la galanterie?
3. Pourquoi l'auteur croit-elle que la galanterie n'est pas le synonyme de courtoisie? Pourquoi ce rituel est-il vide de sens?
4. Quelle solution l'auteur offre-t-elle?

◆ À VOUS LA PAROLE

1. Pourriez-vous citer ce que vous considérez comme des gestes de galanterie?
2. Est-ce que la galanterie existe toujours? Quelle preuve pouvez-vous donner pour votre réponse?
3. Expliquez votre concept de la galanterie.
4. Expliquez la différence entre la galanterie et la courtoisie.
5. Est-ce que ce serait possible que les comportements virils et les comportements féminins se ressemblent dans les mêmes situations—comme, par exemple, celle du parking? Expliquez votre réponse.
6. Avez-vous votre propre solution? Laquelle?

Et maintenant elles volent

Lundi soir : aéroport de Nîmes-Garon. La salle d'embarquement est remplie de messieurs cravatés, attaché-case à la main. Les femmes, en minorité, ont toutes deux ou trois paquets à la main. « Embarquement immédiat », annonce l'hôtesse. Les passagers s'élancent sur la piste. La *Caravelle* se remplit lentement. Chacun a trouvé sa place. L'avion décolle. Tout va bien. Les passagers défont leur ceinture de sécurité. Quand soudain du micro un steward annonce « Le commandant de bord, Madame Isabelle Camus, et son équipage vous souhaitent la bienvenue à bord. Nous atteindrons Paris dans 55 minutes ». Un passager *sursaute, interpelle* un steward : « C'est vraiment une femme qui pilote cet avion? » « Mais oui, monsieur. » « Mais est-ce que c'est son premier vol? Est-ce qu'elle connaît la Caravelle? »

« Mais oui, monsieur. Ne *vous en faites* pas. Elle a déjà fait des milliers d'heures de vol et fait Paris-Nîmes depuis six mois. » Le steward *éclate de rire* et *poursuit :* « Il faut *vous y faire,* monsieur. Aujourd'hui, nous les hommes faisons le service de cabine et les femmes *tiennent le manche...* » Le passager se tait. Et il ne se détendit qu'à Paris. « Alors, convaincu? » Il *haussa* les épaules et maugréa : « Toutes les mêmes... Elles veulent être partout aujourd'hui. »

avion français

bouge brusquement / appelle

vous inquiétez
rit soudain
continue / vous y habituer
*contrôlent les commandes de l'avion
(fam.) / souleva*

Extrait d'un article de *Marie-Claire.*

◆ QUESTIONS

1. Pourquoi le passager s'inquiète-t-il? De quoi a-t-il peur?
2. Quelle a été la réaction du steward?
3. Le passager a-t-il été vraiment convaincu?

◆ À VOUS LA PAROLE

1. Croyez-vous que cet homme ait des préjugés? Lesquels?
2. Est-ce que le service de cabine devrait rester le domaine des femmes et le manche le domaine des hommes? Expliquez votre réponse.

Les Français et leur police

Y a-t-il donc aujourd'hui un divorce entre les Français et leur police? On pourrait le croire, à additionner les irritations, les *bavures* qu'on lit dans les journaux.

Alors, pourrait-on se demander, la police, service public, accomplit-elle sa mission? Et le divorce est-il *consommé* entre les simples citoyens et ceux qui assurent leur sécurité? Eh bien, non! Un *sondage* récent montre que l'image de la police reste excellente mais sur des questions précises les critiques trouvent le recrutement pas assez sévère et que la police en *tenue* s'attache davantage à *réprimer* les *peccadilles* qu'à poursuivre les criminels et restent partagés sur le respect des droits des citoyens.

Comment alors concilier ce climat *tendu,* ces accusations mutuelles et le certificat de bonne *conduite* délivré par l'opinion?

La première réponse tient en trois mots : grandes villes–province. Ce n'est pas un hasard si les ruraux et les habitants de villes moyennes expriment le plus volontiers leur satisfaction. C'est que, dans une petite ville le policier en tenue a un prénom, sa femme connaît les commerçants. Il est intégré et souvent estimé. Le policier ne peut ni ne veut commettre d'excès de pouvoir. Mais, dans les grandes cités, l'image du « gardien de la paix » change comme change le *décor* de la ville. L'agressivité monte sous les *képis* comme elle monte à la tête des autres *citadins* exaspérés des *mégalopoles.* Grande cause de conflits urbains, plus importante que les bavures dans l'esprit des Français, c'est l'auto. Le mal est aggravé par certains chefs, qui *notent* les agents au nombre de contraventions qu'ils *dressent.* Les mauvaises relations avec la population viennent presque toujours d'histoires de stationnement et de circulation.

La police découvre un changement radical de mentalité. Les jeunes ne supportent plus les attitudes qu'ils estiment stupides ou injustes. De leur côté, beaucoup de citoyens se plaignent d'être mal reçus, *rudoyés* par les agents *mal embouchés* ou, ce qui est grave, violents.

Lorsqu'un effort pour une meilleure formation sera *mené à bien,* lorsque les agents logeront en ville, lorsque chacun sera convaincu que l'évolution de notre société exige chez les hommes investis de l'autorité plus d'intelligence, plus d'ouverture d'esprit, et donc sans doute plus d'argent qu'autrefois, la police jouera alors complètement le rôle qui est le sien : garantir la sécurité. Ce que souhaitent la plupart des Français.

Extrait d'un article du *Point* par Jean-Marie Pontaut et Jean Schmitt.

---

brutalités ou crimes commis par des policiers *(fam.)*

réalisé

recherche des opinions

uniforme

punir / fautes sans gravité

crispé
behavior

képi

environnement

habitants des villes / très grandes villes

rate

donnent

brutalisés, maltraités / de mauvaise humeur

réalisé

◆ QUESTIONS

1. Pourquoi l'auteur parle-t-il d'un divorce entre les Français et leur police?
2. Qu'est-ce qu'une « bavure »? Est-ce que des bavures peuvent se produire aux USA? Expliquez votre « oui » ou « non ».
3. Selon le sondage cité dans le texte, quelle est l'image de la police française? Quelles sont les critiques que ce sondage exprime?
4. Qu'est-ce qui peut expliquer les divergences de l'opinion publique en ce qui concerne la police française?
5. De quelle façon les opinions des gens des grandes villes diffèrent-elles de celles des habitants des petites villes?
6. Quel rôle l'auto joue-t-elle dans le conflit urbain entre la police et les citoyens?
7. De quoi les citadins en général, et les jeunes en particulier, se plaignent-ils?
8. Selon l'auteur, quel est le rôle de la police? Quelles doivent être les qualités d'un bon policier?

◆ À VOUS LA PAROLE

1. Comment décririez-vous la police de la ville où vous habitez? Y a-t-il des problèmes? Y a-t-il des différences entre la police française et la police américaine?
2. Que faut-il faire pour éviter des conflits entre la police et les citoyens?
3. Pour quelles raisons respectez-vous votre police?
4. À votre avis, quel doit être le rôle de la police? Expliquez votre réponse.

La Jeunesse devant l'alcool

Les Français ont une réputation bien établie de grands buveurs. Du vin à tous les repas, de la bière pour se *désaltérer*, le *pastis* à l'heure de l'apéritif. Sans oublier les alcools après le café. La France *détient* le record des décès par cirrhose du foie : 18 000 par an ; et le record de la consommation d'alcool pur : 8 400 400 *hectolitres*.

faire cesser sa soif / liqueur anisée
a

1 hectolitre = 100 litres

Tous les Français savent qu'il ne faut pas abuser de l'alcool, qu'il est très dangereux et très mal de boire. La propagande antialcoolique, qui a commencé à l'école primaire dès 1894, qui a inspiré on ne sait combien de slogans et d'affiches, qui *alimente* encore aujourd'hui une campagne de publicité à la télévision, a porté ses fruits.

fournit

Le témoignage de la jeunesse est particulièrement éloquent. Elle condamne sans appel l'alcoolisme. Elle voit en lui *une tare* d'adultes, un signe de *déchéance*. Souvent, les jeunes refusent de participer aux *libations* de la table familiale. Pourtant, ils avouent qu'entre eux ils boivent. « Pour *surmonter* leur timidité, pour faciliter les échanges. »

la preuve que donne
un vice / dégradation
le fait de boire
vaincre

Le monde paraît dur, hostile. L'alcool le rend confortable. Les autres vous jugent ou *vous ignorent*. L'alcool les rend amicaux. On boit comme on se drogue.

ne vous connaissent pas

On est initié à l'alcool comme à la drogue. Dans tous les cas et quel que soit l'âge, les autres jouent un rôle déterminant. On s'est mis à boire pour faire comme les grands. Ou comme les hommes, quand on est une femme. Ou comme les collègues. Très souvent cette initiation correspond à un changement d'existence. Le passage à la vie adulte. Un déménagement. Un nouveau métier. Une promotion professionnelle. Un nouvel amour. Une solitude *imprévue*. Comme si l'on avait peur de ne pas savoir tenir un rôle pour lequel on ne se sent pas préparé.

inattendue

Ensuite, quand on a découvert l'effet bénéfique de l'alcool, on continue. On le *déguste.* On est fier d'être connaisseur. Avoir le verre facile prouve qu'on *boit en l'appréciant* est un *bon vivant.* Tandis que les buveurs d'eau sont des méchants, dit un *personne qui aime la vie* proverbe. L'alcool donne des forces.

Interdire l'alcool, le *pourchasser* comme on *traque* la morphine? Il n'y faut *poursuivre / poursuit* pas songer. L'expérience de la prohibition aux États-Unis a montré où mène cette politique. Il faut bien se rendre compte qu'aucune culture, aucune société, jamais, n'a pu subsister sans laisser ses membres *recourir,* dans certaines li- *faire appel* mites, à une drogue quelconque. Pour l'excellente raison qu'il n'existe pas de société idéale dans laquelle les individus pourraient se sentir, tous et à tout mo- ment, totalement *épanouis.* *détendus, heureux*

Là est la clef. Dans l'*épanouissement* de l'individu. On ne vaincra pas l'al- *développement (fig.)* cool en en dénonçant les méfaits. Mais en proposant aux Français d'aujourd'hui d'autres manières de se réaliser, qui excluent l'alcool.

Extrait d'un article de *L'Express* par Gerard Bonnot.

◆ QUESTIONS

1. Pourquoi les Français ont-ils la réputation d'être de grands buveurs? Est-ce vrai?
2. Comment est-ce que les Français savent que l'alcool n'est pas bon pour la santé?
3. Et la jeunesse française, quelle est son attitude devant l'alcool?
4. Citez les raisons pour lesquelles on commence à boire et pourquoi on con- tinue à boire.
5. Pourquoi compare-t-on l'alcool à la drogue?
6. Comment est-ce qu'on peut vaincre l'alcool?

◆ À VOUS LA PAROLE

1. À votre avis, pourquoi est-ce qu'on boit?
2. Quel rôle l'alcool joue-t-il dans la vie des étudiants de votre université? Dans la vie de vos parents?
3. Que suggéreriez-vous pour que les gens s'épanouissent sans alcool?

La Liberté sexuelle

La liberté sexuelle est entrée dans nos *mœurs*. Elle *atteint* même les enfants et les adolescents. Mais si ceux-ci trouvent de plus en plus souvent l'occasion de *faire,* ils ont moins fréquemment la possibilité de parler de ces problèmes, spécialement en famille. Cette absence de dialogue est *néfaste,* car les chemins de la liberté passent par la réflexion, l'expression et le dialogue.

    Pour la culture de masse, la chose est claire : sexualité libérée, plaisir précoce et répété en dehors de toute notion de faute ou de *péché.* En un mot : « Il est interdit d'*interdire.* La publicité *n'est* plus *allusive,* mais *incitative.* Les films, même les meilleurs, rendent sympathiques l'adultère ou l'homosexualité et tournent en ridicule le conjoint ou la famille nombreuse.

    Je connais bien les livres d'éducation sexuelle pour en avoir étudié cent quatre-vingt-sept. On est passé, en moins de dix ans, d'une *pudeur* excessive, d'un rigorisme moral à une permissivité totale. D'ailleurs plusieurs auteurs affirment que tous les problèmes d'échecs scolaires, d'incompréhension familiale, de désordres pubertaires ou de difficultés psychologiques seront résolus par la libération sexuelle.

    Quant aux parents leur immobilisme est encore plus marqué. Ils savent pourtant que le monde a changé, que, autour d'eux, les jeunes « sortent » plus tôt, prennent la pilule, « vivent avec » (le verbe a remplacé le substantif ; « concubinage » ou « flirt » ne se disent plus). Mais leur enfant, lui, est ouvert, confiant : s'il avait des problèmes, il en parlerait sûrement ; il est trop jeune, ça ne l'intéresse pas, c'est pour les autres. Si bien que, en dix ans, les vingt mille parents que j'ai interrogés n'ont pratiquement pas évolué.

    De toute façon, beaucoup de parents pensent qu'*aborder* ces sujets—eux-mêmes ou à l'école—c'est prendre le risque d'un passage à l'acte. D'autres estiment, *en outre,* qu'ils sont mal placés pour donner des conseils dans un domaine qu'ils maîtrisent mal, *tant* du point de vue linguistique que personnel.

    Voici donc nos enfants perplexes entre une société qui leur dit : « Vas-y, profite de ta jeunesse, prends ton plaisir! », et des parents méfiants, restrictifs et plus encore *muets.* Ont-ils changé ces enfants et à quelle *allure :* celle, supersonique des « mass media » ou celle, *sénatoriale,* des parents?

    Comment faire entendre la voix des enfants qui parlent avec confiance à l'adulte? Nous avons tous trop d'autres choses à faire. Si, oubliant leur courrier ou affaires en retard, quelques pères et mères prenaient le temps d'écouter leur garçon ou fille, peut-être ce dernier aurait-il enfin l'occasion de verbaliser en famille ce qui reste à l'état d'images, d'*impulsions,* de rêves, de désirs, d'interrogations habituellement *informulées* ou même *refoulées.*

Extrait d'un article du *Monde* par Denise Stagnara.

Glose marginale :

habitudes morales / réussit à toucher

faire l'amour (sous-entendu)

dangereuse

faute contre la loi divine

to forbid / qui procède par sous-entendus / qui pousse à faire quelque chose

décence, modestie

parler de

de plus

autant

silencieux / vitesse

lente et grave *(fig.)*

tendances, instincts

non exprimées ou exposées / contenues, étouffées

◆ QUESTIONS

1. Qu'est-ce que la liberté sexuelle?
2. Quels changements d'attitude dans les livres d'éducation sexuelle ont eu lieu en moins de dix ans?
3. Quelle influence les films et la publicité ont-ils sur les moeurs?
4. Que pensent les parents de tous ces changements?
5. Pourquoi les parents hésitent-ils à aborder le sujet de la vie sexuelle avec leurs enfants? Et l'école?
6. Quel problème reste important pour les enfants?
7. Selon l'auteur, comment les parents peuvent-ils résoudre le problème?

◆ À VOUS LA PAROLE

1. Que pensez-vous de l'éducation sexuelle?
2. Quel rôle les parents devraient-ils jouer dans l'éducation sexuelle de leurs enfants? Et l'école?
3. Est-ce possible que les parents n'évoluent pas en face de ces questions parce qu'ils souffrent d'une pudeur excessive?
4. À votre avis, est-ce qu'il nous faut un renouvellement du rigorisme moral? Expliquez votre réponse.

Les Jeunes croient-ils en Dieu?

Les jeunes sont de moins en moins nombreux à croire en Dieu. Selon un sondage de l'*I.F.O.P.*, 30 pour cent des quinze à trente ans n'ont pas de croyance religieuse (contre 17 pour cent en 1967). Ceux qui croient en Dieu ne sont plus que 62 pour cent (contre 81 pour cent en 1967) ; 17 pour cent se disent même « sans religion » : dix ans plus tôt, ils n'étaient que 6 pour cent. — **Institut français d'opinion publique**

Les filles sont, semble-t-il, plus croyantes que les garçons (68 pour cent contre 57 pour cent). La foi demeure solide parmi les jeunes agriculteurs. *En revanche,* elle diminue avec l'élévation du niveau d'instruction. Les jeunes se disant « *de gauche* » sont nettement plus incroyants. — **par contre** / **favorables à la politique de la gauche**

Les discussions religieuses intéressent peu les jeunes : 73 pour cent des quinze à trente ans reconnaissent ne « discuter de religion » que « rarement » ou « jamais ».

Comment entendre cette *baisse* de Dieu chez les jeunes? Elle est sans doute très *liée* à ce qu'ils sont. Un *aumônier* de lycée qui a vécu vingt-cinq ans avec eux, risque ce diagnostic : « Pour les jeunes, *l'Absolu* se construit au jour le jour. Car on ne peut *parier* sur l'avenir, il est trop incertain. Inutile donc de vouloir bâtir toute son existence autour d'une grande théorie *métaphysique,* d'un vaste système philosophique ou d'un ensemble de valeurs religieuses. Les jeunes *visent le coup par coup.* Ils *ne vivent pas dans la durée,* mais dans le *ponctuel.* Scepticisme, ou réalisme? Le fait est là : pour la majorité des jeunes, rien ne peut être, une fois pour toutes, définitif et absolu. » — **diminution** / **attachée / prêtre** / **le grand idéal** *(fig.)* / **to bet** / **recherche philosophique des causes et principes premiers** / **vivent au jour le jour** *(fig.)* **/ ne sont pas concernés par les choses permanentes / au jour le jour**

Extrait d'un article de *La Vie* par Jean-Claude Petit et Philippe Genet.

◆ QUESTIONS

1. De quelle façon le nombre de jeunes croyants a-t-il changé en dix ans?
2. Parmi les jeunes, qui sont les plus croyants? Les plus incroyants?
3. Comment l'aumônier explique-t-il cette baisse de Dieu chez les jeunes?
4. Êtes-vous d'accord avec l'aumônier? Expliquez votre réponse.

◆ À VOUS LA PAROLE

1. Pourquoi croyez-vous que les filles sont plus croyantes que les garçons? Que les agriculteurs sont plus croyants que les gens qui habitent les villes?
2. Est-ce que les discussions religieuses vous intéressent? Pourquoi ou pourquoi pas?
3. Croyez-vous que les jeunes vivent au jour le jour? Expliquez.
4. Quand il s'agit de la religion, est-ce que les jeunes gens sont plus sceptiques que réalistes?
5. Croyez-vous qu'il soit nécessaire de renouveler les valeurs religieuses? Expliquez votre réponse.

SUJETS DE DISCUSSIONS

1. La galanterie n'a jamais été autre chose qu'un rituel de l'instinct sexuel et réservée pour de belles jeunes filles. Est-ce vrai?
2. Inventez votre propre histoire suivant le modèle « Et maintenant elles volent » pour raconter à la classe et puis discuter.
3. Expliquez pourquoi vous croyez que nous avons tous nos préjugés.
4. Présentez et discutez les pressions sociales et l'alcool (la liberté sexuelle).
5. Les femmes n'ont pas la capacité d'être de bons pilotes. (pour ou contre)
6. Est-ce vrai que la galanterie soit le meilleur hommage qu'un homme puisse offrir à une femme? Ou est-ce que la galanterie fait sentir aux femmes qu'elles ne sont que des objets faits pour le plaisir des hommes?
7. C'est le monde et l'exemple des parents qui font naître le scepticisme de la jeunesse. (pour ou contre)
8. Choisiriez-vous la police comme carrière? Expliquez les raisons de votre choix.

Corrélations entre le caractère d'une personne et ses couleurs préférées

rouge	vigoureux, impulsif, actif, sympathique
orange	sociable, aimable
jaune	intellectuel, idéaliste, philosophe
vert	compréhensif, tolérant, confiant *(trusting)*, sensitif (particulièrement sensible)
bleu vert	sensitif, artiste
bleu	conservateur, sensitif, sérieux, consciencieux
pourpre	bizarre, mystérieux, artiste, satisfait, malin (habile, rusé)
brun	calme, sensible, conservateur
blanc	gentil, poli
gris	calme, sensible, conservateur
noir	léger (peu sérieux), sophistiqué

Adapté d'un article de *Marie France* par Jacques Thomas.

chapitre

8

Les Sports

L'ESSENTIEL

un(e) athlète	s'entraîner	
	faire	de l'exercice (m.)
	se consacrer (à)	l'entraînement (m.)
	s'imposer	de la discipline
	courir	la course de fond la course à pied
	participer (à) jouer (à)	la compétition le football le golf le tennis le rugby
un joueur, une joueuse	respecter	les règles (f. pl.), les lois (f. pl.) de la partie
	se disputer (avec) s'entendre (avec)	les membres (m. pl.) de l'équipe (f.) l'entraîneur (m.) l'adversaire (m., f.) l'arbitre (m.)
	marquer gagner perdre	un but un point la partie
le score	être	à égalité

un spectateur, une
    spectatrice
le (la) fanatique
l'amateur (m.)
	regarder
	parier (sur)
		un match de basket-ball
		    (m.)
		    de base-ball (m.)
		    de boxe (f.)
		le score
		la course de chevaux

Un match de tennis

un joueur	avoir besoin (de)	un(e) partenaire
		un court de tennis, un terrain de tennis
		une raquette
		des balles *(f. pl.)*

Vocabulaire supplémentaire

un set	le scoring
le service	15 à (15 partout)
un simple	30
un double	40
être vaincu(e)	jeu
	avantage dehors
	avantage dedans

La natation

un nageur, une nageuse	se baigner (dans)	une piscine
	nager (dans)	la mer
	plonger (dans)	l'océan *(m.)*
		une rivière
		un lac
	flotter (sur)	l'eau *(f.)*

Au Secours

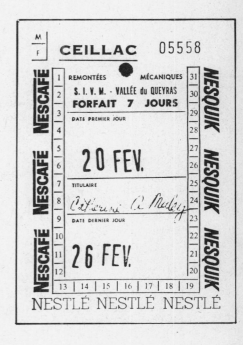

Le ski

un skieur, une skieuse *skiers*

acheter *buy*	des skis *(m. pl.)* *skis*
	les bâtons *(m. pl.)* *pole*
	les chaussures *(f. pl.)* *boots*
	les fixations *(f. pl.)* *bindings*
	un ticket de remontée *to go uo*

faire *stand* la queue *wait in line*

prendre le télésiège *chairlift*

prendre, suivre *lesson* des leçons *(f. pl.)* (du moniteur) *monitor*

apprendre la technique *technique*

faire la descente

skier (sur) la piste
la pente *slope*

Vocabulaire supplémentaire

la station de ski *resort*
le ski de fond (nordique) *cross country*
le ski alpin *down hill*

Liste des sports

la plongée sous-marine *underwater diving*
le bateau à voiles, la voile *sailing*
le windsurfing (la planche à voile)
le surfing
le canotage *canoe*
l'équitation (f.), monter à cheval *horseback*
l'alpinisme (m.) *alpine*
la randonnée à pied *hiking*
le footing
le jogging

la planche à roulette *skate board*
la gymnastique
le cyclisme, le vélo *biking*
l'athlétisme (m.) *track and field*
le squash
le patin à roulettes *rollerskate*
le ping-pong
le patinage *skating*
le hockey

I. Complétez les phrases suivantes.

1. Pour gagner un match il faut _____.
2. Si les joueurs ne respectent pas les règles d'une partie, _____.
3. Pour un athlète, s'imposer de la discipline veut dire _____.
4. Un spectateur peut parler de _____.
5. Pour jouer au tennis il est nécessaire de _____.
6. Pour apprendre à faire du ski il faut _____.
7. Pour devenir un champion de course à pied il faut _____.
8. Les sports préférés des étudiants de cette université sont _____.
9. Un amateur de sport est quelqu'un qui _____.

II. De quoi a-t-on besoin pour (a) jouer au rugby (b) nager (c) jouer au tennis (d) faire du ski? En employant le vocabulaire de l'Essentiel, essayez de dire autant de choses que possible. Ensuite, décrivez les avantages et inconvénients de chaque sport.

III. Que diriez-vous à un(e) ami(e) qui ne fait pas de sport pour le (la) persuader de changer d'avis? Consultez l'Appendice A à la page 167.

IV. Voici un dessin qui montre quatre athlètes. Quel est celui qui exprime le mieux l'athlète que vous êtes? Si vous pouviez choisir l'athlète qui vous conviendrait le mieux, quel athlète choisiriez-vous? Expliquez votre choix.

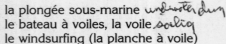

EXERCICES

I. Expliquez la différence entre les mots suivants et puis employez-les dans des phrases originales.

1. nager et flotter
2. un joueur et un spectateur
3. la mer et le lac
4. faire de l'exercice et s'entraîner
5. le ski de piste et le ski de fond
6. le bateau à voiles et la planche à voile

II. Répondez aux questions suivantes.

1. Comment une personne peut-elle s'entraîner pour un sport?
2. Que fait un arbitre? Un joueur de rugby? Un entraîneur? Un skieur?
3. Comment joue-t-on au tennis?
4. Comment un athlète s'impose-t-il de la discipline?
5. Qu'est-ce qui arrive quand un joueur (un entraîneur) se dispute avec un arbitre?
6. À quoi un télésiège sert-il?
7. Si vous étiez un joueur, quels sentiments éprouveriez-vous si le score était à égalité?
8. Comment le public traite-t-il un arbitre? Un entraîneur? Un joueur?
9. Comment les étudiants de votre université traitent-ils l'entraîneur (les joueurs) quand l'équipe perd un match? Gagne un match?
10. Quel rôle les sports jouent-ils dans votre université?

III. Expliquez ce qui vous amène aux sports (ou à un sport). Quels sont vos sports préférés et pourquoi? Quelle place les sports ont-ils dans votre existence? (Parmi les réponses possibles on peut trouver : **chercher une détente, mener une vie sédentaire, dormir mal, rencontrer des amis, pouvoir jouer bien, se muscler.**)

IV. Quelles sont les qualités d'un entraîneur ou d'un moniteur de n'importe quel sport? (Parmi les réponses possibles on peut trouver : **apprendre à jouer correctement, stimuler et comprendre les joueurs, corriger les défauts, bâtir un club, faire des progrès rapides, avoir du talent et de la gentillesse.**)

V. a. Décrivez l'entraîneur idéal ; ensuite, décrivez les entraîneurs de votre université.
   b. Décrivez le joueur stéréotypé du football américain (du basket-ball, du tennis). Ensuite, décrivez les joueurs de ces sports dans votre université.

VI. Vous avez décidé de profiter de vos vacances pour faire du sport mais vous hésitez entre quatre possibilités. (Vous trouverez ci-dessus les publicités correspondantes.) Avant d'indiquer votre choix, décrivez les avantages et inconvénients de chaque possibilité (sport, intérêt, prix, temps, pays).

VII. Imaginez. En employant le vocabulaire de l'Essentiel, inventez et préparez par écrit un dialogue auquel l'un(e) de vos camarades devra participer de façon impromptue.

Les Femmes rattrapent les hommes

rejoignent, atteignent

Un jour, peut-être, les femmes nageront aussi vite que les hommes. Un jour, peut-être, elles courront aussi vite. Cette prédiction aurait pu paraître *déplacée* il y a quelques années. Pas aujourd'hui. Les performances féminines ne cessent

incorrecte

de progresser en athlétisme et en natation. Au point qu'un *scientifique,* à présent, doit la prendre au sérieux : il faut en finir avec les idées *reçues* sur la physiologie humaine et sur les différences biologiques entre homme et femme.

un savant
établies

Un scientifique a étudié les meilleures performances des hommes et des femmes sur les stades et dans les piscines au cours des cinquantes dernières années. Le record du 100 mètres féminin a été enregistré pour la première fois en 1934. Les records mondiaux féminins n'ont été reconnus qu'en 1957 pour le 400 mètres, en 1967 pour le 1500 mètres, et en 1972 pour le 3000 mètres.

Jusque-là, on pensait que les femmes étaient incapables de courir sur des distances aussi longues sans *s'essouffler.* Et, bien qu'aucune base scientifique ou médicale n'*étayât* cette conviction, on affirmait que c'était dangereux pour leur santé.

se mettre presque hors d'haleine
renforça, soutînt

Pour chacune de ces distances le record mondial féminin *remonte* peu à peu le record masculin. Aujourd'hui, les femmes participent avec succès au 5000 mètres, aux marathons sur route, qui couvrent plus de 42 kilomètres.

gagne sur, revient vers

L'*écart* le plus frappant entre résultats masculins et féminins concerne les courses de fond, spécialité à laquelle, justement, les femmes viennent *d'accéder.* Plus longtemps elles ont pratiqué une discipline, plus elles se rapprochent des records masculins.

la distance, l'intervalle
parvenir

En natation également les femmes rattrapent les hommes. Le *taux* d'amélioration de leurs records est meilleur. *De surcroît,* le *fossé* entre performances féminines et masculines est plus étroit en natation qu'en athlétisme.

pourcentage
en plus / la différence *(fig.)*

Une analyse statistique des tendances en natation et en athlétisme laisse prévoir une égalité entre les sexes peut-être dans trois ou quatre *décennies.*

décades

L'égalité a déjà été atteinte dans une épreuve. Les femmes *détiennent* le record de la traversée de *La Manche* à la nage dans les deux *sens.* Dans chaque cas, la différence est d'environ quarante minutes sur les neuf heures nécessaires à la traversée.

ont
English Channel / directions

Dans d'autres épreuves, les femmes sont nettement capables de rivaliser avec succès, *voire* de gagner, au niveau de compétitions nationales et internationales. Il faudrait, après tout, de très fortes équipes masculines nationales pour battre les nageuses et coureuses est-allemandes. Dans ces deux sports, chaque épreuve est une expérience biologique dont le résultat est minuté au 100ᵉ de seconde dans des conditions contrôlées et définies avec précision. Dans le passé, des raisons biologiques ont été avancées pour expliquer que les femmes courent et nagent moins vite que les hommes. De toute évidence, ce sont des concepts sociaux, et non biologiques, qui ont interdit aux femmes de participer à tant d'épreuves jusqu'à une période récente.

et de même

Les différences dans les épreuves de course et de natation étaient considérées comme des signes certains d'inégalité biologique fondamentale. Certaines différences biologiques évidentes dans un domaine furent utilisées comme preuve de différences *innées* dans un autre domaine. Un processus similaire est

naturelles

utilisé par ceux qui affirment des différences innées concernant l'intelligence et le comportement entre les sexes, entre les races, entre les classes.

C'est le devoir de la biologie sociale de *récuser* de telles « vérités évidentes ». Souvent, comme dans le cas du sport, elles peuvent être sérieusement trompeuses. Même si les femmes ne parviennent pas à égaler les hommes dans toutes les disciplines sportives, il est clair, à présent, que les raisons de leur retard sont plus sociales que biologiques.

Extrait d'un article de *L'Express* par Ken Dyer.

refuser de reconnaître

◆ QUESTIONS

1. Pourquoi dit-on qu'un jour les femmes pourront rattraper les hommes?
2. Est-ce un but valable? Pourquoi?
3. Un scientifique a étudié les records mondiaux. Qu'est-ce qu'il a découvert?
4. Où est-ce qu'on peut trouver les records les plus frappants?
5. Comment sont les performances des femmes en natation? En athlétisme?
6. Quel processus a été employé pour expliquer les différences des performances sportives des femmes?
7. Quelle est la raison proposée par l'auteur pour expliquer le retard des femmes dans les épreuves sportives?

◆ À VOUS LA PAROLE

1. À votre avis, quelles sont les « vérités évidentes » dont parle l'auteur?
2. Êtes-vous d'accord avec l'explication du retard des femmes dans les épreuves sportives proposée par l'auteur? Expliquez votre réponse.
3. La traversée de La Manche à la nage n'est pas une épreuve de force mais d'endurance. Est-ce vrai?
4. Il y a des gens qui croient que les femmes ne rattraperont jamais les hommes ni sur le plan sportif ni sur le plan intellectuel. Êtes-vous d'accord?
5. Croyez-vous que les femmes qui pratiquent trop les sports perdent leur féminité? Pourquoi ou pourquoi pas?

La Violence, submerge-t-elle nos stades?

Une étude française conduite par deux journalistes sportifs montre qu'en une saison de football professionnel de première division, plus de 10 000 journées sont perdues par accidents ou blessures. Les joueurs d'un club comme Nice totalisent à eux seuls plus de 1000 jours d'*indisponibilité*. Chaque match entre Nice et *Bastia* marque une *étape* nouvelle dans l'*escalade* des brutalités : le sport *s'efface* désormais devant la vendetta. On pourrait multiplier les exemples. Alors, *outrances?* Problèmes inévitables *dès lors qu'*il y a compétition? Ou évolution inquiétante d'un sport chaque jour davantage *rongé* par ce cancer des sociétés modernes—la violence?

« La violence n'est pas un état d'esprit du football français », dit un des joueurs du club de Nice, « mais l'état d'esprit de certains joueurs. Il y a des garçons qui ne sont plus les mêmes lorsqu'ils rentrent sur un terrain. Tout le monde le sait : ils feront tout pour arrêter le « *bonhomme* ». Il y a quelques types comme ça en France. Je ne veux pas citer de noms, mais tout le monde les connaît. Ce sont eux qui font le mal. »

« Sur le terrain, c'est la guerre, affirme un entraîneur. Les défenseurs me

unavailability

ville en Corse / phase / ascension

disparaît

choses excessives, exagérations / aussitôt que / attaqué

le type, le gars; l'adversaire

FOOTBALL

PRINCIPALES REGLES

Terrain. *Longueur* 90 à 120 m ; *largeur* 45 à 90 m ; *surface de but* 5,50 m de chaque côté du but, *de réparation* 16,50 m. *But :* hauteur 2,44 m, largeur 7,32 m.

Ballon. Circonférence 68 à 71 cm, 396 à 452 g.

Joueurs. 2 équipes de 11 dont 1 gardien de but.

Partie. 2 mi-temps de 45 mn (40 mn pour les juniors) séparées par un arrêt de 15 mn au plus. *2 juges de touche* assistent le directeur de jeu ; ils aident

Plan d'un terrain

11 m 5,5 m 16.5 m
11 m 5,5 m
R = 9,15 m
R = 9,15 m
16,5 m
7,32 m

l'arbitre en lui signalant à l'aide d'un drapeau : les sorties en touche, l'équipe à laquelle revient le droit de tirer un corner, les hors-jeu.

Coup d'envoi. Choix du côté tiré au sort par l'arbitre, en présence des 2 capitaines, avec une pièce de monnaie. Au moment du coup d'envoi, les joueurs n'engageant pas devront se trouver à 9,15 m du ballon. Le jeu reprend ainsi après chaque but. Après la mi-temps, les joueurs changent de côté.

paraissent aujourd'hui moins virils qu'à mon époque... ou que je l'étais moi-même. » « Les joueurs sont pris dans l'*engrenage* infernal des contrats, de l'argent, des matches à gagner à tout prix », estime un arbitre. Où est la vérité? Le football français est-il plus violent que ses homologues anglais, allemands ou latins? Nos joueurs sont-ils plus fragiles? Nos arbitres moins compétents? L'opinion d'un joueur : « Je ne considère pas le football français comme un football particulièrement violent. Mais le sport est toujours le miroir d'une société et le football tend à devenir de plus en plus impitoyable. Un joueur professionnel doit amasser un maximum d'argent dans une carrière relativement courte. Pour *empocher* la *prime,* il doit gagner. Pour gagner, il doit empêcher l'attaquant adverse de marquer. Certains *sont tentés* de le faire par tous les moyens. »

« Mais une frontière existe, celle qui passe entre l'anti-jeu et le jeu méchant. Mais qu'un joueur cherche *sciemment* à en blesser un autre : voilà qui est impardonnable. » Les sanctions, en France, sont insuffisamment sévères : le joueur coupable s'en tire couramment avec un seul match de suspension.

Le football français est trop hétérogène enfin. À côté des grandes équipes existent d'autres formations qui n'ont pas l'*envergure* d'équipes professionnelles et qui se battent pour leur *survie.* Il leur faut absolument gagner, et par tous les moyens. Surtout sur leur terrain. Car c'est là que se font les *recettes* qui assurent leur existence. Elles peuvent être tentées de se dire : « Tuons un tel joueur, au moins, ainsi, on sera sûr qu'il ne marquera pas de but. »

Le public français n'est pas un public méchant. La France ne connaît pas encore les excès des foules en Grande-Bretagne où parfois les matches se terminent en combat de rues ; ou les matches d'Amérique du Sud où ce n'est pas la police qui assure l'ordre mais l'armée.

Mais on peut se demander également si, dans les sociétés modernes, le stade ne fait pas de plus en plus office de *défouloir* où on se libère de toute une agressivité *contenue au fil* des jours.

Extrait d'un article de *Paris-Match* par Jean-Claude Halle.

(glosses:)
wrangling, negotiations *(fig.)*

mettre dans la poche
somme donnée en plus du salaire
ont grande envie

exprès

classe
vie future
l'argent gagné

endroit où on peut laisser aller ses émotions
réprimée, retenue / tout le long

◆ QUESTIONS

1. Qu'est-ce que c'est que le football français?
2. Comment se fait-il que les joueurs de football français deviennent indisponibles?

3. Pourquoi est-ce qu'on parle d'une vendetta entre Nice et Bastia?
4. Pourquoi certains joueurs changent-ils de personnalité sur un terrain de football?
5. Qu'est-ce qui est cause du mal dans le football français?
6. Quelles pressions jouent un rôle dans la vie d'un footballeur professionnel?
7. Qu'est-ce qu'une prime?
8. Pourquoi est-il nécessaire qu'un joueur professionnel amasse beaucoup d'argent en très peu de temps?
9. Expliquez la différence entre « l'anti-jeu » et « le jeu méchant ».
10. Comment sont les sanctions en France? Aux États-Unis?

◆ À VOUS LA PAROLE

1. Est-ce que la vendetta existe entre des équipes universitaires américaines? Entre les équipes professionnelles? Expliquez.
2. Comment sanctionne-t-on les mauvais joueurs aux États-Unis?
3. Croyez-vous que le football américain soit marqué par la brutalité et la violence? Expliquez votre réponse.
4. Il y a des gens qui pensent que le sport n'existe plus. Êtes-vous du même avis? Pourquoi ou pourquoi pas?

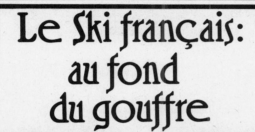

Le Ski français: au fond du gouffre

Le Ski de fond
Le ski de fond dont le mouvement de base est... le pas, ne nécessite pas l'audace qu'exige le ski alpin, et c'est quand même un sport très bénéfique sur le plan de la santé, ne serait-ce d'abord que parce qu'il se pratique en altitude et que l'air y est plus pur qu'en plaine, mais son bénéfice ne s'arrête pas à l'environnement dans lequel il se pratique. Il met en jeu pratiquement tous les groupes musculaires, il favorise l'oxygénation du sang et il augmente à la fois la souplesse, la résistance physique et la coordination des mouvements.
Mais attention, malgré son apparente facilité il est très contraignant, à cause de la considérable énergie qu'il fait dépenser.
L'Equipement
Les *skis* utilisés par le ski de fond sont beaucoup moins onéreux que ceux qu'exige le ski alpin. Plusieurs types sont disponibles sur le marché : en bois, métallo-plastique, en matière synthétique. Préférer ces derniers — légèrement plus chers, ils sont cependant légers, pratiquement incassables et très glissants.
Les *chaussures* n'ont elles non plus rien à voir avec celles de skieurs alpins. Les prendre parfaitement adaptées à son pied, et ne jamais oublier de les essayer avec de grosses chaussettes.
Les *bâtons* doivent être légers, souples et résistants. Préférez ceux en alliage léger.
Pour les premières séances sur la neige, un survêtement de sport ordinaire (avec, dessous, une ou plusieurs épaisseurs de laine ou coton), un bonnet de laine et des gants légers suffisent.

trou extrêmement profond *(fig.)*

Le ski français traverse la crise la plus grave de son histoire. On se demande : « Alors, cette équipe masculine, ça vient? C'est pour quand la sortie du tunnel? » Et la réponse est chaque fois la même : « Patience. Rebâtir une équipe ne peut se faire en un jour. Il faut procéder lentement, méthodiquement et, si possible, intelligemment. » Réponse qui laisse sur leur faim tous ceux qui se demandent encore comment le ski français, dominateur et triomphant, a pu tomber si bas.

L'angoisse, les interrogations continuelles, bref ces petits riens qui, réunis, pèsent beaucoup, sont, selon le directeur des équipes de France de ski, la cause essentielle des mauvais résultats des garçons.

Les jeunes s'interrogent davantage, s'inquiètent de leur avenir professionnel. Les parents aussi. Or, pour réussir dans le ski, sport où l'on ne doit jamais hésiter à prendre des risques, il faut être sûr de soi, *se sentir bien dans sa peau*. Le talent, la qualité ne peuvent rien contre le doute. Un exemple d'un garçon de vingt-trois ans—victime d'une blessure au genou, qui a dû abandonner et s'est retrouvé *désemparé,* a beaucoup marqué ses *coéquipiers.* Et aussi la décision du champion de France universitaire, qui avait l'*étoffe* d'un grand champion, mais a préféré faire ses études de médecine, a troublé les esprits.

Le directeur des équipes veut faire passer un *brevet* d'État de moniteur à chaque coureur de l'équipe de France de plus de dix-huit ans. Il souhaite également obtenir *de l'Éducation* l'organisation d'un cycle d'études différent, car les skieurs, sur les pistes cinq mois au moins sur douze, devraient pouvoir passer leur bac comme n'importe qui. Il espère ainsi résoudre un problème qui se pose à tous. Et que personne, d'ailleurs, à l'étranger, n'a pu encore résoudre. Pas même les Américains.

Reste la question la plus délicate : l'argent. « Je n'ai jamais compris, avoue le directeur, qu'on ait fait tant d'histoires parce que les champions étaient payés. Pourquoi un chanteur pouvait-il gagner des millions à dix-huit ans? Et pourquoi pas un skieur? »

avoir de la confiance en soi

perdu / membres de son équipe
l'aptitude

diplôme

du ministre de l'Éducation nationale

Avenir social *éclairci*. Brevet de moniteur. Assurances financières. Tout cela est important et devrait réaffirmer les caractères. Mais sera-ce suffisant pour transformer en *vainqueurs* des garçons habitués aux défaites, résignés apparemment à l'*anonymat,* et qui n'ont plus depuis longtemps la *flamme* du gagnant?

devenu clair

gagnants
anonymity / **enthousiasme**

Extrait d'un article de *L'Express* par Paul Katz.

◆ QUESTIONS

1. Quelle crise y a-t-il chez les skieurs français?
2. Comment les Français ont-ils réagi?
3. Comment le directeur de l'équipe a-t-il expliqué les mauvais résultats?
4. Quels risques peut-on courir en faisant du ski?
5. Pourquoi les jeunes skieurs français s'inquiètent-ils de leur avenir?
6. Quelles suggestions le directeur de l'équipe a-t-il données pour résoudre les problèmes?
7. Quel rôle l'argent joue-t-il dans tout cela?

◆ À VOUS LA PAROLE

1. Comment sont les équipes françaises de ski actuellement? En avez-vous une idée? Et l'équipe américaine?
2. De quoi a-t-on besoin pour gagner?
3. Pourquoi un pays attache-t-il beaucoup d'importance à une équipe de champions?
4. Croyez-vous que les Américains attachent assez d'importance à leurs équipes de la compétition internationale? Expliquez.

SUJETS DE DISCUSSIONS

1. Expliquez pourquoi le football américain est plus (ou moins) dangereux que le rugby.
2. Expliquez les raisons pour lesquelles vous aimeriez (ou vous n'aimeriez pas) pratiquer un sport dangereux.
3. Citez les sports dangereux et expliquez pourquoi vous croyez qu'il faut (ou qu'il ne faut pas) les supprimer.
4. Mieux vaut la violence sur un terrain de sport que sur un champ de bataille. (pour ou contre)
5. Dans un match gagner c'est l'essentiel et par n'importe quel moyen! (pour ou contre)
6. Les équipes féminines (les athlètes féminines) n'atteindront jamais les records des équipes masculines (des athlètes masculins). (pour ou contre)

VOLLEY-BALL

Terrain. 18 m × 9 m. *Poteaux* distants de 11 m. *Filet :* 1 m de large ; partie supérieure à 2,43 m (2,24 pour cadets et filles, 2,10 pour cadettes). **Ballon :** 250 à 280 g ; circ. 0,65 m à 0,685 m. **Equipes :** 12 joueurs, 6 sur le terrain. **Parties :** en sets de 15 points en 3 sets gagnants. L'écart d'1 set doit être de 2 points (si l'on arrive à 15/14, la partie continue jusqu'à ce qu'on obtienne 2 points d'écart). Il est interdit de tenir le ballon.

Principe. Faire passer le ballon dans le camp adverse de telle sorte que celui-ci ne puisse le renvoyer. Si l'adversaire laisse tomber le ballon à terre dans son camp, si, en le renvoyant, il fait sortir le ballon du terrain, ou s'il commet une autre faute (touche de filet, franchissement de la ligne centrale), il perd le coup. S'il était en train de servir, le service passe au gagnant ; si le gagnant avait déjà le service, il marque 1 point. Passes limitées à 3 ; le contre ou kloch ne comptant pas.

La Marche à Pied
Bien comprise, la marche à pied est le plus simple, le moins onéreux, le moins violent et le plus rééquilibrant des sports. Elle commence partout : en bas de chez soi, à la sortie de son bureau, dans les jardins publics, etc. Il suffit seulement d'avoir des chaussures confortables.

Pratiquée régulièrement, elle aide à se maintenir en forme et à garder son poids idéal.

Au début, faire de courtes promenades, en marchant au hasard des routes et des rues. Aborder ensuite les sentiers auto pédestres, balisés par le Comité National des Sentiers de grande randonnée.

Les contre-indications de la marche
En principe, la marche est une activité sans danger pour l'organisme.

Mais si vous souffrez d'un handicap, renseignez-vous auprès de votre médecin pour savoir si vous pouvez partir en randonnée.

Les Loisirs

L'ESSENTIEL

une personne	s'amuser	
	se distraire	
	s'ennuyer	
	passer	son temps (à faire
	perdre	qqch.)
	avoir	le temps (de faire qqch.)
	aller (à) *go*	un concert
	assister (à)	un opéra
		un ballet
	voir	un film
		une pièce (de théâtre)
		un spectacle *show*
	jouer (à) *play*	les cartes *cards*
		le bridge
		le poker
		un jeu de hasard *lottery*

La télévision
TV watcher

un téléspectateur, une téléspectatrice	brancher	un poste de télévision, un téléviseur, la télé (couleur)
	allumer *light (put on)*	
	éteindre *put off*	
		une radio, un transistor
		un électrophone *record player*
	écouter *listen*	un disque *record*
	changer (de)	chaîne (f.) *channel*
	régler *regulate*	le son *sound*
		la couleur *color*
	capture capter, prendre	la station
	augmenter / baisser *raise lower*	le volume *volume*

Certains ont besoin de toute une vie
pour atteindre leur objectif.
ZAC MAYO, lui, n'a que treize semaines.

RICHARD GERE · DEBRA WINGER

OFFICIER ET GENTLEMAN

PARAMOUNT PICTURES PRÉSENTE
UNE PRODUCTION LORIMAR MARTIN ELFAND
UN FILM DE TAYLOR HACKFORD
RICHARD GERE · DEBRA WINGER
OFFICIER ET GENTLEMAN
Et avec DAVID KEITH et LOUIS GOSSETT, JR. dans le rôle de "Foley"
Écrit par DOUGLAS DAY STEWART · Produit par MARTIN ELFAND
Réalisé par TAYLOR HACKFORD

un speaker, une speakerine

un(e) journaliste

présenter

une émission

le journal télévisé, les informations (f. pl.), les nouvelles (f. pl.)

un animateur, une animatrice, un présentateur, une présentatrice

annoncer

transmettre, émettre

sélectionner

le bulletin météo

les programmes (m. pl)

de sports (m. pl.)

de musique (f.)

de variétés (f. pl.)

un spectacle

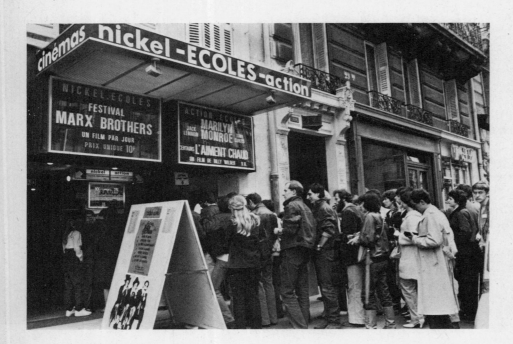

Vocabulaire supplémentaire

l'écran (m.)
le bouton
l'antenne (f.)
un feuilleton
un téléfilm
un metteur en scène
une vedette

un magnétophone
un magnétoscope

un comédien, une comédienne
tomber en panne
la panne
le réparateur
l'atelier (m.) de dépannage

I. Conversation-puzzle : **En regardant la télé**
Remettez en bon ordre les phrases de chacune de ces conversations pour la présenter ensuite avec un(e) camarade de classe.

A. 1. Laisse-moi regarder le reste du programme.
   2. Nous ne devrions pas le manquer.
   3. Je pense qu'on va montrer un spectacle de variétés.
   4. Sais-tu quelle sera l'émission suivante?

B. 1. Il y a peut-être un western.
   2. Mais oui, je tiens à le voir.
   3. Sais-tu ce qu'il y a après les nouvelles?
   4. Est-ce que tout le monde est d'accord pour le regarder?

C. 1. Ça ne te gêne pas si l'on change de chaîne?
   2. Qu'est-ce qu'il y a à dix-huit heures sur la deuxième chaîne?
   3. Eh bien, j'aimerais mieux regarder l'émission musicale.
   4. Je crois qu'il s'agit d'un documentaire.

II.

1. Que fait un téléspectateur? Une speakerine? Un animateur?
2. Quelles sont les parties d'un téléviseur?
3. Qui annonce les nouvelles?
4. Quelle est la différence entre *passer le temps* et *perdre son temps? S'amuser* et *s'ennuyer? Le journal télévisé* et *un documentaire? Une speakerine* et *une présentatrice? Un metteur en scène* et *une vedette?*
5. Indiquez ce qu'il faut faire pour regarder la télé. Par exemple, d'abord il faut brancher le téléviseur.

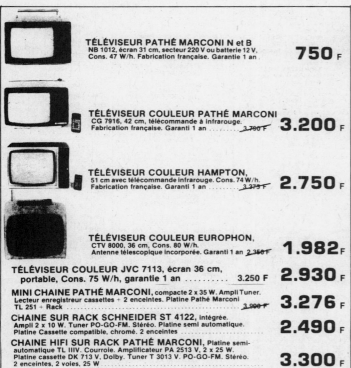

Les journaux et les revues

un lecteur, une lectrice	feuilleter	un journal
	lire	une revue, un magazine
		un quotidien
		un hebdomadaire
		un exemplaire
		un numéro
	regarder	un article
		la publicité
		une bande dessinée
un éditeur	écrire	l'éditorial (m.)
un reporter	faire publier	un article
un correspondant	rédiger	

Vocabulaire supplémentaire

le (gros) titre
la première page, la « une »
s'abonner (à)
un abonnement
les petites annonces
    les demandes (f. pl.) d'emplois
    les offres (f. pl.) d'emplois
une annonce
une réclame
des illustrés (m. pl.)

Quelle est la différence entre...

1. un quotidien et un hebdomadaire?
2. un journal et une revue?
3. un éditeur et un lecteur?
4. une annonce et un article?
5. un reporter et un correspondant?
6. une demande d'emploi et une offre d'emploi?
7. un éditorial et un article?
8. feuilleter et lire?

DIMANCHE 1 — 15 Mai

9.00 — EMISSION ISLAMIQUE
9.15 — A BIBLE OUVERTE
9.30 — ORTHODOXIE
10.00 — PRESENCE PROTESTANTE
10.30 — LE JOUR DU SEIGNEUR
12.00 — TELE FOOT 1
13.00 — TF1 ACTUALITES
13.25 — Série : STARSKY ET HUTCH
L'Etrangleur de Las Végas
Starsky et Hutch se rendent discrètement à Las Végas à la recherche d'un tueur qui choisit ses victimes parmi les ravissantes "girls" de Music Hall. Détachés auprès du Lieutenant Cameron du département de police de Las Végas, Starsky et Hutch se mettent sur les traces de ce tueur qui apparemment voue une haine particulière aux girls.
14.20 — RACONTEZ-MOI UNE HISTOIRE
15.15 — SPORTS DIMANCHE
17.25 — Série : ARNOLD ET WILLY
Un Drôle d'Anniversaire
avec Conrad Bain, Gary Coleman, Todd Bridges.
La fête de famille qui célébrait le 50e anniversaire de Drummond se transforma en drame, après qu'un automobiliste ivre eut envoyé Drummond à l'hôpital, inconscient, entre la vie et la mort.
18.00 — LES ANIMAUX DU MONDE
18.30 — Jeu : J'AI UN SECRET
Emission proposée par J.P. ROULAND, C. OLIVIER & G. FOLGOAS
Présenté par P. BELLEMARE
Réalisé par G. FOLGOAS
19.00 — SEPT SUR SEPT
Le Magazine de la Semaine SPECIAL CHINE
Emission proposée par J.L. BURGAT, E. GILBERT & F. L. BOULAY
20.00 — TF1 ACTUALITES
20.35 — Film : SACCO ET VANZETTI (1971)
En 1920, à South Braintree, deux hommes sont tués dans un hold-up. Le 5 Mai, deux italiens, un cordonnier Nicolas Sacco, un marchand de poisson, Bartolomeo Vanzetti sont arrêtés, par hasard, et emprisonnés car ils avaient un révolver, un colt 32, des munitions et pas de port d'armes. Le procès a lieu. La défense est assurée par Fred Moore, avocat radical-socialiste, il parvient à faire confirmer par de nombreux témoins les alibis de Sacco et Vanzetti. Mais il n'utilise pas la déposition de l'expert en armes qui dit que le colt 32 peut être l'arme du crime. En fait, l'attitude du juge, les discours du district Attorney montrent qu'il s'agit de xénophobie, de racisme, et de politique.
22.35 — FLASH INFOS
22.40 — BRAVOS
23.25 — TF1 ACTUALITES
23.40 — FIN

DIMANCHE 2 — 15 Mai

10.00 — GYM-TONIC
10.30 — CHEVAL 2-3
Proposé par P. BRES
10.45 — GYM-TONIC
11.15 — DIMANCHE MARTIN
11.20 — ENTREZ LES ARTISTES
12.45 — A2 PREMIERE EDITION DU JOURNAL
13.20 — INCROYABLE MAIS VRAI
14.20 — Série : SIMON ET SIMON
Fausse Identité
Un homme à qui les frères Simon viennent de signifier une instance en divorce se tue en tombant de la fenêtre de son hôtel. Là-dessus, la femme qui avait chargé A.J. et Rick de cette tâche disparaît et le mystère s'épaissit encore lorsqu'ils apprennent qu'il y a doute sur la véritable identité du mort...
15.10 — L'ECOLE DES FANS
15.55 — LES VOYAGEURS DE L'HISTOIRE
16.30 — THE DANSANT
17.00 — AU REVOIR JACQUES MARTIN
17.10 — Série : ARCOLE OU LA TERRE PROMISE
C'est le choléra que Médard a déjà connu au cours de ses campagnes, et qui va sévir durant tout le printemps de 1849. Parmi les victimes, Marinette, la mère de Rosine. Malgré le dévouement de Médard, qui réussit à sauver le père Courtade de Frédéric, qui part à Blida chercher des médicaments, et les prières du curé.
18.05 — DIMANCHE MAGAZINE
19.05 — STADE 2
20.00 — JOURNAL DE L'A2 Deuxième édition
20.35 — Jeu : LA CHASSE AUX TRESORS
Candidats : Ce sont Philippe Serenon et Juliette Rapinat. Ils sont Français. Lui est chef de produit marketing et elle est étudiante en HEC.
L'émission se déroule à Man, situé à l'Ouest de la Côte d'Ivoire.
21.40 — Documentaire : METIERS DANGEREUX ET SPECTACULAIRES
Réalisé par G. DUDUYER
Profession : Pilote de Candair
22.30 — CONCERT MAGAZINE
avec le Nouvel Orchestre Philarmonique
23.20 — A2 DERNIERE
23.45 — FIN

DIMANCHE 3 — 15 Mai

10.00 — IMAGES DE...
Emission de l'ADRI
10.30 — MOSAÏQUE
Emission de l'ADRI
17.45 — FR3 JEUNESSE
- Pierre Fabien et Sa Compagnie
- Lotte Reniger
- Les Amis de Mes Amis
18.45 — L'ECHO DES BANANES
19.40 — SPECIAL DOM/TOM
20.00 — MERCI BERNARD
20.35 — BOITE AUX LETTRES
Proposé et présenté par J. GARCIN
Les Rapports entre la Littérature et le Cinéma
Le Témoin de la Semaine : Daniel TOSCAN DU PLANTIER
21.35 — ASPECTS DU COURT METRAGE FRANCAIS
Compilation de Luc Héripret de L. HERIPRET
Le Vidéomateur
21.55 — SOIR 3
22.30 — Cinéma de Minuit : Cycle Ava GARDNER
VILLE HAUTE, VILLE BASSE (1949)
de M. LE ROY
avec Ava Gardner, Barbara Stanwyck, James Mason.
Jessie Bourne souffre de voir son mari, Brandon Bourne, tomber à nouveau sous l'influence de l'intrigante Isabel Lorrison. Par sa fiancée, Rosa Sante, Jessie fait la connaissance du policier-écrivain Mark Dwyer. Isabel ayant été assassinée, les soupçons pèsent sur Brandon. Mark qui est épris de Jessie et a rompu avec Rosa, après une rapide enquête, innocente Brandon et quitte New-York. Jessie, brisée par l'infidélité de son mari, rompra avec lui...
— UNE MINUTE POUR UNE IMAGE
00.05 — PRELUDE A LA NUIT
Emission proposée par Charles IMBERT
Musique Traditionnelle d'Iran
FIN

EXERCICES

I.

1. Pourquoi va-t-on à un opéra? À un ballet? À un concert? À un film?
2. Qu'est-ce que c'est qu'un jeu de hasard?
3. Quels avantages (désavantages) la télévision a-t-elle sur la radio?
4. Quel speaker (quelle speakerine) préférez-vous à la télé? Pourquoi?
5. Pourquoi les gens s'abonnent-ils à un magazine?
6. Quel est votre magazine préféré? Pourquoi?
7. Quel est votre journal préféré? Pourquoi?
8. Quelle est votre bande dessinée préférée? Pourquoi?
9. À quoi les petites annonces servent-elles?
10. Comment vous distrayez-vous? Pendant votre temps libre quelles sont les activités que vous pratiquez? Décrivez-les.

II.

1. Regardez le programme de télé pour dimanche le 15 mai. Combien de chaînes y a-t-il? À quelle heure commencent les programmes?
2. Quelles sortes de programmes y a-t-il? Quelles émissions vous intéressent? Pourquoi?
3. Comparez les programmes à la télé française et à la télé américaine.

III. Pour être journaliste il faut savoir interviewer quelqu'un. Il faut savoir poser des questions pour obtenir une information et des réactions personnelles sur un thème, une idée, ou sur l'interviewé(e) lui(elle)-même. L'intervieweur ne doit pas suggérer des réponses ou influencer ou critiquer les réponses obtenues.

En divisant la classe en deux groupes, les journalistes poseront les questions et les autres prépareront les réponses. Essayez de simuler les rôles...

1. d'un acteur qui n'a pas d'emploi
2. d'un joueur de football sanctionné
3. d'un téléspectateur fanatique qui passe des heures devant le petit écran
4. d'un joueur de tennis battu par une femme
5. d'un metteur en scène mis à la porte

Les autres étudiants, ayant le rôle d'observateurs, pourraient juger si le journaliste a réussi à bien interroger son interlocuteur (interlocutrice).

IV. Imaginez. En employant le vocabulaire de l'Essentiel, inventez et préparez par écrit un dialogue auquel un(e) de vos camarades devra participer de façon impromptue.

V. À vous les proverbes

En employant le vocabulaire de l'Essentiel et les proverbes 47 à 54 dans l'Appendice C (page 196), inventez une histoire ou une conversation par écrit pour la présenter à vos camarades de classe.

TV: La Révolution silencieuse

La télévision est devenue *un membre à part entière* de la famille française. C'est une véritable révolution, mais une révolution étrangement silencieuse. Dans une maison le poste est ouvert en permanence, même pendant le dîner. Les voix de la TV sont presque constamment couvertes par le *brouhaha* des conversations. On rit, on discute, les petits enfants jouent sous la table, tandis que *s'égrènent* les informations, que parle un ministre ou qu'une speakerine— « décolletée et maquillée comme au théâtre » —présente un *générique* de film.

un vrai membre intégré

bruit
se présentent l'une après l'autre

les noms du producteur, des acteurs, du metteur en scène

De temps en temps, le silence se fait. Comme si un mystérieux signal s'allumait, l'attention est soudain *captée :* une affaire politique plus excitante qu'un film ou un horrible accident d'autocar ou les dernières statistiques de l'emploi, mais on n'en continue pas moins à bavarder.

attirée, gagnée

Le téléviseur est un *bien* de consommation, un élément de confort, *au même titre* que le réfrigérateur ou le *lave-vaisselle.* Même si l'on n'a pas conscience de ce qu'il peut apporter dans la vie quotidienne, on sait qu'on ne pourra plus s'en séparer. La révolution silencieuse qui est en cours est irréversible.

objet, possession / de la même façon
dishwasher

Dans la plupart des cas, il n'y a qu'un *récepteur* par foyer. Il est *disposé* dans la salle de séjour ou dans la cuisine. Rarement dans la chambre des parents, où il émigrera après l'achat du poste couleur. Ce n'est quand même pas un meuble comme les autres. Il occupe la meilleure place, sa présence modifie l'*ordonnance* des sièges et l'*éclairage* de la pièce.

poste / installé

ordre / lumière

On a remarqué que le téléspectateur dans une situation de repos après le travail et la fatigue du transport, avalait tout. Tout, sauf l'absence d'images et de son. « On a l'impression, dit un réparateur, qu'un poste en panne, c'est plus grave qu'un décès dans la famille. Vivre sans télé, c'était comme être exclu de la communauté nationale. » Pourtant, les Français refusent d'admettre leur dépendance.

La famille P. *dispose* de trois récepteurs, dont un en couleurs. « Le soir, dit Mme P., chacun peut sélectionner son programme, mais cela n'empêche pas les *accrochages.* »

ont l'usage

disputes

C'est la télé-drogue. Mais de plus en plus rares sont les spectateurs qui concentrent leur attention pendant une heure ou deux sur une émission. Souvent, ils s'endorment au milieu, ou font autre chose comme *coudre* ou *tricoter* en jetant de temps en temps un coup d'œil sur l'écran.

sewing / knitting

Que la télévision ne mobilise pas toutes les capacités d'attention, les instituteurs l'ont depuis longtemps constaté. L'un d'eux assure : « Si j'interroge mes élèves sur *un évènement d'actualité,* je remarque que ceux qui en ont pris connaissance par la presse ou par la radio en ont une idée plus complète que ceux qui l'ont vu à la télévision, et dont ils ne retiennent que les images. »

incident du moment présent

La télévision est le révélateur des problèmes de notre société. Il est plus facile de l'accuser de tous les maux que d'apprendre à en faire bon usage. Si les enfants subissent l'influence des films de violence, est-ce à la télévision qu'il faut *s'en prendre,* ou aux parents qui les laissent les regarder? Si on ne lit pas, si on ne va plus au théâtre ou au cinéma, il est facile de *tirer sur* le téléviseur.

rendre responsable
blâmer

Aujourd'hui la télévision a pris une telle importance dans la vie française qu'elle est le miroir devenant souvent glace déformante où peu de gens se reconnaissent. Elle est, en tout cas, partie intégrante de notre vie. Elle échappe aux apprentis sorciers[1] qui, régulièrement, *tentent* de la *planifier,* jouant la *concurrence* ou la complémentarité entre les chaînes, *se gargarisant d'*un mot qui n'a plus de sens, ou en a trop : qualité.

essayent / organiser / rivalité
prenant un grand plaisir à

La télévision peut être la pire ou la meilleure des choses. Il faut l'*aborder* avec modestie et respect ; comme un être vivant.

approcher

Extrait d'un article de *L'Express* par Jean-Paul Aymon.

[1]**apprenti sorcier** = celui qui, par imprudence, est la cause d'évènements dangereux dont il n'est plus le maître.

◆ QUESTIONS

1. Quel rôle la télévision joue-t-elle chez les Français? Citez des exemples précis pour appuyer vos idées.
2. La révolution silencieuse : de quoi s'agit-il?
3. Qu'est-ce que la télé-drogue?
4. Quelle preuve a été donnée pour montrer que la télévision ne mobilise pas toutes les capacités d'attention? Essayez de faire votre propre expérience pour la prouver ou prouver le contraire.

◆ À VOUS LA PAROLE

1. Que pensez-vous du rôle de la télévision dans la vie des Américains? Et des Français?
2. Croyez-vous que la télé soit une drogue? Expliquez votre réponse.
3. Quel est votre programme préféré à la télé? Racontez-le. Décrivez-le. Expliquez pourquoi vous l'aimez.
4. Comment est-ce qu'on peut apprendre à faire bon usage de la télévision?
5. Que pensez-vous de la qualité des programmes sur les chaînes de TV? Que pourriez-vous faire pour changer la qualité des programmes?

Les Français et leurs distractions préférées

On a essayé de déterminer les causes principales de la désaffection des Français pour le cinéma par moyen d'un sondage. Répondez aux questions du sondage pour découvrir si vos comarades de classe sont du même avis que les Français en comparant vos réponses avec celles des Français.

1. Pour chacune des activités suivantes, pouvez-vous dire si cela vous intéresse beaucoup, si cela vous laisse indifférent, ou si cela vous ennuie?

	Intéressé	Laisse indifférent	Ennuie	Sans opinion
Télévision	76%	17%	5%	2%
Cinéma	61	32	6	1
Musique	72	21	6	1
Littérature	56	31	12	1
Peinture	36	48	15	1

2. Voici une liste des choses que l'on peut faire pour occuper ses loisirs lorsqu'on sort le soir, par exemple. Quelle est celle que vous-même, personnellement, préférez faire?

Aller chez des amis	51%
Aller au cinéma	14
Aller au théâtre	13
Aller au restaurant	9
Aller au concert	4
Aller au musée	2
Sans opinion	7

3. Si vous aviez à donner une définition du cinéma, d'après la liste suivante laquelle choisiriez-vous?

La possibilité de s'évader de la vie de tous les jours	54%
Un moyen d'apprendre des choses nouvelles	31
La représentation de la vie telle qu'elle est	15

4. Vous paraît-il nécessaire qu'il y ait un contrôle des films, c'est-à-dire une censure?

Oui 65%   Non 34%   Sans opinion 1%

5. Quelle est la principale raison qui vous incite à aller au cinéma?

Le sujet du film	75%
La vedette du film	33
Les critiques de la presse	26
Le metteur en scène	18
Ce que m'ont dit amis ou parents	18
Le fait que ce soit un nouveau film	15

6. Quelle est la raison principale pour laquelle vous n'allez jamais au cinéma?

Il y a suffisamment de films à la télévision.	46%
C'est une sortie très chère.	15
Il n'y a pas de bonne salle à proximité de chez moi.	11
Les films que l'on peut voir près de chez moi ne me tentent pas.	10
Sans opinion	18

7. En ce qui concerne les films que vous voyez à la télévision, ou au cinéma, pouvez-vous classer ces différents genres par ordre de préférence?

Film comique	17%
Documentaire	15
Policier	14
Comédie dramatique	14
Western	11
Film d'aventures	10
Science-fiction	7
Comédie musicale	7
Dessin animé	1 cartoon
Film érotique	1

Extrait d'un article de *L'Express* par Danièle Heymann.

◆ QUESTIONS

1. Quelles sont les activités préférées des Français? Et les loisirs préférés?
2. Quelle est la définition du cinéma donnée par la plupart des Français? Que pensez-vous de cette définition?
3. Pour les Français le sujet du film est beaucoup plus important que les vedettes. Pourquoi croyez-vous que ça soit vrai?
4. Selon les résultats du sondage quelles sont les causes de la désaffection des Français pour le cinéma?

◆ À VOUS LA PAROLE

1. Quelles sont vos distractions préférées? Pourquoi les avez-vous choisies?
2. Quelle est votre propre définition du cinéma?
3. Pour vous, qui est le plus important—le metteur en scène ou les vedettes d'un film? Expliquez votre réponse.
4. Quelles différences avez-vous trouvées entre vos réponses et celles des Français? Pouvez-vous les expliquer?

Un Acteur[1] parle des journalistes

Les journalistes posent des questions. Futiles, bien entendu. Je n'ai rien « d'intelligent » à dire sur le théâtre, moi : j'en vis. Le théâtre est ma chair, mon sang, mon humeur, mon oxygène ; il n'est ni mon étude, ni ma philosphie. Ce sont les critiques qui en font de la littérature. Je me demande si un peintre sait dire « des choses intelligentes » sur sa peinture, avant de les avoir lues sorties de la plume d'un monsieur qui n'a jamais peint?

Un comédien est périodiquement prié de se raconter un peu, beaucoup, passionnément. Hélas! ce qu'un comédien pense de lui-même est d'une telle

---

[1]Robert Hirsch de la Comédie française.

monotonie! Prenez-moi : j'ai adopté, une fois pour toutes, l'opinion très juste de l'excellent critique qui m'accorda un jour « du *génie* ». Je *ne tiens pas à* revenir là-dessus. Croyez-moi : un fleuve de jugements plus nuancés ne parviendra pas à effacer l'avis pertinent de ce bon journaliste-là ; les mauvaises critiques qu'il m'arrive d'avoir ne font de moi qu'un génie *méconnu* et furieux.

    Je suis souvent *de mauvais poil,* je sais, je sais. Et alors je réponds mal aux journalistes. Mal ou pas du tout! Mais c'est que j'ai peur—moins de leurs questions que de mes réponses. J'ai peur de décevoir. Je me sens si pauvre par rapport à moi-même. J'ai été tant de beaux personnages pleins de mots si beaux! Quand on a exprimé ses sentiments comme Shakespeare, Racine et Marivaux, qu'on a été drôle comme Molière[2], bref, quand on a eu l'esprit de dix *spirituels* et la prompte *repartie* d'un bon dialoguiste... il est difficile de ne pas se déplaire en s'entendant parler comme soi-même pendant les entractes. Je ne me plais jamais dans le rôle de la vedette interviewée. On a beaucoup parlé du paradoxe du comédien. Il y a aussi un paradoxe du journaliste : c'est de venir chercher, chez un comédien, les mots qu'il veut mettre dans son journal. J'ai toujours envie de lui répondre : « Vous voulez dire des choses sur moi? Dites-les. Dites-les avec *des fleurs,* si possible! » Moi, je ne sais pas m'expliquer. Je suis un illusionniste né pour jongler avec les mots des autres.

Extrait d'un article d'*Elle* par Fanny Deschamps.

Glossary (right margin):
- qualité exceptionnelle / n'ai pas grande envie de
- incompris
- de mauvaise humeur
- personnes qui manifestent une grande ingéniosité dans l'expression des idées et des mots / réponse vive
- gentillesse

◆ QUESTIONS

1. Que pense l'acteur de son métier? Et du métier du journaliste?
2. Qui fait de la littérature? Êtes-vous d'accord à ce sujet?
3. Qu'est-ce qu'un entracte?
4. Selon Hirsch, quel est le paradoxe du comédien?
5. Quel est le paradoxe du journaliste?
6. Pourquoi cet acteur croit-il être illusionniste?

◆ À VOUS LA PAROLE

1. Croyez-vous que la modestie existe chez les acteurs? Expliquez.
2. Avez-vous jamais été interviewé(e)? Croyez-vous que les journalistes aient tendance à changer les réponses de leurs interviewés?
3. À votre avis, quel est le rôle d'un acteur?

SUJETS DE DISCUSSIONS

1. Quelle influence les films violents ont-ils sur notre vie? Est-ce qu'on apprend la violence en la regardant?
2. Expliquez le rôle d'un bon journaliste.
3. Essayez de persuader quelqu'un...
   a. que la télévision est la meilleure des choses
   b. qu'on peut accuser la télé de tous nos maux
   c. qu'il vaut mieux lire un livre que d'aller voir le film qu'on en a fait
   d. de ne pas perdre son temps en allant au cinéma
4. Expliquez pourquoi vous préférez le théâtre au cinéma (ou vice versa).
5. Il doit y avoir une censure des films (de la presse, des livres). (pour ou contre)
6. La désaffection pour la télévision (pour le cinéma) est en relation directe avec la qualité des programmes (films). Est-ce vrai?

---

[2]Racine, Molière : auteurs français du 17e siècle ; Marivaux : du 18e siècle.

10

La Vie économique

L'ESSENTIEL

un employeur, une employeuse *employer*

un chef de personnel *personnel director*
le chef de service *manager*

le chef d'entreprise *président*
un cadre *executive*

un demandeur, une demandeuse d'emploi *job applicant*

un employé, une employée
un (une) fonctionnaire

la direction *management*

le directeur général *manager*

un ouvrier *worker*
un syndicaliste *union worker*

juger *judge*

embaucher, engager *hire*

renvoyer *fire*

gérer *manage*

chercher *look for*
soumettre *submit*

poser *to apply*

accepter *accept*

faire

recycler *restrain*

juger

faire
se mettre

la formation *overs background*
les qualifications (f. pl.)

un travailleur, une *works* travailleuse
quelqu'un

une entreprise *company*
une affaire *business*

un emploi *job applicant*
une demande (d'emploi)

sa candidature *candidate*

le travail, le poste, le job

des heures supplémentaires *over time*
un travail
à plein temps *full time*
à mi-temps *part time*

les chômeurs, les chômeuses *unemployed*

le marché *market*

la grève *strike*
en grève

130

Vocabulaire supplémentaire

l'usine *(f.)* ~factory~   le salaire ~salary~
l'atelier *(m.)* ~shop~   la rémunération ~payment~
le syndicat ~union~

I. Complétez les phrases suivantes.

1. Pour avoir de bons travailleurs un employeur doit _____.
2. Un chef de personnel renvoie quelqu'un qui _____.
3. L'expression « faire des heures supplémentaires » veut dire _____.
4. Un fonctionnaire est quelqu'un qui _____.
5. Les ouvriers se mettent en grève quand _____.
6. « Travailler à plein temps » veut dire qu'un employé _____.

II.

1. Que doit faire un demandeur d'emploi?
2. Quel est le rôle d'un ouvrier? D'un cadre? D'un chef d'entreprise?
3. Pourquoi y a-t-il des chômeurs?
4. À quoi un salaire sert-il?
5. À quoi un syndicat sert-il?
6. Qu'est-ce que c'est qu'un travail à mi-temps?

À la banque

le client, la cliente

ouvrir ~open~   un compte ~account~
fermer ~close~   un compte d'épargne ~savings account~

tirer à découvert ~overdraw~
être à —————→   découvert ~to be overdrawn~

économiser ~save~
faire   des économies

verser, déposer ~deposit~   un chèque ~check~
    les fonds *(m. pl.)* ~funds~

changer ~change~   les devises étrangères ~foreign currency~
retirer ~withdraw~   l'argent *(m.)* ~money~
dépenser ~spend~

être   fauché(e) *(fam.)* ~broke~

demander ~ask~   un prêt ~loan~
obtenir ~get~
rembourser ~pay back~

libeller ~make out~   un chèque (bancaire) ~check~
endosser ~endorse~   sans provisions, en ~wooden check (bounced)~
signer ~sign~   bois *(fam.)*
toucher ~cash~
falsifier, contrefaire ~forge~

SPÉCIMEN   **SUPER** Ⓜ   B. P. F. 30,00 _____

REMETTEZ CONTRE CE CHÈQUE ____ trente francs en ____
marchandise   SOMME EN TOUTES LETTRES
A L'ORDRE DE _____ au porteur _____
    A Montpellier . LE 2 Novembre 1983
PAYABLE A
SUPER Ⓜ   Super M.
Avenue de Lodève
MONTPELLIER

le banquier
Barber

le caissier, la caissière
cashier

demander *ask*

accorder *grant*

vérifier
verify

percevoir *charge*

escroquer *rob*

encaisser *cash*

payer

donner

une caution *collateral*
une garantie *garantee*

un emprunt *loan*

un compte *account*
le solde *balance*

des intérêts *(m. pl.)* *interest*

un chèque *check*

l'argent

un reçu *receipt*

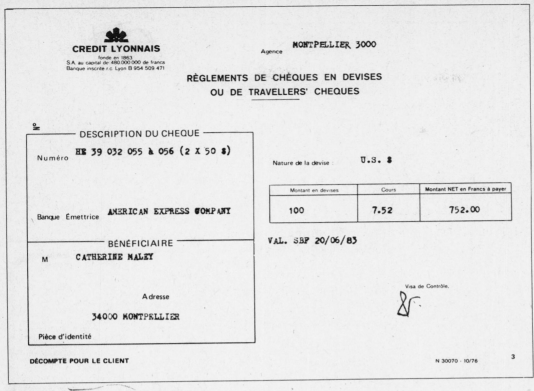

CREDIT LYONNAIS
fondé en 1863
S.A. au capital de 480.000.000 de francs
Banque inscrite r.c. Lyon B 954 509 471

Agence   MONTPELLIER 3000

RÈGLEMENTS DE CHÈQUES EN DEVISES
OU DE TRAVELLERS' CHEQUES

N°

— DESCRIPTION DU CHEQUE —
Numéro   HE 39 032 055 à 056 (2 X 50 $)

Nature de la devise :   U.S. $

Banque Émettrice   AMERICAN EXPRESS COMPANY

Montant en devises	Cours	Montant NET en Francs à payer
100	7.52	752.00

— BÉNÉFICIAIRE —
M   CATHERINE MALEY

VAL. SBF 20/06/83

Adresse

34000 MONTPELLIER

Visa de Contrôle.

Pièce d'identité

DÉCOMPTE POUR LE CLIENT   N 30070 - 10/76   3

Vocabulaire supplémentaire

une carte de crédit _Visa_   le guichet _teller_
un carnet de chèques _checkBook_   le cours du change
la caisse _teller_   tricher _cheat_

I. **Conversation-puzzle : À la banque**
Remettez en bon ordre les phrases de chacune de ces conversations pour
la présenter ensuite avec un(e) camarade de classe.

A. 1. Comment les voulez-vous?
2. C'est tout, monsieur?
3. Je voudrais changer des dollars, s'il vous plaît.
4. Cela m'est égal.
5. Oui, j'attends un transfert de fonds des États-Unis. Est-ce qu'il est arrivé?

B. 1. Pourriez-vous payer ces chèques de voyage, s'il vous plaît?
2. Oui, je voudrais ouvrir un compte d'épargne.
3. En billets de 100 francs, s'il vous plaît.
4. Voulez-vous autre chose, monsieur?
5. Comment voudriez-vous que je vous les donne?

C. 1. En billets de 500 francs, s'il vous plaît.
2. Je voudrais toucher des chèques de voyage, s'il vous plaît.
3. Voudriez-vous quelque chose d'autre, Monsieur?
4. En billets de combien, Monsieur?
5. Oui, je voudrais savoir le cours du dollar.

II.

1. À quoi une carte de crédit sert-elle?
2. Qu'est-ce qu'un carnet de chèques?
3. Pourquoi un banquier voudrait-il demander une caution? Vérifier le solde? Percevoir des intérêts?
4. Que fait un caissier?
5. Pourquoi un client demande-t-il un reçu? (Endosse-t-il un chèque?)
6. Qu'est-ce qu'un chèque en bois?

EXERCICES

I. Expliquez la différence entre :

1. libeller un chèque et endosser un chèque
2. un chèque et un chèque sans provisions
3. un atelier et une usine
4. un compte d'épargne et un compte bancaire
5. escroquer et rembourser
6. un demandeur d'emploi et un chef de personnel
7. un cadre et un employé
8. la grève et le chômage
9. engager et recycler
10. un directeur général et un chef d'entreprise

II. Suggérez des choses que vous diriez si vous vouliez :

1. accuser quelqu'un (a) de falsifier un chèque ; (b) d'avoir libellé un chèque sans provision ; (c) d'avoir piqué votre carnet de chèques.
2. féliciter quelqu'un (a) de se mettre en grève ; (b) d'avoir accepté un poste ; (c) d'avoir acquis une entreprise.
3. faire des excuses pour quelqu'un qui (a) est fauché ; (b) fait la grève ; (c) est en train de renvoyer une employée.
4. complimenter quelqu'un parce qu'il (a) recycle les chômeurs ; (b) fait des heures supplémentaires ; (c) gère bien une affaire.
5. remercier quelqu'un de (a) vous avoir prêté de l'argent ; (b) ne pas avoir retiré son argent de votre banque ; (c) vous avoir engagé(e).

III. Expliquez, point par point, ce qu'il faut faire dans une banque pour obtenir de l'argent si vous êtes : (a) un client (une cliente) avec un compte; (2) un voleur (une voleuse); (3) un client (une cliente) qui n'a pas de compte et veut toucher un chèque bancaire ou un chèque de voyage.

IV.

1. Quels détails allez-vous inclure dans votre curriculum vitae? (Vous pouvez préparer votre c.v. suivant le modèle et puis expliquer comment vous vous présenteriez à un futur employeur.)

SAVOIR SE VENDRE

Votre curriculum vitae est une carte maîtresse quand vous recherchez un emploi—n'oubliez jamais qu'il doit donner envie de vous connaître, et surtout de vous engager, à la personne qui le lira. Voici un modèle qui pourra éventuellement vous aider :

NOM :   PRÉNOM :
DATE ET LIEU DE NAISSANCE :
ADRESSE :
SITUATION DE FAMILLE (marié(e), célibataire, nombre d'enfants) :
NIVEAU DES ÉTUDES ET DIPLÔMES OBTENUS :
LANGUES ÉCRITES ET PARLÉES :
CONNAISSANCES TECHNIQUES (mettre en relief les aptitudes concernant l'emploi désiré) :
RÉFÉRENCES PROFESSIONNELLES (citer les emplois ou les stages (cycles de formation) antérieurs, éventuellement joindre des certificats (attestations) des employeurs précédents) :

Au curriculum vitae, vous devez joindre une simple lettre d'accompagnement. C'est dans cette lettre que vous annoncerez la rémunération mensuelle *(payée chaque mois)* que vous souhaitez, mais seulement dans le cas où l'annonce le précise.

2. Ce matin, en lisant le journal, une petite annonce vous a frappé(e). Elle décrivait le job à votre mesure. Rapidement vous jetez sur le papier quelques vagues renseignements, votre nom, adresse, téléphone, âge, etc., et vous allez vite à la poste. Dans quelques jours vous êtes étonné(e) de recevoir une réponse qui dit : « Votre candidature ne correspond pas au profil (*traits désirés*) de l'emploi. » Quelle serait votre réaction? Qu'est-ce que vous auriez dû faire pour obtenir l'emploi?

V.

1. Si vous étiez un employeur voulant engager des travailleurs, quelle formation (quelles qualifications) rechercheriez-vous?
2. Après avoir terminé vos études à l'université, quel emploi chercherez-vous?
3. Quelles sont les qualifications que vous allez présenter à un futur employeur?
   a. Comment décririez-vous votre formation à un futur employeur?
   b. Quelle rémunération voudriez-vous obtenir?
4. Avez-vous jamais cherché un job à mi-temps? Racontez ce qui est arrivé.
5. Est-ce qu'un employeur vous a jamais renvoyé? Voulez-vous bien raconter votre expérience à vos camarades de classe?
6. Expliquez ce qui vous est arrivé quand vous cherchiez un job.
7. Si vous étiez banquier, que diriez-vous à un(e) étudiant(e) qui voudrait (a) ouvrir un compte? (b) obtenir un prêt? (c) encaisser un chèque sans avoir un compte à votre banque? (d) retirer tout son argent de son compte?

VI. Imaginez. En employant le vocabulaire de l'Essentiel, inventez et préparez par écrit un dialogue auquel l'un(e) de vos camarades devra participer de façon impromptue.

Emploi: l'impasse

Au-delà des difficultés économiques, les comportements des demandeurs et des employeurs expliquent pour une large part la *montée structurelle* du chômage. — augmentation systématique

Un directeur d'*agence pour l'emploi* a dit que sur ses 4 500 demandeurs *indemnisés à 90 pour cent,* 4 000 ne font guère d'efforts pour se reclasser. Quand on leur propose un emploi, il y a toujours quelque chose qui ne va pas. C'est qu'en général, en effet, les choses ne vont pas très bien. Les *esprits chagrins* soupçonnent les chômeurs indemnisés de passer *tout bonnement* une année sabbatique. La jeune génération a des *exigences* nouvelles pour s'engager dans un travail définitif. Les formations sont de plus en plus *poussées* et les tâches proposées sont de plus en plus insignifiantes. *Aussi,* il y a de plus en plus de gens qui refusent le travail tel qu'on leur propose, qui travaillent trois mois dans l'électricité, la radio, le bâtiment, puis partent en voyage, et reviennent.

— bureau du gouvernement
— payés sans travailler à 90 pour cent du dernier salaire
— personnes qui voient toujours le mauvais côté
— vraiment
— désirs
— développées
— donc

« On n'a plus un métier, on cherche un job », remarque un haut fonctionnaire. Les emplois *se sont désincarnés.* Passer du marketing textile au marketing automobile ne représentait, ces dernières années, qu'un simple rétablissement. Mais, lorsqu'on ne peut plus passer à aucun type de marketing parce que le marketing ne va plus, que faire? Le jeune licencié, qui *perçoit* 90 pour cent de son salaire antérieur et passe un an à étudier *Baudelaire* ou à apprendre l'anglais, celui qui part *tenter* sa chance dans l'agriculture ou dans la poterie, sont-ils des phénomènes marginaux? Ou bien sont-ils les précurseurs d'un mouvement plus profond?

— ont perdu tout sentiment d'humanité

— reçoit
— poète du 19e siècle
— essayer

Depuis quelque temps déjà, les spécialistes du recrutement ont noté que la rémunération n'était pas toujours le facteur déterminant dans le choix d'un em-

ploi. Comptent aussi la distance du domicile, les conditions de travail et la sécurité.

    Et de plus la sécurité est de plus en plus difficile à trouver. Car les employ-
eurs, eux aussi, ont changé. « Je serais enclin à embaucher, mais les commandes vont-elles se maintenir? » confie un chef d'entreprise. Dans le doute, il
engage des travailleurs temporaires ou fait un contrat à durée limitée.

    Le vrai problème est évidemment celui de la formation. Encore ne suffit-il
pas de former, mais de savoir qui former et dans combien de temps. Or les
employeurs ne veulent pas prendre position sur leurs propres besoins. Soit qu'ils
ne les connaissent pas très bien, soit qu'ils *répugnent* à les dire, par peur de
s'engager.

sont peu disposés

    Il arrive donc que la formation se fasse *au petit bonheur la chance :* c'est
l'État, par l'enseignement public, qui qualifie ; c'est l'employeur qui juge de la
qualification et qui prend ou ne prend pas.

au hasard

Extrait d'un article de *L'Express* par Claude Villeneuve.

◆ QUESTIONS

1. Que veulent dire les mots « chômage » et « le chômeur indemnisé »?
2. Quelles sont les raisons données pour la montée du chômage?
3. Selon un directeur d'agence pour l'emploi, quels sont les problèmes présentés par les jeunes qui cherchent un emploi et ceux auxquels ils doivent faire
   face?
4. Quelle est la différence entre un métier et un job?
5. Qu'est-ce qui détermine le choix d'un emploi d'après le texte?
6. Quel cercle vicieux existe dans l'emploi en France?
7. Est-ce que la même situation existe aux États-Unis? Expliquez.

◆ À VOUS LA PAROLE

1. Avez-vous jamais eu des difficultés à trouver un job? Racontez-les.
2. Quel est (Quels sont), pour vous, le(s) facteur(s) déterminant(s) dans le
   choix d'un emploi?
3. Que pensez-vous des gens qui préfèrent vivre des subsides du gouvernement?
4. Quelles sont vos propres solutions au chômage?
5. Croyez-vous que la jeunesse d'aujourd'hui ait perdu le goût du travail? Expliquez.

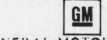

Le Classement des métiers heureux

Est-on plus heureux en étant chirurgien ou ingénieur, *ébéniste* ou psychologue? Décidément, la hiérarchie des métiers change. Sous la pression de nouvelles *données* économiques. Sous la pression des mentalités aussi. Quelle doit être la place du travail dans la vie? Les relations de l'homme et de son métier sont en train de se modifier.

cabinet maker

éléments, renseignements

On m'avait dit : « Tu verras. Tu vas aller dans un petit village, tu verras le plombier, le boucher, *le notaire,* l'électricien ; on va sûrement te dire que ça a changé, que le plus heureux des métiers, c'est non plus celui de médecin ou de notaire, comme avant, mais celui de plombier ou de réparateur de télé, parce qu'*on se les arrache,* mais celui de *cantonnier,* parce qu'il vit en plein air. »

notary

tout le monde a besoin d'eux *(fig.)* / road repairman

Je suis allée voir à Lyons-la-Forêt, chef-lieu de canton de huit cents habitants au nord des Andelys, dans l'Eure à 100 km de Paris, et pour poser la question « Vit-on heureux à Lyons-la-Forêt? »

J'ai parlé au libraire, au boucher, au charcutier de leur profession. À aucun moment, l'un d'entre eux ne *s'est plaint* de sa profession. Ni de travailler trop ni d'être *mal dans sa peau.* Tous, en revanche, m'ont parlé des relations *détendues* avec les gens, du bonheur de vivre à la campagne.

complained

mal à l'aise, mécontent / calmes, sans problèmes

Ils se font quand même une certaine idée du bonheur professionnel, les habitants de Lyons. Chaque fois que j'ai demandé : « Qui est le plus heureux ici? », il m'a été répondu : « C'est le Dr. Collard. » Bien sûr, on envie un peu la directrice d'école qui est logée dans une belle maison, qui est bien payée, et qui fait de petites journées. On envie l'antiquaire aussi qui vit au milieu de beaux objets. Mais, surtout, on cite le Dr. Collard.

Les valeurs traditionnelles restent décidément profondément *ancrées* dans les esprits, comme si rien n'avait changé depuis Flaubert et *Madame Bovary*[1]. C'est toujours la déférence inconditionnelle *à l'égard* des notables.

accrochées, enracinées

en ce qui concerne, vis-à-vis

Je suis allée voir le Dr. Collard dans son cabinet. « Il paraît que c'est vous, l'homme le plus heureux de Lyons? » « C'est vrai », me répond-il *sans façon.* La situation d'un médecin de campagne est tout à fait privilégiée. » Il m'explique : « D'abord, c'est un métier *passionnant,* rien à voir avec les *généralistes* en ville, qui sont devenus des centres d'*aiguillage.* À la campagne, le médecin *exerce* toutes les disciplines, y compris la petite chirurgie ou la gynécologie. » Ensuite, la considération : « Le médecin fait partie des élites, comme le notaire ou le pharmacien. » Et encore : « C'est un métier qui permet des contacts avec toutes les *couches* de la société, qui offre des avantages matériels indiscutables. Je suis sûrement parmi ceux qui gagnent le mieux leur vie ici. »

très naturellement, sans manières

très intéressant / general practitioners
orientation destinée à diriger les malades vers des spécialistes / pratique

niveaux

Cela paraît trop idyllique. Je risque une objection : « Le téléphone sonne sans arrêt. Vous devez être tout le temps dérangé? » « C'est vrai », me répond-il, « je travaille de douze à quatorze heures par jour, et, quand je suis *de garde,* c'est vingt-quatre heures. Mais le travail ne me fait pas peur, et puis, il y a les vacances. » Ses vacances? Quinze jours l'hiver avec sa femme, dans leur chalet à la montagne. Quatre semaines l'été, dans leur maison du *Midi.* Il a gagné! Je lui *décerne* les *palmes* du Bonheur professionnel. Et tant pis si cela bouleverse mes idées.

être prêt à répondre aux appels

sud de la France
accorde, donne / décoration, médaille

Extrait d'un article de *L'Express* par Sophie Décosse.

[1] Écrivain français du 19e siècle dont l'œuvre principale est le roman *Madame Bovary.*

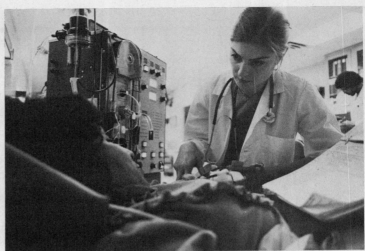

◆ **QUESTIONS**

1. Qu'est-ce qui peut changer la hiérarchie des métiers?
2. Pour quelle raison l'auteur est-elle allée dans un petit village?
3. Quelle idée compte-t-elle confirmer dans ce village?
4. Quelles étaient les réponses des gens du village à sa question?
5. De quoi les gens du village ont-ils parlé?
6. Selon les habitants de ce village, quel métier représente le mieux le bonheur professionnel?
7. Pourquoi le docteur pense-t-il être le plus heureux dans sa profession?
8. Pourquoi l'auteur a-t-elle été étonnée par les réponses qu'elle a obtenues dans ce village?

◆ **À VOUS LA PAROLE**

1. Quel métier choisiriez-vous pour avoir le plus de bonheur possible dans votre vie? Expliquez votre choix.
2. Quelles qualités demandez-vous à votre métier pour vous sentir heureux professionnellement?
3. Expliquez pourquoi vous voudriez (ou ne voudriez pas) devenir libraire, ébéniste, plombier ou médecin.

C.G.T.   F.S.M

INFORMATION. A. LA .CLIENTÈLE

Le Personnel gréviste de la succursale de Montpellier . Informe notre clientèle de la raison de notre grève
Notre direction Commerciale Générale veut se servir de la réduction d'horaire de 39ʰ pour nous abaisser notre salaire de base . cela est intolérable surtout dans une entreprise nationnalisée .telle que la Régie nationale des usines Renault . Souhaitant que vous Compreniez que nous ne pouvons accepter une chose pareille .Nous vous appelons à nous Comprendre et à nous soutenir. Pour essayer de ne pas nuire à notre aimable clientèle nous avons organisé des équipes de dépannage-
GRATUIT

SECTION . SYNDICALE .CGT
RENAULT . MONTPELLIER .

Quand un mécanicien devient patron

Avoir été toute sa vie ouvrier mécanicien et se retrouver brusquement directeur de son usine, c'est l'histoire extraordinaire qui est arrivée à Albert S. Il n'y a pas de miracle: après une longue grève de huit mois, il y eut dans l'usine, l'*autogestion*. Depuis, l'usine marche bien et Albert qui avait été le plus dur, le plus contestataire, Albert qui avait fini par occuper l'usine tout seul,... eh bien, Albert a été élu patron! On lui a demandé qu'est-ce qui a changé depuis l'autogestion. Voilà sa réponse.

action des ouvriers d'administrer eux-mêmes une affaire

Pour moi? Je croyais que j'aurais des problèmes de travail, mais non. Il n'y a pas que le travail. On doit aussi prendre en compte les problèmes personnels des autres et, ça, c'est ce qui m'a le plus étonné. J'y ai réfléchi. Avant, il y avait le travail à l'usine, et puis la vie dans la famille. Maintenant, non. Tout le monde se parle, de tout, des histoires de famille. C'est comme s'il n'y avait plus de barrière entre la vie professionnelle et la vie privée. C'est devenu complètement autre chose. Je ne sais pas si c'est un avantage ou un inconvénient. On se connaît trop. Quant aux relations des *gars* entre eux, au début, c'était formidable, et puis on est vite retombé dans les habitudes d'avant. Et là, ça ne va plus. Parce qu'avant, quand un type trichait, arrivait en retard, etc., les autres *s'en foutaient*. C'était l'affaire du patron. Mais, aujourd'hui, ils lui disent : « Dis donc, tu *fous toute la production en l'air!* » Pour éviter les histoires, on a décidé que tout le monde *pointerait*. Mais il n'y a pas de contrôle des *fiches*.

jeunes hommes *(fam.)*

s'en moquaient *(fam.)*

démolis *(fam.)*
marquerait les heures de l'arrivée et du départ / cartes

Dans toutes les usines, il est dit que l'ouvrier ne doit jamais toucher à sa machine. Si ça *coince* ou ça ne va pas, il doit s'arrêter, appeler le chef d'atelier qui appelle la *fabrication*. Alors que l'ouvrier, le plus souvent, sait bien ce qu'il faudrait faire pour que la machine *reparte*. Chez nous, les ouvriers peuvent intervenir sur leurs machines. Ça change complètement le travail. On se sent son maître.

se bloque
département chargé de vérifier la production / recommence à fonctionner

Je ne resterai pas longtemps le patron parce qu'on vote les postes tous les ans. Il faut absolument que le pouvoir tourne, qu'on laisse la place. J'y suis décidé. Ensuite, je redeviendrai mécanicien. Et j'aurai appris une chose : c'est difficile la démocratie. Il faut y penser tout le temps et la vouloir tout le temps. Mais, maintenant qu'on y a goûté, on ne pourra plus revenir en arrière. Le tout c'est de ne pas rester seuls, dans notre petit monde à nous.

Extrait d'un article du *Nouvel Observateur* par Josette Alia.

◆ QUESTIONS

1. Qu'est-ce que l'autogestion?
2. Quel rôle Albert a-t-il joué pendant la grève?
3. Albert devient patron : quelles en sont les conséquences sur la vie à l'usine?
4. Que pense Albert du manque de différentiation entre la vie privée et la vie professionnelle?
5. Qu'est-ce qui est arrivé aux relations entre les ouvriers au début de l'autogestion? Et après quelque temps?
6. Qu'est-ce qu'Albert a appris pendant la période de gestion de son usine?

◆ **À VOUS LA PAROLE**

1. Croyez-vous que l'autogestion soit une bonne idée? Pourquoi?
2. Croyez-vous que les ouvriers continuent à voter pour l'autogestion? Expliquez votre réponse.
3. Expliquez pourquoi c'est difficile la démocratie.

Vendez français

Chauvin, le Français? Bien sûr! Sauf lorsqu'il s'agit de dépenser son argent. Rien, alors, ne vaut les machines à laver allemandes—c'est plus solide ; les costumes britanniques—c'est plus chic ; les bagages italiens—ça fait bien. Pour le *standing* de Monsieur le Français moyen, le « made in France » n'a pas bonne *cote.* Pour être « in » , une seule solution : acheter étranger.

    Depuis 1973, le commerce extérieur français est tombé, pour les seuls biens de consommation et d'équipement de ménages, d'un *excédent* de 4,5 millards à un déficit de 4,1 milliards de francs. Neuf milliards de *chute,* dans lesquels le pétrole et la *sécheresse* ne sont pour rien. De quoi s'alarmer. Et justifier l'appel des *pouvoirs publics* à la solidarité nationale. « À qualité égale et à prix équivalent, achetez français » , conseille un ministre. Et le Président de la République de rappeler : « Le choix d'un produit importé est un choix contre l'emploi. »

qui admire trop son pays

situation sociale et économique
appréciation

surplus
baisse
absence de pluie
le gouvernement

    Aujourd'hui, sept chemises sur dix vendues en France sont fabriquées à l'étranger. Et l'on importe deux collants sur cinq, une paire de chaussettes sur trois, trois réfrigérateurs sur cinq. À qui la faute? À vous, à moi, à notre ignorance, à notre snobisme? Sans doute. « Pour vendre mes appareils, dit un fabricant français, j'ai dû leur inventer un nom américain. Sinon, ils ne partaient pas. » La plupart du temps, la préférence pour les produits étrangers ne peut en revanche se justifier par une qualité supérieure des produits. Mais essentiellement par l'attrait de leur *prix de revient.* Les industriels français le savent bien.

    Que faire, alors? Nous ne voulons pas de protectionnisme. Nous voulons seulement des règles équitables de *concurrence.* La bonne vieille formule du nationalisme *cocardier,* une campagne de pression sur l'opinion publique, un moment *envisagée,* a finalement été *écartée* à cause de *ses relents* protectionnistes. D'ailleurs est-ce vraiment le client qu'il faut convaincre? Pourquoi pas, d'abord, le commerçant? « Achetez français » : personne ne croit plus à ce slogan *usé.* « Vendez français » , *en revanche...*

coût total d'un produit

compétition des prix
chauvin *(péjoratif)*
projetée / rejetée / mauvaise odeur *(fig.)*

qui a été rendu banal par l'usage trop
fréquent / au contraire

Extrait d'un article de *L'Express* par Sophie Décosse.

◆ QUESTIONS

1. Pourquoi le Français n'achète-t-il pas des produits français?
2. Comment était la chute du commerce extérieur français dans les années soixante-dix?
3. Pourquoi cette chute? Et pourquoi le gouvernement ne voulait-il pas que ce déficit continue?
4. Quel rôle le gouvernement a-t-il joué pour améliorer cette balance des paiements?
5. Quelle est l'attitude des Français envers les produits étrangers? Et des commerçants?
6. Que pensent les industriels français de la qualité des produits étrangers?
7. Qu'est-ce que le « nationalisme cocardier » ? Existe-t-il chez nous?
8. Qu'est-ce qui est arrivé à la campagne « achetez français » et pourquoi?
9. Quelle campagne suggère l'auteur de cet article? Croyez-vous qu'elle ait du succès? Expliquez.

◆ À VOUS LA PAROLE

1. Expliquez pourquoi vous achèteriez (n'achèteriez pas) étranger.
2. Est-ce que nous les Américains avons une préférence pour les produits étrangers? Justifiez votre réponse.
3. Croyez-vous que nous soyons tous trop conscients du standing? Donnez des exemples.

SUJETS DE DISCUSSIONS

1. Présentez votre job idéal (le job à votre mesure).
2. Les jeunes d'aujourd'hui n'ont aucune envie de gagner leur propre vie. Est-ce vrai?
3. Est-ce que la formation à l'université est réellement utile quand il s'agit de gagner votre vie?
4. Demandez à un commerçant ce qu'il pense des produits étrangers pour en faire le rapport à votre classe.
5. Nos parents paient des impôts au gouvernement, lequel nous verse des indemnités de chômage—il faut en profiter. (pour ou contre)
6. De nos jours frauder le gouvernement semble être de rigueur. (vrai ou faux)

11

La Vie politique

L'ESSENTIEL

Le gouvernement

un régime	prendre	le pouvoir
une république	saisir	
une monarchie	préserver	
constitutionnelle	tenir	
absolue	maintenir	
une dictature		
un roi, une reine		
un dictateur		
un président		
une personne	démissionner (de)	
	céder	

Vocabulaire supplémentaire

le communisme
la démocratie
le socialisme
la révolution
la rébellion
la crise

l'émeute *(f.)*
le manifestant
un ministre
un premier ministre
un député

La branche exécutive

un gouvernant

gouverner
  bien/mal
  habilement

le pays
l'état
la nation

rassembler, réunir

le conseil (des ministres)

présider
former

le cabinet

nommer/faire
  démissionner

les ministres

Vocabulaire supplémentaire

le maire
la mairie
le préfet du département[1]

[1]Homme nommé par le gouvernement qui est responsable du maintien de l'ordre dans un département, renommé depuis 1981 le commissaire de la République.

La branche législative

le parlement	proclamer	les lois *(f. pl.)*
le congrès	discuter	les amendements *(m. pl.)*
l'Assemblée (nationale)	rejeter	
le Sénat		
la Chambre des députés		
le peuple	élire	le candidat, la
	être représenté (par)	candidate
un électeur, une		
électrice	voter (pour/contre)	
le candidat, la		
candidate	être	élu(e)
	faire	des promesses *(f. pl.)*
	tenir/manquer (à), ne	
	pas tenir	
le parti (politique)	être d'accord (avec)	la politique
la droite	contester	
(conservateur)	discuter	
le centre	défendre	
la gauche (libéral)	attaquer	
un citoyen, une		
citoyenne	avoir	le droit de voter
		la liberté (de penser)

Vocabulaire supplémentaire

le conseil municipal
les conseillers municipaux
un sénateur
les élections *(f. pl.)*
la campagne (présidentielle)
(électorale)
les suffrages *(m. pl.)*

I. Complétez les phrases.

1. La ville _____ un candidat.
2. La droite ne _____ jamais avec la gauche.
3. Il faut _____ l'équilibre entre les pouvoirs.
4. L'Assemblée nationale _____ les lois.
5. Les citoyens ont le droit de _____ .
6. Il est possible que cette candidate _____ ses promesses.
7. Pour gouverner un pays, le président _____ son conseil des ministres et son _____ .
8. Les partis politiques ne _____ jamais leurs stratégies politiques.

II. Donnez le contraire des mots ou des expressions donnés.

1. la droite
2. ouvrir une session du parlement
3. nommer un ministre
4. élire un candidat
5. être d'accord
6. la démocratie
7. attaquer une politique
8. gouverner avec habileté

EXERCICES

I. Expliquez la différence entre :

1. un dictateur et un président
2. défendre et attaquer la politique d'un gouvernement
3. le pouvoir exécutif et le pouvoir législatif
4. un ministre et un député

II. Réagissez aux phrases avec des expressions appropriées. Faites référence à l'Appendice A à la page 167.

1. Le fils de l'ancien maire a été élu à une très large majorité.
2. La cousine du président a été nommée ambassadrice en France.
3. Le frère du président a gagné des milliards à cause des contrats obtenus auprès des bureaux gouvernementaux.
4. Cette dame veut être présidente et a annoncé sa candidature.
5. Cette ville a élu un maire communiste.
6. Le président a démissionné.
7. Le congrès a rejeté le droit de vote pour les jeunes de dix-huit ans.
8. Le sénateur a été assassiné par un terroriste.
9. Le maire de notre ville a été accusé de fraude électorale.
10. Le candidat démocrate a vaincu le républicain à la dernière élection.

III.

1. Combien de types de gouvernement connaissez-vous?
2. À votre avis, quel est le type de gouvernement le plus répandu?
3. Qui a le pouvoir exécutif en Amérique? En France?
4. Qui fait les lois fédérales aux États-Unis?
5. Quelle relation existe entre un candidat et les électeurs?
6. Que fait un candidat pour être élu?
7. Quels sont les droits d'un citoyen?

8. D'où vient le pouvoir d'un président?
9. Qu'est-ce qu'une émeute?
10. Pourquoi les citoyens se révolteraient-ils?
11. Quelles sont les divisions d'un gouvernement d'un pays démocratique?
12. Pourquoi les gens devraient-ils être des citoyens conscients et responsables?
13. Pour quelles raisons un gouvernement pourrait-il tomber?
14. Un ambassadeur, quel rôle joue-t-il dans un gouvernement?
15. Comment présenteriez-vous vos opinions politiques? Et celle(s) de votre (vos) professeur(s)? De vos parents?

IV. Imaginez. En employant le vocabulaire de l'Essentiel, inventez et préparez par écrit un dialogue auquel l'un(e) de vos camarades devra participer de façon impromptue.

essous de trois candidats politiques qui se présen-
ions. Qui voudriez-vous élire : maire de votre ville?
ésident de votre pays? Expliquez vos choix.

VI. À vous les proverbes
En employant le vocabulaire de l'Essentiel et les proverbes 67 à 74 dans
l'Appendice C (page 196) inventez une histoire ou une conversation par
écrit pour la présenter à vos camarades de classe.

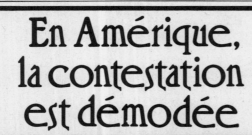

En Amérique, la contestation est démodée

J'ai connu l'Amérique des années cinquante, image triomphale de l'avenir aux
yeux des Européens *exténués*. L'inoubliable apparition de New York. Les campus universitaires, leurs *pelouses* vertes et leurs troncs argentés.

    Vingt ans plus tard, c'était une autre Amérique, toujours *fastueuse*, mais
qui doutait d'elle-même et de son destin. La révolution des campus avait détruit
l'image rassurante d'une société *acharnée* à se *dépasser*. Sur les belles pelouses
traînaient tracts et *mégots*. Une odeur de drogue flottait dans les bibliothèques.
À la tombée de la nuit les rues se vidaient. Dans les quartiers résidentiels que
j'avais connus sans *clôture,* lorsque chacun mettait sa fierté à laisser la clé sur
la porte, on s'enfermait maintenant à double tour. Le déclin de l'Occident de-
venait visible même ici.

    Est-ce parce que la tempête de neige venait de cesser? Toujours est-il que
le spectacle, cette fois, m'a paru plus encourageant. Et d'abord, l'Amérique n'a
rien perdu de cette force irrésistible qui la jette au-devant de l'avenir. La violence
a cessé d'être au premier plan des préoccupations. On peut se promener à nouveau dans les rues quand le soir tombe, *trotter* dans Central Park *à l'instar de*

épuisés
terrains couverts d'herbe
somptueuse

attachée / faire mieux encore
se trouvaient partout / affiches de
   propagande / bouts de cigarettes

barrières, murs

marcher rapidement / comme

ces milliers d'Américains qui, à toute heure du jour et même de la nuit, courent en *survêtement* et les coudes au corps. L'obsession de la réussite, la course à la plus belle voiture, à la plus belle maison, sont aussi démodées que la contestation. Plus profondément, le pari de la coexistence raciale est gagné. Plus de ségrégation nulle part. Les Noirs ont partout leur place et même un peu plus que leur place. On ose enseigner dans les écoles les langues *allogènes* à commencer par l'espagnol qui a pris la place du français. On voit *poindre* le *métissage*. L'Amérique du Nord deviendra-t-elle un autre Brésil? Ce n'est plus impossible. Le laxisme universitaire appartient au passé. Manifestants et *banderoles* ont disparu des campus. Le spectre du chômage aidant, une *concurrence acharnée* pour les diplômes et pour les jobs succède à la nonchalance d'hier.

tenue de sport

des immigrés
sortir / croisement de sujets de races différentes
banners
compétition / furieuse

Extrait d'un article du *Figaro* par Pierre de Boisdeffre.

◆ **QUESTIONS**

1. Quels changements l'auteur trouve-t-il entre l'Amérique des années cinquante et l'Amérique vingt ans plus tard?
2. Que dit-il de la violence dans les villes?
3. Comment décrit-il la coexistence raciale?
4. Qu'est-ce qu'une langue « allogène »?
5. Que veut dire la phrase « L'Amérique du Nord deviendra-t-elle un autre Brésil »?

◆ **À VOUS LA PAROLE**

1. Croyez-vous que nous Américains ne cherchons plus la réussite dans la vie? Expliquez votre réponse.
2. Comment décririez-vous la vie estudiantine de votre université? Comparez-la avec la description faite par l'auteur de cet article.
3. Pensez-vous que cet auteur connaisse bien l'Amérique et les Américains? Pourquoi ou pourquoi pas?
4. À votre avis, est-ce que les campus devraient être des lieux de protestation? Expliquez votre réponse.
5. Expliquez pourquoi vous croyez (ou vous ne croyez pas) que l'Amérique est toujours au-devant de l'avenir.

Commentaire sur les débats politiques

Nous trouvons les débats politiques des Américains un peu *plats,* et eux trouvent les nôtres un peu *creux.* L'incompréhension *provient* de ce que nos débats à nous sont à dominante idéologique et que les leurs portent principalement sur ce qu'ils appellent, non des idées, des théories, mais des « issues » : des « sujets », des thèmes concrets, l'environnement, la puissance excessive des grosses entreprises, les fonds électoraux, le *ramassage scolaire,* les *centrales* atomiques (et leur exportation), la détente, les villes géantes, etc.

Nous aussi parlons, bien sûr, de ces problèmes, mais en les subordonnant à une option idéologique. Selon notre gauche, aucune *amélioration* profonde

banals
pauvres, vides, qui manquent de substance / vient

transport d'enfants à l'école / usine où se produit l'énergie

progrès

dans un domaine précis n'est réalisable tant qu'on n'aura pas « changé le système ». Selon notre droite, aucune amélioration profonde dans un domaine précis n'est acceptable, parce qu'elle risquerait de conduire au changement du système. C'est le triomphalisme idéologique dans le défaitisme pratique. En poussant l'antithèse à la limite, on peut dire que les Américains changent tout, sauf le système ; et que, nous autres Latins, ne changeons rien, à moins que, ou de peur que, le système ne soit détruit. *Aussi* les Américains nous considèrent-ils souvent comme *sclérosés, rétifs* au changement, tandis que nous les jugeons conservateurs. À nos yeux, ils ne « *remettent* pas *en cause* la sociéte » (ce qui est beaucoup plus facile que de faire marcher le téléphone).

donc
figés, bloqués *(fig.)* / **rebelles**
mettent en question

Extrait d'un article de *L'Express* par Jean-François Revel.

◆ QUESTIONS

1. Que pensent les Français de nos discours politiques?
2. Et nous, que pensons-nous des débats politiques français?
3. Comment les deux diffèrent-ils?
4. Qu'est-ce que le défaitisme?
5. Comment l'auteur décrit-il l'idéologie politique en France? Et aux États-Unis?

◆ À VOUS LA PAROLE

1. Quel système de débats politiques préférez-vous? Expliquez votre réponse.
2. Quand les hommes politiques nous parlent, croyez-vous qu'ils nous disent toujours la vérité? Pourquoi ou pourquoi pas?

Si vous voulez participer au vote

Tout Français ou naturalisé Français qui a dix-huit ans, *jouissant de* droits civils et politiques, peut partager aux élections municipales. Il suffit d'être inscrit sur les listes électorales.

possédant les

L'inscription n'est pas automatique—il faut en faire la demande à votre mairie. Vous pouvez vous inscrire par correspondance.

D'une part une *pièce* justifiant votre identité, c'est-à-dire la carte nationale d'identité, ou le livret de famille[1], ou le permis de conduire, ou le permis de chasse, le livret militaire, un passeport. D'autre part, une pièce qui atteste que vous avez une attache avec *la commune* ou la circonscription du bureau de vote, soit parce que vous y avez votre domicile ou une résidence où vous *séjournez* plus de six mois par an, soit que vous y êtes inscrit au rôle d'une des *contributions directes communales*. Cette pièce peut donc être une *quittance* de gaz, de *loyer,* ou une pièce fiscale.

document

district
habitez

impôts locaux / reçu de paiement
rent

Extrait d'un article de *Paris-Match* par Liliane Gallifet.

◆ QUESTIONS

1. Qu'est-ce qu'il faut faire pour voter en France?
2. De quels documents peut-on se servir en France pour établir son identité?

[1]Remis aux époux pour recevoir les bénéfices de l'État pour une famille, allocations familiales, etc.

◆ À VOUS LA PAROLE

1. Expliquez ce qu'il faut faire si l'on veut participer au vote aux États-Unis.
2. Faites un sondage de vos camarades de classe pour savoir qui est inscrit sur les listes électorales et combien parmi eux ont voté aux dernières élections.

Les Jeunes et la politique

Comment faire participer les jeunes à la vie politique? L'expérience prouve que ce n'est pas toujours facile. Et tel qui invitait les jeunes à devenir le « *poil à gratter* » de leurs aînés a quelquefois éprouvé des difficultés à supporter leurs *démangeaisons*.

    L'entrée des 18 à 21 ans sur la scène électorale crée une situation nouvelle. Car le danger existe aussi que les jeunes refusent d'utiliser le droit de vote qu'on leur a accordé. Aux États-Unis, ce droit a joué pour la première fois en 1972, lors de l'affrontement Nixon-McGovern. Un sondage Gallup a révélé alors que beaucoup d'entre eux ne s'étaient pas inscrits sur les listes électorales. Soixante-quatre pour cent des jeunes Français interrogés déclarent aujourd'hui avoir l'intention de voter. Mais près d'un quart d'entre eux reconnaissent qu'ils n'ont pas demandé leur carte d'électeur. C'est-à-dire une proportion nettement plus forte que dans l'ensemble de la population.

    Comment ces jeunes vont-ils voter? Aucun doute, à gauche : 61,1 pour cent d'entre eux l'affirment. Mais, sur la nature de ce phénomène, la majorité et l'opposition proposent des explications contradictoires.

irritant *(fam.)*

grande envie de se gratter *(fig.)*

À moins que cette prise de position de la jeunesse ne reflète tout simplement, en les amplifiant, les tendances actuelles des adultes. Il est symptomatique que le parti qui *recueille* aujourd'hui la majorité des suffrages des jeunes soit, comme chez leurs aînés, le Parti socialiste. Son image n'est pas toujours très nette dans leur esprit. Mais la sympathie est là.

reçoit

Autres gagnants de ce hit-parade électoral—mais est-ce une surprise?—les écologistes. Plus d'un jeune sur dix cite la défense de l'environnement parmi les principales *exigences* qu'il *fixerait* s'il devait participer à la création d'un parti politique. Près d'un tiers la mentionne parmi les préoccupations des Français dont il faut s'occuper de toute urgence.

conditions, demandes / établirait

Les jeunes font, de même, plus confiance à l'opposition[1] qu'à la majorité pour trouver une solution à la plupart des préoccupations des Français. L'Union de la gauche, pensent-ils, serait plus capable de résoudre le problème du chômage ou de l'inflation. Et même de mener à bien la réforme de l'entreprise ou la décentralisation régionale. *En revanche,* c'est la majorité qui apporterait, selon eux, la meilleure solution à la construction de l'Europe et à la défense des valeurs morales et religieuses.

par contre

Les priorités aux yeux des jeunes? D'abord, le chômage. À une *écrasante* majorité. Et puis, pour plus de la moitié d'entre eux, l'inflation et les risques que font courir les *centrales* nucléaires. Ensuite, seulement, viennent le pouvoir d'achat, la réforme de l'enseignement, la justice fiscale et les autres problèmes écologiques. Et très loin derrière, la décentralisation régionale et... la liberté sexuelle.

énorme

usines où se produit l'énergie

Les filles, elles, sont plus *sensibles* que les garçons au respect des valeurs morales, aux difficultés des travailleurs immigrés, au coût de la médecine et... à leur propre libération.

sensitive

Politiquement, les jeunes ne se sentent pas en conflit avec leur famille. Ils reconnaissent même sans complexes l'influence de leur entourage. Plus encore celle de leurs frères et sœurs que celle de leurs camarades de travail ou d'études. Plus celle de la mère que celle du père.

Si on leur demandait de faire le *portrait-robot* du personnage politique qu'ils souhaitent pour l'avenir, que diraient les jeunes? Eh bien, ils le voudraient d'abord « *compréhensif* et ouvert à tous ». Ils lui demanderaient à la fois de « parler un langage accessible », et de « faire preuve de caractère ». D'être « honnête », « sincère », « attentif aux problèmes des gens ». Ils aimeraient enfin qu'il soit « jeune et sympathique ». Et... « qu'il s'occupe des ouvriers ».

composite portrait

qui comprend les gens

Extrait d'un article de *L'Express* par Michel Labro.

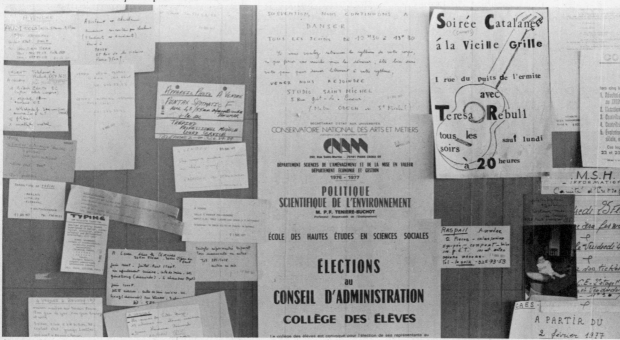

[1]En 1981 l'opposition est devenue «majorité».

◆ QUESTIONS

1. Quels sont les résultats des efforts pour faire participer les jeunes à la vie politique?
2. Quel a été le résultat de l'arrivée des jeunes sur la scène électorale aux États-Unis? Et en France?
3. Quels partis en France gagnent les votes des jeunes? Pourquoi?
4. Qu'est-ce qu'un écologiste?
5. La décentralisation régionale, de quoi s'agit-il?
6. Quelles sont les priorités des jeunes Français?
7. Politiquement, quels rapports y a-t-il entre les membres de la famille française?
8. Quel personnage politique les jeunes Français cherchent-ils pour l'avenir?

◆ À VOUS LA PAROLE

1. Expliquez les raisons pour lesquelles vous avez choisi votre parti politique.
2. Par qui êtes-vous personnellement influencé(e) en politique? Expliquez pourquoi.
3. Pourquoi croyez-vous que les jeunes refusent d'utiliser le droit de vote?
4. Quel personnage politique cherchez-vous pour l'avenir?
5. Parmi les groupes politiques de votre université, lequel est le plus capable de résoudre les problèmes des étudiants? Expliquez votre réponse.
6. Quelles sont les priorités des jeunes Américains?

SUJETS DE DISCUSSIONS

1. Expliquez ce que veulent dire les mots « droite » et « gauche » dans la politique américaine.
2. Présentez votre programme pour intéresser les jeunes à exercer leur droit de vote.
3. Expliquez le système américain des élections présidentielles à un étranger qui est bien sceptique quant à son bon fonctionnement.
4. Faites des recherches au sujet des élections en France et expliquez leur système à la classe.
5. Si vous étiez chef d'une agence de publicité, comment organiseriez-vous la campagne électorale d'un candidat?
6. Les idées et les théories de la politique sont plus importantes à discuter que les sujets ou les thèmes concrets. (pour ou contre)
7. Quand il s'agit de la politique, plus ça change, plus c'est la même chose. (vrai ou faux)
8. Notre gouvernement adopte des positions figées vis-à-vis de la politique extérieure ; par exemple, les aides monétaires, économiques et militaires données à certains pays. Est-ce que le gouvernement a raison ou est-ce qu'il a tort? Pourquoi?

chapitre

12
Le Mythe et la réalité

L'ESSENTIEL

un étranger, une étrangère	se comporter se tenir	bien/mal
les rapports (entre les gens)	être	détendus/tendus chaleureux cordiaux désagréables injurieux changeants
un citoyen, une citoyenne	être paraître	chauvin(e) cocardier, cocardière stéréotypé(e) ouvert(e)/renfermé(e) discret, discrète
un individu	se comporter (comme)	un rustre une brute
un goujat	rudoyer brutaliser	les autres
un grossier (*fam.*)	insulter injurier	les clients
un peuple	être paraître	indépendant/conquis courageux/lâche orgueilleux/soumis

un diplomate	s'exprimer (dans)
	utiliser
		une langue
		  morte/vivante
		  diplomatique
		  familière
		  châtiée/grossière

un habitant, une habitante	parler employer	un dialecte un patois l'argot (*m.*)

Vocabulaire supplémentaire

le langage parlé
la langue écrite
la langue de l'informatique

EXERCICES

I. Expliquez la différence entre les mots suivants et employez-les dans des phrases originales.

1. une personne mal embouchée / une personne polie
2. une langue morte / une langue vivante
3. un langage vulgaire / un langage châtié
4. une personne chauvine / une personne ouverte
5. des rapports cordiaux / des rapports tendus
6. la langue correcte / l'argot
7. un diplomate / un citoyen

II. Complétez les phrases suivantes.

1. Un _____ est une personne mal embouchée.
2. D'un citoyen très fier de son pays, on dit qu'il est _____ .
3. Un diplomate doit parler une _____ .
4. Un serveur ne doit jamais _____ les clients.
5. Le Français avec un béret et une baguette sous le bras, c'est un
   _____ .
6. En général, les rapports entre la France et l'Amérique sont plutôt
   _____ .
7. Une personne qui va vers les autres et recherche leur amitié est
   _____ .

III. Répondez aux questions suivantes.

   1. Que doit être le comportement d'une personne qui voyage à l'étranger?
   2. Est-il nécessaire de respecter les coutumes du pays où on voyage? Expliquez votre réponse.
   3. Est-il nécessaire d'arriver dans un pays étranger avec un esprit ouvert? Si un(e) Américain(e) ne trouve pas de jus d'orange pour le petit déjeuner, quelle doit être sa réaction?
   4. Quelles sont les qualités du parfait touriste à l'étranger?
   5. Comment réagissez-vous quand vous trouvez beaucoup de mots français sur un menu?
   6. Dans quelles circonstances peut-on parler argot? Dans quelles circonstances doit-on parler une langue châtiée?

IV. Comparez les touristes de ces photos en essayant d'imaginer autant de choses que possible sur ces touristes (nationalité, caractère, habitudes, ce qu'ils font dans la vie, pourquoi ils voyagent).

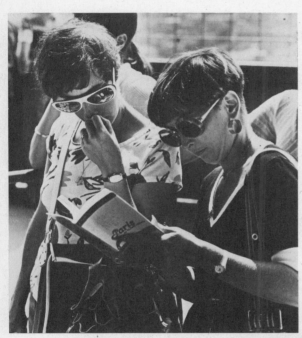

V. Imaginez. Inventez et préparez par écrit un dialogue entre :

    1. une personne très ouverte et quelqu'un de très chauvin.

    2. deux français(es) qui discutent le comportement des Américains (des étudiants américains) à l'étranger.

    3. un diplomate français et un diplomate américain.

VI. Connaissez-vous le « franglais » ? Faites correspondre chaque expression du « franglais » (colonne A) à l'expression du français (colonne B). Vérifiez vos réponses à la page 195.

	A LE FRANGLAIS		B LE FRANÇAIS
I. 1.	le brain-storming _____	a.	le comptant sans livraison, le payé-emporté
2.	le break-down _____	b.	la maîtrise de soi
3.	le cash-flow _____	c.	le remue-méninges
4.	le cash and carry _____	d.	la dépression nerveuse
5.	le check-list _____	e.	les liquidités mobiles *(f.)*
6.	le self-control _____	f.	la liste de contrôle
II. 1.	le fast-food _____	a.	se rendre compte (de)
2.	le check-up _____	b.	le prêt-à-manger
3.	contacter _____	c.	le ravisseur
4.	réaliser _____	d.	l'enlèvement *(m.)*
5.	le kidnapping _____	e.	le bilan de santé
6.	le kidnapper _____	f.	se mettre en rapport
III. 1.	le leasing _____	a.	raffiné, recherché
2.	le marketing _____	b.	les achats *(m.)*, les courses *(f.)*
3.	le standing _____	c.	la location-vente
4.	le stress _____	d.	l'étude de marché
5.	sophistiqué _____	e.	la réaction à l'agression
6.	le shopping _____	f.	le niveau de vie

En utilisant autant de « franglais » que possible, préparez un *spot* (un message publicitaire) pour vendre (a) un *pacemaker* (un stimulateur cardiaque) ; (b) un *computer* (un ordinateur) ; (c) le *baby-sitting* (la garde temporaire d'enfants) ; ou (d) un hamburger McDonald. Demandez à vos camarades de classe de corriger votre « franglais » en disant ce qu'il faut dire ou ne pas dire.

VII. À vous les proverbes

En employant le vocabulaire de l'Essentiel et les proverbes 31 à 37 dans l'Appendice C (page 196) inventez une histoire ou une conversation par écrit pour la présenter à vos camarades de classe.

La Chasse au «Franglais»

L'invasion des mots américains ne cesse de *s'étendre*. Les Français semblent se désintéresser de leur langue. Cette passivité commence à inquiéter. Alors, on se rappelle qu'il existe une loi.[1]

    L'Agulf (Association générale des usagers de la langue française) a engagé une dizaine de *procès* pour violations de cette loi de 1975, dont un contre la Seita (Société d'exploitation industrielle des tabacs et allumettes), coupable d'avoir lancé une marque de cigarettes blondes dénommée « NEWS ». Malgré ses protestations, la Seita a été condamnée. Non pas à cause de la *marque* légalement inattaquable, mais pour n'avoir pas traduit en français le descriptif du paquet. « C'est une cigarette à *vocation* internationale », a-t-elle objecté, « et sur le marché des *blondes* le langage est américain. » Réplique d'Agulf : « Il paraît scandaleux qu'une *société d'État* s'abrite derrière des arguments commerciaux pour *s'aligner sur* ses *concurrents*. »

prendre de l'importance

court actions

brand name

destination
cigarettes de tabac blond
compagnie qui dépend de l'État
se placer au même niveau / *competitors*

Extrait d'un article du *Point* par Claude Bonjean.

[1]En 1975, une loi a été votée dont le but est de résister aux assauts étrangers. Cette loi impose l'usage du français dans les contrats de travail et les offres d'emploi ; d'autre part, dans la désignation, la présentation et les conditions de garantie d'un bien *(propriété, chose que l'on possède)* ou d'un service. Elle est donc destinée à la protection du consommateur.

Québec
une partie de l'Acadie

Saskatchewan
Ontario Manitoba
Nouvelle-Angleterre
La Nouvelle-Orléans

Haïti
Antilles
Guyane

Polynésie française

La langue française dans le monde

Syrie

Liban

Wallonie
Luxembourg
France
Suisse romande
Val d'Aoste

Maroc
Tunisie
Algérie

Bénin, Burundi,
Cameroun, Congo,
Côte-d'Ivoire, Gabon,
Guinée, Haute-Volta,
Mauritanie, Niger,
Centrafrique, Mali,
Ruanda, Sénégal,
Tchad, Togo, Zaïre

Djibouti

Pondichéry

Comores
dont Mayotte

Maurice

Réunion

Madagascar

Durban

Laos
Vietnam

Wallis-et-Futuna

Nouvelles-Hébrides

Cambodge

Nouvelle-Calédonie

◆ QUESTIONS

1. Qu'est-ce qu'une société d'État? La Seita? L'Agulf?
2. Qui dirige l'industrie et le commerce du tabac en France?
3. Quelle loi a été violée par la Seita?
4. Quelle a été l'objection exprimée par la Seita après avoir été condamnée?
5. Quelle a été la réponse d'Agulf à l'objection de la Seita?

◆ À VOUS LA PAROLE

1. À votre avis, y a-t-il une invasion des mots français en anglais? Citez des exemples.
2. Selon vous, pourquoi une industrie voudrait-elle employer des mots étrangers pour la commercialisation des produits?
3. Croyez-vous que la loi de 1975 soit valable? Expliquez votre réponse.
4. Croyez-vous que nous ayons besoin d'une telle loi aux États-Unis? Expliquez votre « oui » ou « non ».

La Bataille pour la langue française

Il y eut une époque où il était de bon ton dans les capitales, les *chancelleries*
et les *salons* de s'exprimer dans notre langue. Et la France était le pays le plus
peuplé d'Europe. Terminé. *Révolu* aussi le temps de l'Empire français.

    Le français *recule.* Aussi bien en Belgique qu'en Suisse et au Canada. C'est
pour *tenter* d'*enrayer* ce déclin que les gouvernements depuis vingt ans insti-
tuent des organismes, des colloques et des textes destinés à stimuler le *moral*
des combattants. Les ambassadeurs sont priés de ne s'exprimer qu'en français,
les participants aux réunions internationales sont *tenus* de rappeler que notre
langue est théoriquement aussi importante que l'anglais.

    Il est vrai que le développement d'une langue *est lié à* l'*imaginaire* qu'elle
porte en elle. Et on peut regretter que l'imaginaire se soit fixé pour un moment
entre Manhattan et San Francisco. Mais c'est ainsi. Les enfants regardent des
films américains et des téléfilms fabriqués de l'autre côté de l'Atlantique. Ils chan-
tent en anglais, même s'ils *ignorent* cette langue. Les chercheurs scientifiques
échangent leurs informations dans la même langue. Les industriels, lorsqu'ils se
réunissent pour l'un des multiples séminaires, s'expriment neuf fois sur dix en
anglais. Et, quelle que soit l'importance des efforts que nous pouvons réaliser,
les langues de l'informatique viennent d'Amérique.

    Reconnaître les faits, ce n'est pas *démissioner.* On peut raisonnablement
penser qu'une meilleure connaissance de l'anglais par les Français contribuera
à dissiper le mythe américain. Connaître les États-Unis et parler leur langue,
c'est prendre la mesure et les limites du phénomène américain. (80% des ly-
céens français apprennent l'anglais.)

    Au fond, le développement d'une langue exprime la vitalité de la civilisation
qui l'a inventée. Si le vieux pays demeure vivant, s'il écrit, fabrique, imagine et
vend, le français a encore de beaux jours. Si nous nous réfugions dans la nos-
talgie de la grandeur passée, nous nous *éteindrons* doucement à la *clarté* des
lampes. Ce n'est pas *la francophonie* qui est essentielle, c'est la vitalité de la
nation française.

Extrait d'un article du *Point* par Georges Suffert.

Texte	Glose
chancelleries	ambassades
salons	la société mondaine
Terminé	terminé
recule	régresse
tenter / enrayer	essayer / arrêter
moral	morale
tenus	obligés
est lié à / l'imaginaire	dépend de / légendes, fantasmes
ignorent	ne savent pas
démissioner	abandonner
éteindrons / clarté	nous disparaîtrons / lumière
la francophonie	utilisation de la langue française

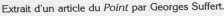

◆ QUESTIONS

1. Quelle est la situation de la langue française dans le monde d'aujourd'hui? Et dans le passé? Pourquoi cela a-t-il changé?
2. Qu'est-ce que les gouvernements des pays francophones ont fait pour essayer d'éviter le déclin de la langue française?
3. Quel est ce mythe américain dont parle l'auteur?
4. Comment l'auteur décrit-il l'avenir de la langue française? Pourriez-vous dire la même chose de la langue anglaise?
5. Est-ce qu'il y a actuellement une guerre des langues? Du point de vue d'un Français? D'un Américain?

◆ À VOUS LA PAROLE

1. Croyez-vous qu'il soit important d'apprendre une langue étrangère et de devenir bilingue? Expliquez votre réponse.
2. Expliquez pourquoi vous apprenez une langue étrangère. Quelle est votre motivation?
3. À votre avis, pourquoi une langue décline-t-elle ou prend-elle de l'importance?
4. Que pensez-vous de l'attitude des Français envers leur langue?
5. Quelle est votre attitude envers votre propre langue?

Comment quatre jeunes Français voient les États-Unis

En juin, un groupe d'une trentaine de Français a terminé un stage aux U.S.A. Pendant neuf semaines ils ont suivi des cours donnés par des professeurs américains. Ils se sont attachés à rencontrer les gens du pays, et ils ont travaillé à des projets individuels qui les ont mis en contact avec le monde des affaires et le monde académique. On reproduit ici des extraits d'une conversation avec eux en vue de donner *un aperçu* de leurs réactions.

une idée

Les professeurs américains semblent très *efficaces*. Et leurs rapports avec les étudiants sont plus ouverts et plus chaleureux que ceux qui existent en France. Les étudiants ont aussi plus de droits qu'en France, vis-à-vis des professeurs et de l'université.

effectives

Pourtant, pour les Français à qui nous avons parlé, les études avant le B.A. ne sont pas très sérieuses. Tout le monde discute, il y a beaucoup de relations, mais personne ne fait grand-chose. Au niveau des études supérieures, c'est très différent et les étudiants doivent trouver tout un changement.

Les Américains vivent mieux en société que les Français. Ils ont plus de formules de courtoisie. En France, il n'est pas inhabituel qu'un marchand soit désagréable avec ses clients. Les Américains, s'ils sont de mauvaise humeur, ne la *reportent* pas sur les autres.

transfèrent

En revanche, il semble y avoir des contradictions dans le *comportement* des Américains. Ils ont les formules de courtoisie mais mettront les pieds sur la table—ce qui choque les Français.

manière d'être

Le calme de la circulation a également *frappé* les jeunes Français à qui nous avons parlé. Ils aiment raconter comment à Telegraph Hill, un point de vue San Franciscain qui attire les touristes du monde entier, les automobilistes attendent patiemment leur tour pour *se garer.* Personne ne klaxonne, personne ne *se bouscule.* En France, disent-ils, on aurait klaxonné puis au lieu d'attendre son tour, on se serait tout simplement *stationné en double file,* bloquant l'accès à toutes les voitures.

étonné

to park / **se pousse**

double parked

La patience des gens qui attendent à la porte ou dans les banques les a aussi étonnés. Non seulement ils ne se pressent pas tous autour du *guichet,* ils attendent même loin derrière, *au-delà* de la ligne *tracée* à cet effet.

teller's window

plus loin / drawn

Si les étudiants à qui nous avons parlé se montrent enthousiastes pour l'Amérique et les Américains, il n'en reste pas moins que certains aspects leur semblent déplaisants. Ils trouvent les gens assez superficiels dans leurs rapports humains. Vous rencontrez quelqu'un une journée, expliquent-ils, et semblez *sympathiser.* Mais quand vous revoyez cette personne trois jours plus tard, c'est comme si elle ne vous connaissait pas.

s'entendre bien

Extrait d'un article du *Journal Français d'Amérique.*

◆ QUESTIONS

1. Quelles ont été les activités des jeunes Français pendant leur séjour aux U.S.A.?
2. Que pensent ces jeunes gens du système universitaire américain? Selon eux, quels en sont les aspects positifs?
3. Que reprochent-ils malgré tout aux études supérieures?
4. Quels sont les aspects du comportement social des Américains qui ont favorablement impressionné les jeunes Français?
5. En quoi le comportement des automobilistes américains diffère-t-il de celui des Français?
6. Quels sont les côtés contradictoires ou déplaisants que les jeunes Français ont remarqués chez les Américains?

◆ À VOUS LA PAROLE

1. Quels sont les droits d'un étudiant américain vis-à-vis des professeurs de l'université?
2. Diriez-vous que les Français sont un peuple discipliné? Expliquez votre réponse.
3. Êtes-vous d'accord avec la phrase : « Ils trouvent les gens assez superficiels dans leurs rapports humains. » Expliquez votre réponse.

Mais qu'avons-nous donc fait aux Américains?

Un journal des intellectuels new-yorkais a publié un article ayant pour titre « Mille et Une Raisons de *haïr* la France ». Première raison de haine, le seul gouvernement collaborateur pendant la Seconde Guerre mondiale a été français. Nos voitures sont laides et elles ne marchent pas. Nous sommes haïssables parce que les Américains à Paris ne rencontrent que des gens *grossiers,* qui, d'ailleurs, ont défiguré la ville en y faisant pousser des tours Montparnasse—Paris est d'une certaine manière propriété américaine. Hemingway et Miller y ont écrit et aimé. Le général Eisenhower l'a libéré et sauvé de la démolition. Et surtout, visiter Paris est un rêve américain.

    Les restaurateurs, les vendeuses et les passants parisiens sont tous agressifs, rustres et voleurs. « J'ai entendu dix fois, cent fois les gens me traiter de « sale Américaine » » raconte Holley, la plus charmante des étudiantes. Elle avait oublié son carnet de notes sur un comptoir du *Bon Marché.* La vendeuse a refusé de le lui rendre alors que le carnet était en évidence sur une *étagère.* Finalement, elle le lui a lancé à la figure avec un « sale Américaine » approuvé par toutes les clientes.

    « Ce n'est pas possible, Holley, les Parisiens ne sont pas toujours de bonne humeur mais jamais personne ne se conduit ainsi à Paris. »

    « Aucun Français ne me croit », a-t-elle conclu, désespérée.

    Dans un restaurant à New York, je suis passé de table en table en demandant aux clients : « Qu'est-ce que vous savez de la France? » Réponse : « Le Français porte un béret, roule à vélo près de la tour Eiffel, *une baguette* sous le bras. » Où est située géographiquement la France? » « À côté de l'Angleterre. » « Quels noms de Français connaissez-vous? » « Maurice Chevalier (les jeunes aussi bien que les vieux), Brigitte Bardot (elle montre son derrière), Catherine Deneuve (vedette d'une publicité télévisée), Chanel, Dior, Saint Laurent. » Et le général de La Fayette, alors?

    « La Fayette? C'est un général américain de la révolution américaine, » me répond-on à plusieurs tables.

    « Non, il est français. »

    « Il était français », rectifie Mary Ann. « Il a émigré aux États-Unis comme tous nos ancêtres, et il a fait la révolution. » Impossible de la convaincre du contraire.

    « Le public ne connaît pas la France par les films français », explique un historien, « mais par les films américains où apparaissent des Français. Dans

détester

discourtois, insolents

un grand magasin à Paris
shelf; counter

un long pain

les westerns sur la guerre du XVIIIe siècle, le « French » est l'ennemi complice des Indiens. Les films sur la Première Guerre mondiale montrent les Américains et les Anglais au combat pendant que les Français sont garçons de café, pianistes et jolies Parisiennes. Les scénarios sur la Légion étrangère racontent l'histoire de héros américains persécutés par des officiers français sadiques. Pendant la Seconde Guerre mondiale, les Français sont généralement collaborateurs, ou alors résistants mais grâce aux Américains. »

Au total, les Français sont des gens *plutôt bien* sur qui on ne peut pas compter. « En cas de crise mondiale grave, quels seront nos alliés les plus sûrs? », a demandé le sondage Gallup. Angleterre, 53%. Allemagne, 24%. France, 5%. Mais qu'avons-nous donc fait aux Américains?

assez convenables

Extrait d'un article du *Nouvel Observateur* par Guy Sitkon.

◆ QUESTIONS

1. Quelle est l'une des raisons historiques de la haine des Américains pour la France, selon le texte?
2. Quelle sorte de gens les Américains rencontrent-ils à Paris?
3. Pourquoi Paris est-il « propriété américaine »?
4. Pour quelles raisons croyez-vous que la vendeuse se soit mise si fort en colère contre Holley? Pourquoi les autres clientes ont-elles approuvé cette attitude?
5. « Aucun Français ne me croit » a dit Holley. Y a-t-il peut-être une raison pour cela?
6. Quels sont les stéréotypes qui servent à décrire la France?
7. Qui était vraiment le général de La Fayette?
8. Comment les Français apparaissent-ils dans les films américains? Sont-ils sympathiques?
9. Quelles sortes d'alliés sont les Français pour les Américains?

◆ À VOUS LA PAROLE

1. Si vous aviez à décrire le stéréotype de l'Américain, que diriez-vous?
2. Avez-vous déjà eu une expérience désagréable (ou agréable) avec des étrangers dans votre pays?
3. Comment imaginez-vous la France? Et les Français?

SUJETS DE DISCUSSIONS

1. Est-il important de s'efforcer de garder la pureté d'une langue, c'est-à-dire, empêcher l'invasion des mots étrangers dans cette langue? Expliquez votre réponse.
2. Comment une langue peut-elle représenter la culture et la mentalité d'un peuple?
3. Un gouvernement peut-il exiger de ses citoyens l'utilisation d'un langage précis ou particulier? Expliquez votre réponse.
4. Qu'est-ce que l'Académie française? Pensez-vous qu'il devrait y avoir la même chose dans votre pays? Pourquoi?
5. Avez-vous vraiment l'impression que les Américains haïssent les Français? Quelles sont vos réactions personnelles?
6. Pourquoi représente-t-on toujours un peuple ou une nation par un stéréotype? Serait-il possible d'éviter cela? Expliquez votre réponse.
7. « La France a subi l'envahissement de la culture américaine (exemples : de la musique, des films, du vocabulaire, de la technologie). Elle a besoin de réagir pour fixer des limites à cette pénétration. » Commentez.
8. « Une certaine image que les Américains ont de la France vient de l'association quasi automatique qu'ils font entre ce pays et la douceur de vivre (exemples : la grande cuisine, les jolies filles, les parfums, la haute couture). » Commentez cette affirmation.

Appendice

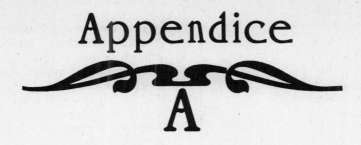

A

Comment répondre

How to answer

Pour exprimer votre...

To express your . . .

JOIE

1. Je suis heureux(-se) de l'apprendre.
2. J'en suis ravi(e).
3. Quelle chance!
4. Vous êtes très aimable/gentil(le).
5. Comme c'est gentil!
6. Comme c'est joli!
7. Comme c'est beau (mignon, spirituel, drôle, amusant, marrant)!
8. Comme c'est bizarre (marrant, drôle, rigolo)! (dans le sens de « curieux »)
9. C'est formidable que vous soyez venu.

HAPPINESS

1. I'm happy to know it.
2. I'm delighted.
3. What luck!
4. You're very nice.
5. How nice!
6. How pretty!
7. How beautiful (cute, witty, funny, amusing, terribly funny)!
8. What a strange (funny, funny, surprising) thing! (to express surprise, with the meaning of "curious")
9. It's wonderful (super, great) you came.

INTÉRÊT

1. Va, je t'écoute!
2. Je m'intéresse à ton...
3. Ton... m'intéresse.

INTEREST

1. Go on. I'm listening.
2. I'm interested in your . . .
3. Your . . . interests me.

ENTHOUSIASME

1. Bravo! Merveilleux! Formidable! Fantastique!
2. Extra! Sensass! Formid! (argot)
3. Génial! (Super!) C'est précisément ce que je pensais! (Exactement ce que je pensais.)
4. C'est chouette! C'est terrible!
5. Avec plaisir!
6. Merveilleux!
7. Parfait!
8. C'est ça même! Tout à fait.
9. Voyons. Voyons voir.
10. Fantastique!
11. Quelle chance, alors!
12. Quelle merveilleuse surprise!
13. C'est dingue! C'est « superdément »!
14. Veine, alors!

ENTHUSIASM

1. Wonderful! Terrific! Great! Fantastic!
2. Magnificent! Tremendous! Super!
3. Great idea! Just what I had in mind!
4. That's great! That's super!
5. I'd love to!
6. How marvelous!
7. Perfect! (Excellent!)
8. That's it!
9. Let me see.
10. Stupendous!
11. What luck!
12. What a great (marvelous) surprise!
13. That's wild! That's super wild!
14. What a stroke of luck!

MANQUE D'ENTHOUSIASME

1. Ce n'est pas la peine. Ça n'en vaut pas la peine.
2. Ça n'a pas d'importance. C'est pareil. Cela revient au même.

LACK OF ENTHUSIASM

1. It isn't worth it.
2. It doesn't matter. It's all the same. It's all the same thing.

3. Cela ne te regarde pas.
   Ça ne te concerne pas.
   Ce ne sont pas tes affaires.
   Ce n'est pas ton affaire.
   Occupe-toi de tes oignons!
4. Non, ça n'est pas ce que je veux.
5. Ne m'ennuie pas, s'il te plaît.
   Ne me dérange pas.
   Fiche-moi la paix! *(plus fort)*
6. Je ne suis pas d'accord.
   Je ne suis pas de ton avis.
7. C'est vrai? Ah, bon?
8. C'est très embêtant.
   C'est très emmerdant *(vulgaire).*
   Quelle barbe!
   Ça me barbe!
9. Tout ça pour rien. C'est inutile. Ça ne sert à rien.
10. Comme ci, comme ça.
11. J'ai mes doutes à ce sujet. Je ne pense pas que ce soit une bonne idée.
12. Cela m'est égal.
    Je m'en fiche *(moins poli).*
    Je m'en balance *(argot).*
    Je m'en fous *(vulgaire).*
13. C'est kif-kif.
    C'est du pareil au même. Cela revient au même.
    C'est la même chose pour moi.
    Ça ne fait rien.
14. J'en ai ras-le-bol.
15. C'est à côté de la question.
16. Je suis censé(e).

3. That's none of your business.
   That isn't any of your business.
   Mind your own business.
   That isn't any of your business.
   Keep your nose out of my business!
4. No, that's not what I want.
5. Don't bother me, please.
   Don't bother me.
   Get off my back!
6. It's not OK by me.
   It doesn't seem OK to me.
7. Oh really?
8. That is very boring.
   That's a pain in the neck.
   What a bore!
   That bores me to no end!
9. All this work for nothing. But it's no use. It's worth nothing.
10. So, so.
11. I have my doubts about that. I don't think it's a good idea.
12. I don't care.
    It's all the same to me.
    I don't give a hoot.
    I don't give a damn.
13. It's all the same.
    It all comes down to the same thing.
    It's all the same to me.
    It doesn't make any difference.
14. I'm fed up to here. (I've had it.)
15. That's beside the point.
16. I'm supposed to.

COMPASSION

1. C'est triste!
2. C'est dommage! Quel dommage!
3. J'en suis désolé(e).
   Je suis vraiment navré(e).
4. Il faut tenir bon. Il faut tenir le coup.
   Il faut être courageux(-se).
   Il faut faire contre mauvaise fortune bon coeur.
5. Nous espérons que ce n'est pas grave (sérieux).
6. O, mon (ma) pauvre... J'ai pitié de lui (d'elle).
7. Ça te fait mal? Ça t'a fait mal? Je n'en doute pas.
8. Ça m'embête pour toi.
9. Ne t'en fais pas! Je m'en occuperai. Ne t'inquiète pas!
10. Quel manque de chance! Ce n'est pas de chance, ça alors!
11. C'est bien triste.
12. C'est très gênant (embêtant).
13. Que c'est dommage. C'est bien dommage que...
14. Il faut que tu t'habitues.
15. Je te plains (de tout mon coeur).

COMPASSION

1. How sad!
2. What a pity!
3. I'm very sorry (distressed) about it.
   I'm dreadfully sorry.
4. One has to be brave. Keep a stiff upper lip.
   You have to make the best of a bad job.
   One has to put on a brave face.
5. We hope it's nothing serious.
6. Oh, poor . . . I feel so sorry for him (her).
7. Does it hurt? Did you hurt yourself? I really know that it hurts.
8. I feel sorry for you.
9. Don't worry! I'll take care of it. Don't worry!
10. What bad luck! That's not so lucky!
11. How sad!
12. How embarrassing!
13. What a shame! It really is a shame that . . .
14. You must get used to it.
15. I (really) feel sorry for you.

SARCASME

1. Voyons...
2. Celui-là, ce type-là.
3. Bon, d'accord, passons.

SARCASM

1. Oh, let's see . . .
2. Oh, that guy (character).
3. Fine, OK, let's go on to something else.

X **4.** Qu'il est bête, celui-là.
Il en tient une (sacrée) couche, celui-là.
Ce n'est pas une lumière.
Il n'a pas inventé la poudre (l'eau tiède, le fil à couper le beurre).

5. Il ne manquait plus que ça.
6. Tiens, tiens... comme par hasard.
7. Je ne l'aurais jamais cru. Qui l'aurait cru?
Je ne m'en serais jamais douté.
8. Ça, alors. (Eh bien, dis donc.)

X **9.** C'est vraiment drôle! Comme c'est curieux.
10. Écoute, ça suffit. Ça va, ça va!
11. Si tu n'étais pas dingue, tu comprendrais.
12. Il s'est rendu ridicule.
13. Tu piges, alors? Tu ne piges pas? Tu y es?
14. Pour qui tu me prends?
15. Non mais sans blagues!

SURPRISE

X **1.** J'en tombe des nues.
Quelle surprise!
Ça, pour une surprise, c'est une surprise.

2. Tu m'as fait vraiment peur. Tu m'as flanqué une sacrée frousse.
3. Que c'est charmant!
4. Que c'est drôle (marrant, *fam.*)!
5. Que de monde! Que de peuple!
6. Que c'est effarant. Tu me fais peur.

X **7.** Pourquoi pas?
8. Comme c'est dégoûtant (lassant, terrible).
9. Tiens, ça c'est nouveau!
10. Ça alors! Je ne m'y attendais pas.

X **11.** Comme c'est écœurant.
12. J'en suis étonné(e). J'en suis surprise(e).
13. Je suis étonné (surpris) par cela.
14. Je n'en reviens pas!
15. Ça me coupe le souffle. Ça m'assied.
16. J'en reste bouche bée. J'en reste pantois(e).

DOUTE

1. Peut-être, éventuellement.
Sait-on jamais?

X **2.** Plus ou moins.
3. Ça m'étonnerait fort!

X **4.** Tu plaisantes. (Tu veux rire.)
5. J'ai mes doutes. J'en doute. Cela me paraît plus qu'incertain.
6. Ça se pourrait.
7. Eh bien, si tu insistes...
8. Tu veux que j'avale ça?
Tu veux que je croie ça?
9. Je n'en ai pas la moindre idée.
10. Au cas où... Si jamais...
11. Ça ne me convainc pas. C'est peu convaincant.
12. Je n'en suis pas persuadé(e).
13. Je ne sais pas. Ce n'est pas possible.
14. Attends voir... Tu verras.

4. How ignorant (stupid) that so and so is!
What a dumb jerk.
What a dummy.
He wouldn't set the world on fire.

5. That's all I need now.
6. Aha! . . . just by chance, eh . . .
7. I never would have believed it. Who would have believed it? Who would have believed it!
8. What do you know!
9. How funny! That's really strange.
10. That will be enough of that! That'll do!
11. If you weren't nuts (crazy), you'd understand.
12. He's made an ass out of himself.
13. Are you with it? Aren't you with it? You get it?
14. What do you take me for?
15. You don't say! (No kidding!)

SURPRISE

1. I'm thunderstruck.
What a surprise!
That's really quite a surprise.

2. You sure scared me. You really gave me quite a scare.
3. How charming!
4. How funny (amusing)!
5. What a crowd! (mob) What a mob!
6. How scary. You scare me.
7. Why not?
8. How disgusting (maddening, awful).
9. Well, that's something new.
10. Well! I certainly wasn't expecting that.
11. How disgusting (nauseating).
12. I'm surprised (about that).
13. I'm astonished (surprised) by that.
14. I can't get over it!
15. That takes my breath away. That lays me out.
16. That leaves me with my mouth hanging open. (That's mind-blowing.) I'm astonished. I'm amazed (flabbergasted).

DOUBT

1. Maybe (perhaps), yes, maybe so.
Does one ever know for sure?
2. More or less.
3. That really would surprise me!
4. You're kidding.
5. I doubt that. I doubt that. That seems rather doubtful.
6. Perhaps.
7. Well, if you insist . . .
8. You want me to swallow that?
You want me to believe that?
9. I don't have the faintest idea.
10. Just in case . . . If ever . . .
11. That doesn't convince me. That's hardly convincing.
12. I'm not convinced.
13. I don't know. It can't be.
14. Just you wait and see . . . You'll see.

15. Sans blague? Tu plaisantes, non? Tu veux rire, non?
16. C'est sans doute... ...sans doute.
17. Comment veux-tu que je le sache?

INCOMPRÉHENSION

1. Je n'y comprends rien.
2. Cela me dépasse.
3. Je suis dérouté(e).
4. Je perds pied.
5. Ça me passe au-dessus de la tête.
6. Je ne suis pas dans le coup *(fam.)*.
7. Je perds les pédales *(argot)*.

ACCORD

1. Oui, c'est ça. Vous avez raison.
2. Bien sûr, vous avez raison.
3. Je n'en doute pas.
4. Chic. Chouette alors! Fantastique!
5. C'est vrai. C'est sûr.
6. J'en suis convaincu(e). Je le pense. Je le crois (bien).
7. C'est évident. Ça ne se discute pas. Certainement. Ça va sans dire.
8. Entendu. C'est ça. D'accord. D'ac *(fam.)*.
9. Comme tu veux. Comme tu voudras.
10. Je suis d'accord avec lui (elle).
11. Je savais que ça devait arriver.
12. De toute évidence. Sans aucun doute.
13. Bien joué.

ACCORD TOTAL

1. Mais oui, bien entendu!
2. Je suis totalement d'accord.
3. Je jure que oui. C'est juré.
4. Sans nul doute. Sans l'ombre d'un doute.
5. Je n'ai pas le moindre doute.
6. Maintenant tu y es!
7. Que le bon Dieu me damne si je ne dis pas la vérité.
8. Croix de bois, croix de fer, si je mens, je vais en enfer.

DÉSACCORD

1. Es-tu fou (folle)? Tu n'es pas un peu fou (folle)?
2. Ça ne va pas bien, non? Ça ne tourne pas rond?
3. Tu déménages *(fam.)*? Tu dérailles *(fam.)*? Il travaille du chapeau *(fam.)*.
4. Je ne pense pas (je doute) que tu aies raison. Tu te trompes. J'ai mes doutes. J'ai mes réserves.
5. Je ne veux rien savoir.
Je ne veux pas en entendre parler.
6. C'est stupide! C'est complètement idiot. C'est insensé! Ça n'a pas de sens.
7. Tu te trompes. Tu as tort. Tu te mets le doigt dans l'œil *(fam.)*.

15. You're not joking? You're not kidding? You're kidding, aren't you?
16. Probably . . . . . . possibly.
17. How should I know?

CONFUSION

1. I don't understand anything.
2. That goes over my head (That's beyond my comprehension).
3. I'm confused.
4. I'm in over my head.
5. That's over my head.
6. I'm not with it (I'm really out of it).
7. I've lost my cool (I'm not with it).

AGREEMENT

1. That's it. You're right.
2. Of course, yes, you're right.
3. I don't doubt it.
4. Swell. That's fine (great)! That's terrific!
5. That's true. That's for sure.
6. I think so. I believe so. I (really) think so.

7. Certainly. That goes without saying. You're right. That goes without saying.
8. OK. That's it. OK. OK.
9. OK. Whatever you say.
10. I agree with him (her).
11. I knew that was going (had) to happen.
12. Undoubtedly. Without any doubt.
13. Very well done. (Well done.)

TOTAL AGREEMENT

1. Of course, certainly!
2. I am in complete agreement.
3. I swear it's so. That's agreed on.
4. Without a doubt. Without a shadow of a doubt.
5. I don't have the least doubt.
6. Now you're with it!
7. May God damn (help) me if I'm not telling the truth.
8. Cross my heart and hope to die . . . I promise. (Wood cross, steel cross, if I lie, I'll go to hell.)

DISAGREEMENT

1. Are you crazy? Aren't you a little crazy?
2. That's not right. Something's not right?
3. Are you out of your mind? Have you gone loco? He's mad as a hatter.
4. I don't think you're right. You're wrong. I have my doubts. I have my doubts about that.
5. I don't want to hear about it.
I won't hear of it.
6. Nonsense! That's madness. That's foolishness! That's crazy.
7. You're wrong. You're wrong. You're barking up the wrong tree.

8. Nous n'étions pas d'accord pour cela. Cela n'est pas ce qui était convenu (entendu).
9. C'est impossible. Ça ne se peut pas. C'est impensable.
10. Bien sûr que non!
11. Jamais de la vie! Jamais!
12. Pas du tout! Absolument pas!
13. Pas question! C'est hors de question. C'est exclu.
14. Tu peux toujours courir.
15. Tu plaisantes. Tu veux rire.
16. Pas le moins du monde.
17. Ce n'est pas vrai. C'est archifaux.
18. Pas que je sache. Pas à ma connaissance.
19. Pas en ce qui me concerne.
20. Je m'y refuse. Je ne veux pas. Je m'y oppose tout à fait.
21. Jamais plus. Je ne marche pas. Ne compte pas sur moi. Je ne suis pas dans le coup.

AVIS

1. Attention! Fais attention! Sois prudent! Méfie-toi! Sois sur tes gardes!
2. Ne te tracasse pas. Ne t'en fais pas. Ne te ronge pas les sangs. Ne te fais pas de mauvais sang.
3. Du calme, madame, monsieur, mademoiselle. Calmez-vous. Ne vous emportez pas.
4. Dépêche-toi (grouille-toi, *argot*). Fais vite! Presse-toi! Magne-toi *(argot).*
5. Sors de là! Fiche le camp! Dégage *(argot)*! Du vent! Du balai! Tire-toi de là. *(argot)*
6. Je te conseille de te dépêcher (presser).
7. Faites attention à ce que je dis.
8. Ça ne se fait pas.
9. Patience. Patientez. Prends ton mal en patience.
10. Ne te tracasse pas. Ne t'en fais pas.
11. Sois sage. Tiens-toi tranquille. Conduis-toi bien.
12. Tais-toi! Ferme-la *(fam.)*! Boucle-la *(fam.)*!
13. Si tu continues à manger (courir, etc.) comme ça, tu vas grossir (te fatiguer, etc.). Si tu t'entêtes à...
14. Arrête de faire tant d'histoires.
15. Ne te moque pas de moi!
16. Il perd la boule.
17. Vous auriez dû me le dire.
18. Ne prends pas ça à la légère.
19. Si j'ai un conseil à te donner, c'est de te méfier.
20. Il faudra faire un effort.
21. Tu cours un risque avec ça.
22. Il faut que tu te décides.

AVIS NÉGATIF

1. Laissons! Laisse! Laisse tomber!
2. Passons à autre chose. N'en parle pas. Parlons d'autre chose.
3. Quelle horreur!
4. Quels gens désagréables!
5. Ne sois pas trop curieux (indiscret).
6. Ça m'a l'air très...
7. C'est révoltant (écœurant)!

8. We didn't agree to that. That was not the agreement.
9. It's impossible. It's not possible. It can't be.
10. Of course not (certainly not)!
11. Never in my life! Never!
12. That's out of the question! Absolutely not!
13. You've got another think coming! That's out of the question! No way!
14. You've got another think coming.
15. You're not serious. You're kidding.
16. Never in the world.
17. Not that I know of. That's really not so.
18. Not as far as I know. Not as far as I'm concerned.
19. Not as far as I'm concerned.
20. I don't want to. I don't want to. I refuse completely and finally.
21. Never again. Nothing doing. Don't count on me. Don't count me in.

ADVICE (WARNING)

1. Watch out! Look out! Be careful! Watch out! Be on your toes!
2. Don't be upset. Don't worry. Don't get all steamed up about it. Don't get all steamed up about it.
3. Calm down, ma'am, sir, miss. Calm down. Don't get carried away.
4. Hurry up (shake a leg). Hurry up! Hurry up! Shake a leg (get a move on).
5. Get out of there! Let's get the hell out of here! Scram! Beat it! Scram! Get the hell out of there.
6. I advise you to hurry up. (You better hurry.)
7. Pay attention to what I'm saying.
8. That's not done.
9. Patience. Be patient. Have a little patience.
10. Don't get all upset. Don't worry about it.
11. Be good. Keep cool. Behave yourself.
12. Be quiet! Shut up! Shut your trap!
13. If you keep on eating (running, etc.) like that, you're going to get fat (tired, etc.). If you insist on . . .
14. Stop making such a fuss.
15. Don't make fun of me.
16. He's lost his marbles.
17. You ought to have (should have) told me that.
18. Don't take that lightly.
19. The one piece of advice I'll give you is to watch out.
20. You'll have to make an effort.
21. You're running a risk with that.
22. You'll have to make up your mind.

NEGATIVE ADVICE (OPINION)

1. Leave it! Let it alone! Drop it!
2. Let's go on to something else. Don't mention it (don't talk about it). Let's change the subject.
3. What a horror!
4. What awful people!
5. Don't be so curious (indiscreet).
6. It seems very . . . to me.
7. How revolting (nauseating)!

8. Arrête de nous casser les pieds. Fiche-nous la paix.

8. Don't make such a pest of yourself (don't be such a pain in the neck). Leave us alone.

DÉSIR DE DONNER VOTRE OPINION

DESIRE TO GIVE YOUR OPINION

1. Une seconde. Minute... Tout doux, mon vieux (*fam.*).
2. De toutes façons...
   Dis donc...
   Quand même... Tout de même...
   Hé!...
   Holà! Je ne suis pas d'accord.
   En tout cas...
3. À propos. Au fait.
4. Je veux dire... Je voudrais dire...
5. Mais comme je disais tout à l'heure...
6. Écoute! C'est à mon tour de parler.
7. Attend!
8. Par contre...
9. Ne t'excite pas *(fam.)*! Ne t'emballe pas! Je ne marche pas *(fam.)*.
10. Ferme-la! Ça fait une heure que tu parles *(im-poli)*.

1. Just a second. Just a minute. Hold on, buddy, not so fast.
2. At any rate (anyway) . . .
   Say . . .
   All the same . . . All the same . . .
   Hey! . . .
   Hey! I don't agree.
   At any rate (in any case) . . .
3. By the way. Actually.
4. I mean . . . I'd like to say . . .
5. But as I was saying just a minute ago . . .
6. Listen! It's my turn to say something (talk).
7. Wait a minute!
8. On the other hand . . .
9. Don't get so excited (hot and bothered)! Don't get so steamed up! I don't go along with this.
10. Shut up! You've been talking for an hour.

DÉFENSE

DEFENSE

1. Je t'assure que...
2. Je n'en avais pas l'intention...
3. Je ne me laisse pas marcher sur les pieds.
   Je ne me laisse pas faire.
   Je ne m'en laisse pas conter.
   Je ne suis pas dans le coup.
   On ne me la fait pas.
4. Sois raisonnable.
5. Ce n'est pas à moi qu'on va faire ça.
6. Je ne ferais jamais une chose pareille.
7. Arrête de me taquiner (de m'embêter).
8. Cesse tes plaisanteries.
9. Ce n'était pas ma faute. Je n'ai rien à voir avec ces histoires.
10. Je n'y suis pour rien. Je ne suis pas concerné(e).
11. Tu ne m'y as pas fait penser.

1. I assure you that . . .
2. I didn't mean to . . .
3. Nobody's going to make a fool out of me.
   Nobody's going to make a fool out of me.
   Nobody's going to make a fool out of me.
   I'm not in on this one.
   I'm not taken in by this.
4. Be reasonable.
5. Nobody's going to do that to me.
6. I would never do such a thing.
7. Stop teasing me (pulling my leg).
8. Quit your kidding.
9. It wasn't my fault. I've nothing to do with it.
10. I'm not in on this one. It doesn't concern me.
11. You didn't remind me (of it).

OPINION

OPINION

1. Je pense pouvoir le faire.
2. Il me semble que...
3. Ça me paraît possible.
4. Je crois que... Je pense que...
5. À mon avis... (Selon moi... ; d'après moi...)

6. En ce qui me concerne...
7. À ce qu'il me semble... (Il me semble que...)
8. Il se pourrait que...
9. C'est plutôt ça.

1. I think I can do it.
2. It seems to me that . . .
3. That seems possible.
4. I think (believe) that . . . I think that . . .
5. In my opinion . . . (according to me . . . ; according to me . . .)
6. As far as I'm concerned . . .
7. It seems to me that . . .
8. It could be that . . . (it might be that . . .)
9. That's more like it.

DÉSIR DE VOUS EXCUSER

DESIRE TO EXCUSE YOURSELF (TO BEG SOMEONE'S PARDON)

1. Excusez-moi. Veuillez m'excuser.

1. Excuse me. Please excuse me.

2. Pardon! Je vous demande pardon. Pardonnez-moi!
3. Je suis désolé(e) de vous avoir dérangé(e).
4. Veuillez excuser cette erreur.
5. Je ne veux pas vous déranger.
6. Mille regrets. J'ai fait une erreur. Je n'y comprends rien.
7. Je ne suis pas dans mon assiette.
   Je ne suis pas en forme.
   Je suis mal en point.

COLÈRE

1. Je suis furieux(-se). Je suis fou furieux. Cela me fait rager. Cela me fait bouillir.
2. Tu es de mauvais poil. Tu t'es levé du mauvais pied.
3. Je te conseille de ne pas recommencer.
4. C'est idiot!
5. Quel sale caractère! Quelle tête de cochon! Quel mauvais coucheur!
6. Comment, non?
7. C'est ta faute.
8. Ne me fatigue pas! Ne m'ennuie pas!
9. Quelle barbe! Quel casse-pieds! Quel ennui! Quel enquiquineur!
10. Quel mensonge! Quel tissu de mensonges!
11. Ne me contredis (contredisez) pas!
12. Ça ne me convient pas du tout.
    Ça ne va pas du tout.
    Ça ne peut pas aller, ça.
    Ça ne marche pas, ça.
    Cela me fait sortir de mes gonds.
13. Il n'en est pas question.
14. Ne me fais pas de plat *(fam.)*!
15. Je suis fâché(e) contre toi.
16. J'en ai marre de toi.
17. Il me tape sur le système.
18. Regarde donc la pagaille que tu as mise là.
19. Fiche-moi la paix!

ENNUI

1. Cela m'ennuie.
2. Ton travail m'ennuie.
3. Il (elle) me casse les pieds.

RAS-LE-BOL

1. J'en ai assez. J'en ai plus qu'assez.
2. J'en ai marre *(fam.)*.
3. J'en ai par-dessus la tête.
4. J'en ai soupé.
5. J'en ai plein le dos.
6. La plaisanterie a assez duré.
7. J'en ai ras-le-bol.
8. Ça a assez duré.
   Ça ne peut plus durer.
   Ça ne peut plus continuer comme ça.
9. Il est temps que ça cesse.
   Il est temps d'y mettre le holà (un terme).
10. Ça, je l'ai assez vu.
11. Trop, c'est trop.

2. I apologize. I apologize. I beg your pardon.
3. I'm very sorry to have bothered you.
4. Please excuse this mistake (error).
5. I don't want to disturb you.
6. I'm so sorry. I made a mistake. I'm quite confused.
7. I'm not quite up to snuff.
   I'm not in shape.
   I'm in bad shape.

ANGER

1. I'm mad (angry). I'm really mad. That makes me furious. That makes my blood boil.
2. You're in a bad mood. You got up on the wrong side of the bed.
3. I advise you not to start that up again.
4. How stupid!
5. What a bad temper you have! What a pigheaded person! He takes everything the wrong way!
6. What do you mean, no?
7. It's your fault (you're to blame).
8. Don't bother me! Don't bother me!
9. What a pain! What a pain in the neck! What a bore! What a nuisance!
10. What a lie! What a pack of lies!
11. Don't contradict me!
12. That doesn't suit me at all.
    That won't work at all.
    That can't go on.
    That won't do.
    That makes me fly off the handle.
13. It's out of the question.
14. Don't try to hustle me!
15. I'm mad at you.
16. I'm fed up with you (you're a pain in the neck).
17. He gets on my nerves.
18. Look at the mess you've made there.
19. Get off my back!

BOREDOM

1. That bores me.
2. Your work bores (tires) me.
3. He (she) bores me to tears.

STATE OF BEING "FED UP"

1. I've had enough. I've had more than enough.
2. I'm fed up with it (it bores me stiff).
3. I've had it up to here.
4. I've really had it with that.
5. I'm good and tired of that (I'm fed up with it).
6. The joke's gone on long enough.
7. I'm fed up with it.
8. That lasted long enough.
   That can't go on any longer.
   That can't go on like that any more.
9. It's time that stopped (it's got to be stopped).
   It's time to put a stop to that.
10. I've had enough of that (I've seen enough of that).
11. Too much is too much.

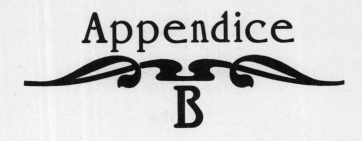

Appendice
B

The Essential

PRELIMINARY LESSON A TELEPHONE CALL

A telephone call

a person	to enter, to go (into)	public phone booth
	to be (in)	phone booth
	to leave, go out (of)	post office
	to phone	someone
	to make	phone call
a person calling, or a person being called	to put in	coin
	to hear	dial tone
	to dial	number
	to call	
	to call back	
	to be mistaken (about)	
	to hear (ringing)	bell
	to pick up/to hang up	receiver
	to take/to leave	message
operator	to help (make)	call
	to make	

Additional vocabulary

interurban call
long distance call (in France: abroad)
person-to-person call
area code
to call collect
telephone office, switchboard
telephone book

174

CHAPTER 1 ACADEMIC LIFE

THE ESSENTIAL

pupil, student (in elementary school or high school) student (at the university)	to enter to register (for), to enroll (in) to go (to) to leave, quit to be expelled (from)	school high school university
	to take to go (to) to attend to skip to do over, repeat	course lecture course
	to listen to	lecture lecturer
	to take to write to do	notes paper oral report written or oral report
	to live in, stay in	dormitory university residence

	to take	room
		  in a private home
		  in town
		meals at the university
		  restaurant

student (at the university)	to pay	expenses
		  lodging
		  food
		  registration

	to make, to apply for	scholarship request
	to win	scholarship
	to be	scholarship student

Additional vocabulary

reopening of school	list of required courses	class time schedule
candidate	to begin to complete to end, finish (well/badly) to be	studies strong in languages weak, poor in history
	to study (for) to review (for) to present oneself (for)	examination test mid-term exam

to take
to pass
to pass
to fail
to fail
to be failed (on)
to cheat (on)

| to receive, get | grades |
| to undergo | failure |

| professor (in high school or college) | to require | exercises |
| | | discussion sections |

	to correct	exam
	to give	grade
		result

Additional vocabulary

faculty	subjects, courses	course of major studies
dean	obligatory	
counselor	optional	
	elective	

LIST OF COURSES

Humanities

French
foreign languages—modern: English, German, Russian, etc.; classic: Greek, Latin
literature
history
geography
philosophy

Sciences

mathematics—algebra, geometry, trigonometry, modern math (calculus)
natural sciences—biology, zoology, geology, botany, astronomy, physics, chemistry
technology
economic sciences

Arts

drawing, painting, music
crafts—pottery, sculpture

Gymnastics, Physical Education

```
┌─────────────────────────────────────────────────────────────┐
│              DIVISIONS OF A FRENCH UNIVERSITY                 │
│                                                               │
│      School of Law and of Economic Sciences                   │
│      School of Medicine                                       │
│      School of Pharmacy                                       │
│      School of Dentistry                                      │
│      School of Natural Sciences                               │
│      School of Arts and Letters                               │
│      School of Fine Arts                                      │
│      Conservatory of Music                                    │
│                                                               │
│      Pedagogy                                                 │
│      Sociology and the Political Sciences                     │
│      Social Sciences                                          │
│      Institute of Technology                                  │
└─────────────────────────────────────────────────────────────┘
```

CHAPTER 2 FAMILY LIFE

THE ESSENTIAL

Friends

boy	to meet (by chance)	girl
	to meet, make the acquaintance of	
	to have a date (with)	
	to go out (with)	
bachelor	to flirt (with)	unmarried female
	to chase (after)	
	to fall in love (with)	

Sweethearts

boyfriend	to get along (with)	girlfriend
	to be attached (to) (by affection)	
	to love	
sweethearts	to kiss	
	to love each other	
	to argue, fight	
	to reconcile, make up	
	to become engaged (to)	
	to give	engagement ring
	to announce	engagement
	to break	
	to set	wedding date

The marriage

fiancé	to marry	fiancée

mayor	to perform	marriage (ceremony)
		civil (at city hall)
priest, minister		religious (at church)
		ceremony
guests	to attend	wedding ceremony
	to congratulate	newlyweds

Care of the home

newly married couple	to move (into)	apartment
	to furnish	
	to keep up	
	to set up	home

Domestic life

couple	to live	in harmony
husband	to get along (well/badly)	
wife	(with)	
	to feel frustrated	
	to argue	

Divorce

husband, wife	to ask for	divorce
	to execute, carry out	division of property
	to divorce	
divorced person	to pay	alimony (check)
	to have	custody of the children

Birth

wife, woman, mother	to be pregnant	
	to expect	baby, child
	to give birth	
	to put to nurse	baby
	to nurse	
baby, child	to be born	
parents	to raise (well/badly)	child
	to pamper	kid
	to spoil	
	to scold	
	to punish	
son, daughter	to resemble	father, mother
	to obey	parents
	to disobey	liberal
		understanding
		strict
		old-fashioned
	to grow up	
	to rebel	

Death

a person	to grow old to die (young)	
widower, widow	to be	in mourning overcome by grief
orphan	to attend	funeral, funeral service burial
	to inherit	worldly goods fortune

CHAPTER 3 HEALTH

THE ESSENTIAL

Additional vocabulary

back	buttock	skeleton	vein	blood	skin	flesh
side	throat	artery	liver	nerve	body hair	

Health

Alan (Anne)	to be	in good health/sick
		strong, strapping,
		   sturdy/weak
		healthy in body and
		   mind
		fat/thin
		active, energetic/lazy
		muscular/feeble, weak
		fat/thin

	to be, to feel (well/ill)	
	to be, look	well/sick
	to have	healthy complexion
	to take care of to keep up, maintain	one's health
	to feel	a pain
a person	to get fat, to put on weight	
	to be to put oneself	on a diet
	to get thin, to lose weight	

Accidents

to wound, injure
   oneself (in)
to fall (down)

to hurt oneself
to walk with crutches
to wear a bandage, to
  be bandaged
to be carried on a
  stretcher
to break a leg
to sprain an ankle
to have an arm in a
  cast/sling
to undergo a shock
to faint, to lose con-
  sciousness
to poison oneself
to be poisoned (by)

Sicknesses

to get sick
to catch
  a cold
  the flu
  bronchitis
  pneumonia
to catch a cold
to cough
to have a fever
  sore throat (headache,
  backache, etc.)

The doctor and the patient

the doctor	to examine	sick person, patient
	to take care of	patient
	to cure, heal	
	to ask	sort (kind) of pain
	to make	diagnosis
	to prescribe	medicines
	to write	prescription
	to give	advice
		care (medical)
	to charge	bill (to the patient)
the surgeon	to operate	on the patient
the nurse	to bandage	wound
	to give	shot
	to take	(someone's) pulse
	to take	(someone's) blood pressure
		(someone's) temperature
		X-ray
the patient	to consult	doctor

	to complain (of)	pain
	to feel	
	to take	aspirin
		vitamins
	to relax	
	to rest	
	to get well	
the dentist	to detect	cavity
	to fill	teeth
	to pull	
	to extract	
	to clean	

CHAPTER 4 BEAUTY AND FASHION

THE ESSENTIAL

In the beauty shop

client, customer	to make an appointment (with)	hairdresser, beautician
	to ask for	shampooing
		shampoo-in coloring
		set
	to have done	body wave
		permanent
		haircut
	to give	tip (to the hairdresser)
hairdresser	to wash	hair
	to rinse	thick/thin
	to dye	very curly/wavy
	to comb	curly/straight
	to brush	tangled
	to tease	wig
	to do	haircut
		short/long
manicurist	to do	manicure
	to put on	nail polish

At the beauty clinic

client, customer	to have	complexion
		light/browned, tan
		pale/ruddy
	to need	facial
	to have done	treatment
		makeup
	to put on makeup	

cosmetician	to specialize (in)	care of the face, of the skin
		massage
	to put on	makeup
	to apply	
	to pluck	eyebrows
	to tone down	wrinkles
	to hide	scar

At the barber's

barber	to cut	hair
	to shorten, trim	on the neck, at the back
		in front
		on the sides
		on top
	to make	part
		on the right/on the left
		in the center
	to trim	moustache
		beard
		sideburns
	to shave	customer
	to massage	scalp

Additional vocabulary

hair trim
to get a shave
shaving cream, soap, lather

clippers
shaver (electric, safety)
blade

In a shop (a store, a department store)

—May I help you, Sir (Ma'am, Miss)?
—Could you show me _____?
—What size are you? Allow me to take your measurements.

customer	to do	shopping
	to try on	article of clothing
	to put on	clothes, clothing
	to wear	
article of clothing	to be becoming/ not becoming (to)	person
	to fit well/badly	
	to be	long/short
		tight/loose
		of a (dark/light) color (tone)

to sell, to be sold   on sale, on clearance
                             at a reduction

Additional vocabulary

at a courturier's   made-to-order
high fashion   second-hand
to put up for sale   to make a dress
ready-to-wear

Clothing sizes (women)

	American	European		American	European
blouses	32	40	shoes	6	35
	34	42		6½	37
	36	44		7–7½	38
	38	46		8	38
	40	48		8½	39
suits	10	40		9	40
	12	42	hose	8	0
	14	44		8½	1
	16	46		9	2
	18	48		9½	3
				10	4

Clothing sizes (men)

	American	European		American	European
shirts	14½	37	shoes	9½	43
	15	38		10	44
	15½	39		10½	44
	16	41		11	45
	16½	42		11½	45
suits	36	46		12	46
	38	48	hats	7	56
	40	51		7⅛	57
	42	54		7¼	58
	44	56		7⅜	59
	46	59		7½	60

CHAPTER 5 TRAVELING AND MEANS OF TRANSPORTATION

THE ESSENTIAL

On the street

pedestrian   to go down   street
                        to go up   pavement
                        to cross   route, road
                        to take a walk (on) boulevard
                        to walk (along)
                        to stroll (along)

                        to look for   address
                        to ask for   way
                        to indicate
                        to lose

                        to get lost

In a car

driver	to go, to drive to drive along	by car, in the car
	to get through, pass	driver's license (test)
	to take out	insurance

	to start
	to drive
	to accelerate, to slow
	  down
	to brake, to put on the
	  brakes
	to park
		car

	to pass to catch up with, to come up to	another car truck
	to skid to honk	
	to pick up	hitchhiker
	to have	accident breakdown puncture
city police officer, cop national police officer	to give to make out	traffic ticket
C.R.S. (national police)	to direct	traffic
	to be busy (with)	bottleneck

Additional vocabulary

sidewalk	steering wheel
dashboard	gas pump
gas tank	gas station
mileage indicator	to fill up the tank
flat tire	one-way street

On the train

traveler	to take	train

	to buy, to get
	to pay for
	to confirm
	to cancel
		ticket (one way)
		  first class
		  second class
		round-trip ticket
		one-way ticket
		return ticket

	to make	reservation (ahead of time)
	to reserve, get, book	berth in a sleeping car
	to book, reserve	seat, place

	to change	train
	to get on	train (car)
	to get off	express,
	to miss	fast, high speed
		local

In a plane

plane, jet	to take off (from)	runway
	to land (on)	landing strip
passenger	to go, to fly	by plane
	to check in	baggage
	to have weighed	
	to wait (in)	waiting room
	to get on board	plane
	to fasten, to unfasten	seat belt

Additional vocabulary

airline company   flight attendant *(m.)*
flight (direct)   pilot, copilot
flight attendant *(f.)*

Customs

tourist	to appear (at)	customs
	to go through	
	to show	passport
		visa
		identity card
	to declare	purchases
	to pay	duty
customs officer	to rummage, search	suitcases
	to confiscate	contraband

CHAPTER 6   VACATIONS: LODGING AND FOOD

THE ESSENTIAL

At the hotel

client, customer	to reserve	room (double/single)
	to be installed (in)	with a double bed
	to be lodged (in)	with a bathroom
		with a toilet
		with a shower
		with breakfast and
		dinner

	to ask for	room key
	to complain (about)	service heat air-conditioner noise mattress (hard/soft)
manager	to greet	customers (at the front desk)
owner	to have brought up	baggage
hotel maid	to bring down	suitcases

Additional vocabulary

service (included/not included); tax; breakfast

At the restaurant

waiter, waitress	to present to hand over	menu menu dish
	to serve	meal
	to expect	tip
customer	to be to die (of)	hungry hunger

	to reserve	table
		    with four places
		    for four persons

	to ask for	wine list
	to order to eat	food
	to have	drink aperitif (before-dinner drink)
	to pay	bill

CHAPTER 7   THE FRENCH ARE ALSO LIKE THAT

THE ESSENTIAL

person	to respect to make fun (of) to argue (with) to hate, to detest to scorn to mistreat to irritate to annoy to plague, bother	someone

	to insult, to affront	
	to insult, to call someone names	
	to wound (feelings)	
	to snub, to slight	(someone)
good talker	to talk, converse, chat	rudely/politely
	to gossip	
	to tell, spread	gossip
person	to shut up	
	to be mistaken	
	to gripe	
	to grumble	
	to whimper, whine	
	to sneer	
	to whisper	
	to stammer	
	to lie	
	to swear (in court)	
	to swear (in God's name)	
	to apologize	
tone (of language)	to be able to be	lively
		bitter
		gentle
		rude
		vulgar
		eloquent
		improper
It is possible to treat a person with		respect, dignity
		kindness
		roughness, harshness
		impoliteness
		rudeness
person being spoken to listener	to react (with)	surprise
		incredulity
		pleasure, delight
		anger
person	to be able to be	clumsy/swift, skillful
		lazy, lifeless/active, alert
		bashful, shy/sure of oneself
		guarded, cautious/open
		thoughtless, scatterbrained/precise, accurate
		careless/careful
		cowardly/courageous
		clever, shrewd/trusting
		easy to get along with/tyrannical
		relaxed/anxious, uneasy

smart, intelligent/stupid,
dumb
foolish, silly/clever

Réponses aux questions du test « Êtes-vous sûr(e) de ne pas avoir de pré-jugés? » qui se trouve à la page 98.

FAUX : 1–3 ; 5–13 ; 17–20
VRAI : 4. Peu de différence jusqu'à onze ans. Après cet âge, les filles parlent, écrivent, rédigent *(écrivent des textes)* avec plus d'aisance.
     14. À partir de douze à treize ans. Jusque-là leurs scores sont identiques. L'influence de l'en-vironnement est très sensible *(notable)*.
     15. Les garçons commencent à s'agresser vers deux ans et demi (date de naissance de la personnalité et de la sociabilité).
     16. Les garçons manifestent à partir de l'adolescence une supériorité qui va en s'accentuant en matière d'orientation et de visualisation dans l'espace.

Extrait d'un article d'*Elle*.

CHAPTER 8 SPORTS

THE ESSENTIAL

athlete	to train	
	to exercise	
	to dedicate oneself (to)	training
	to impose upon oneself	discipline
	to run	long-distance race foot race
	to participate (in) to play	competition soccer golf tennis rugby
player	to respect	rules, rules of the game
	to argue (with) to get along (with)	team members coach opponent umpire, referee
	to score to win to lose	goal point game, match
score	to be	tied

spectator
fan
lover (of
  something)
	to look at
	to bet (on)
		basketball game
		  baseball game
		  boxing match
		score
		horse race

Tennis game

player	to need	partner
		tennis court
		racket
		balls

Additional vocabulary

set	scoring
service	15 all
singles game	30
doubles game	40
to be beaten	game
	advantage out
	advantage in

Swimming

swimmer	to swim (in)	pool
	to swim (in)	sea
	to dive (in, into)	ocean
		river
		lake
	to float (on)	water

Skiing

skier	to buy	skis
		ski poles
		boots
		bindings
		lift ticket
	to stand, wait	in line
	to take	chair lift
	to take	lessons (from the instructor)
	to learn	technique
	to do	downhill run
	to ski (on)	ski run
		slope

Additional vocabulary

ski resort
cross-country skiing
downhill skiing

List of sports

underwater diving	skateboarding
sailing	gymnastics
windsurfing	biking
surfing	track events
canoeing	squash
horseback riding	roller-skating
to go horseback riding	
mountaineering	ping pong
hiking	ice-skating
jogging (slow)	hockey
jogging (fast)	

CHAPTER 9 LEISURE-TIME ACTIVITIES

THE ESSENTIAL

a person	to have a good time to amuse oneself to be bored	
	to spend to lose, waste	one's time (doing something)
	to have	time (to do something)
	to go (to) to attend	concert opera ballet
	to see	film, movie play show
	to play	cards bridge poker game of chance

Television

television viewer	to plug in to turn on to turn off	television set television, TV (set) (color) radio, transistor radio record player
	to listen to	record
	to change	channel, station
	to adjust	sound color
	to tune in	station
	to turn up/to turn down	volume
broadcaster newscaster	to give, present	broadcast news
master of ceremonies	to announce to transmit, to broadcast to select	weather forecast programs sports music variety show

Additional vocabulary

screen	comedian, player, actor
knob	to break down
antenna	breakdown
serial	repairman
film made for TV	repair shop
director	
star	

tape recorder
VCR, video recorder

Newspapers and magazines

a reader	to leaf through	newspaper
	to read	magazine
		daily (paper)
		weekly
		copy
		issue
	to look at	article
		advertising
		comic strip
editor	to write	editorial
reporter	to publish	article
correspondent	to edit, compile	

Additional vocabulary

headline
front page
to subscribe (to)
subscription
want ads
    jobs wanted, work wanted
    job offers, help wanted
want ad
advertisement
comic books

CHAPTER 10   ECONOMIC LIFE

THE ESSENTIAL

employer	to judge	background qualifications
	to hire	worker
director of personnel department head, manager	to fire, dismiss	someone
president of a company executive	to direct, run	company business

job applicant	to look for	job
	to submit	application
	to make	application for a job
	to accept	job
employee	to work	overtime
civil servant		job
		full-time
		part-time
management	to retrain	unemployed
manager	to judge	market
worker	to strike	
union member	to go	on strike

Additional vocabulary

factory   salary
shop   payment for services
labor union

At the bank

customer, client	to open	account
	to close	savings account
	to overdraw	
	to be	overdrawn
	to save, economize	
	to save	money
	to deposit	check
		funds, cash
	to change, exchange	foreign currencies
	to withdraw	money
	to spend	
	to be	broke
	to ask for	loan
	to get, obtain	
	to pay back	
	to make out	check (bank)
	to endorse	"rubber" check
	to sign	
	to cash	
	to forge	
banker	to ask for	collateral
		security, guaranty
	to grant	loan
	to verify, audit	account
		balance

	to charge	interest
	to swindle, rob	
cashier	to cash	check
	to pay	money
	to give	receipt

Additional vocabulary

credit card   teller's window
checkbook   exchange rate
cashier's window   to cheat

CHAPTER 11 POLITICAL LIFE

THE ESSENTIAL

The government

regime	to take	power
republic	to seize, take over	
monarchy	to preserve	
constitutional	to hold, have	
absolute	to maintain	
dictatorship		
king, queen		
dictator		
president		
person	to resign	
	to give up	

Additional vocabulary

communism   riot
democracy   demonstrator
socialism   minister
revolution   prime minister
rebellion   representative
crisis

Executive branch

ruler	to govern	country
	well/badly	state
	skillfully	nation
	to assemble	council (of ministers)
	to preside over	cabinet
	to form	
	to name, appoint/to	
	dismiss, to have	
	dismissed	ministers

Additional vocabulary

mayor
city hall
chief magistrate

Legislative branch

parliament	to proclaim, announce	laws
congress	to discuss	amendments
National Assembly	to repeal	
Senate		
House of		
Representatives		
people	to elect	candidate
	to be represented (by)	
voter	to vote (for/against)	
candidate	to be	elected
	to make	promises
	to keep/to break	
party (political)	to be in agreement	politics, political
right (conservative)	(with)	philosophy
center	to argue	
left (liberal)	to discuss	
	to defend	
	to attack	
citizen	to have	right to vote
		freedom (of thought)

Additional vocabulary

city council
city councilmen
senator
elections
campaign (presidential)
         (electoral)
votes

CHAPTER 12 MYTH AND REALITY

THE ESSENTIAL

foreigner	to behave	well/badly
	to behave	
relationships	to be	relaxed/tense
(among people)		warm
		cordial
		disagreeable
		abusive, insulting
		fickle, unstable

citizen	to be
	to seem
		overzealous patriot
		overpatriotic
		stereotyped
		open, outgoing/closed,
		    withdrawn
		    (uncommunicative)
		discreet

individual	to behave (like)	boor, lout brute, ruffian
boor, lout	to browbeat, to bully to bully, to mistreat	others
rude person	to insult to abuse	customers, clients
people	to be to seem	independent/conquered courageous/cowardly proud/submissive

diplomat	to express oneself (in)
	to use
		language
		    living/dead
		    diplomatic
		    familiar
		    polished, careful/vulgar

inhabitant	to speak to use	dialect provincial dialect, local lingo slang

Additional vocabulary

spoken language
written language
computer language

Connaissez-vous le « franglais » ? Réponses aux questions qui se trouvent à la page 158.

I. 1–c, 2–d, 3–e, 4–a, 5–f, 6–b   **II.** 1–b, 2–e, 3–f, 4–a, 5–d, 6–c   **III.** 1–c, 2–d, 3–f, 4–e, 5–a, 6–b

Appendice C

Des Proverbes et des expressions de tous les jours

1. En amour comme à la guerre, tous les coups sont permis.
2. Faute de grives on mange des merles.
3. Chien qui aboie ne mord pas.
4. On ne peut tout avoir.
5. Il ne faut jamais remettre au lendemain ce que l'on peut faire le même jour.
6. Qui se ressemble s'assemble.
7. Qui trop embrasse mal étreint.
8. Plus on est de fous plus on rit.
9. Deux avis valent mieux qu'un.
10. Le monde appartient à celui qui se lève tôt.
11. Loin des yeux, loin du cœur.
12. Quand on veut on peut.
13. L'habit ne fait pas le moine.
14. Un malheur ne vient jamais seul.
15. Ne vendez pas la peau de l'ours avant de l'avoir tué.
16. Plus on pratique, mieux on sait.
17. Ne réveillez pas le chat qui dort.
18. Appelons un chat un chat.
19. Il faut de tout pour faire un monde.
20. Ne faites pas à autrui ce que vous ne voudrez pas qu'on vous fasse à vous-même.
21. Rien ne vaut son chez soi.
22. Qui rien ne sait, de rien ne doute.
23. Laissez faire, laissez dire.

1. All's fair in love and war.
2. Beggars can't be choosers.
3. His bark is worse than his bite.
4. You can't have your cake and eat it too.
5. Never put off till tomorrow what what you can do today.
6. Birds of a feather flock together.
7. Haste makes waste.
8. The more the merrier.
9. Two heads are better than one.
10. The early bird catches the worm.
11. Out of sight, out of mind.
12. Where there's a will there's a way.
13. You can't judge a book by its cover.
14. When it rains it pours.
15. Don't count your chickens before they're hatched.
16. Practice makes perfect.
17. Let sleeping dogs lie.
18. Let's call a spade a spade.
19. It takes all kinds to make a world.
20. Do unto others as you would have them do unto you.
21. There's no place like home.
22. Ignorance is bliss.
23. Live and let live.

24. Qui se sent morveux se mouche.
25. Tenez bon.
26. Charbonnier est maître chez soi.
27. Mieux vaut tard que jamais.
28. Mieux vaut un petit quelque chose que rien du tout.
29. Qui ne risque rien, n'a rien.
30. Pas de nouvelles, bonnes nouvelles.
31. Une faute n'en excuse pas une autre.
32. Il faut d'abord balayer devant sa porte.
33. Moins on en parle, mieux ça va.
34. Aussitôt dit, aussitôt fait.
35. Charité bien ordonnée commence par soi-même.
36. La familiarité engendre le mépris.
37. La vérité peut se dire en riant.
38. Si l'on lui en donne long comme le doigt, il en prendra long comme le bras.
39. Tant qu'il y a de la vie, il y a de l'espoir.
40. Faire des économies de bouts de chandelles.
41. L'argent est cause de tous les maux.
42. Il n'y a pas de fumée sans feu.
43. Les apparences sont trompeuses.
44. C'est la voix du sang qui parle.
45. L'habitude engendre l'ennui.
46. Garder une poire pour la soif.
47. C'est à prendre ou à laisser.
48. Touchons du bois.
49. Arrête d'en faire une montagne.
50. Cela me donne à réfléchir.
51. Vous êtes tombé juste.
52. Il l'a menée en bateau.
53. Mon petit doigt me l'a dit.
54. Les jeux sont truqués.
55. Le juste milieu.
56. C'est aussi clair que du jus de chique.
57. C'est vieux comme le monde.
58. Il boit comme un trou.
59. Être dans le pétrin (la mélasse).

24. If the shoe fits, wear it.
25. Never say die.
26. A man's home is his castle.
27. Better late than never.
28. Half a loaf is better than none.
29. Nothing ventured, nothing gained.
30. No news is good news.
31. Two wrongs don't make a right.
32. People who live in glass houses shouldn't throw stones.
33. The less said the better.
34. No sooner said than done.
35. Charity begins at home.
36. Familiarity breeds contempt.
37. Many a true word is spoken in jest.
38. Give him an inch and he'll take a mile.
39. Where there's life there's hope.
40. Penny wise and pound foolish.
41. Money is the root of all evil.
42. Where there's smoke there's fire.
43. Still water runs deep.
44. Blood is thicker than water.
45. Variety is the spice of life.
46. Put something away for a rainy day.
47. Take it or leave it.
48. Keep your fingers crossed. (Knock on wood.)
49. Don't make a mountain out of a molehill.
50. That's food for thought.
51. You hit the nail on the head.
52. He took her for a ride.
53. A little bird told me.
54. The cards are stacked.
55. The happy medium.
56. It's as clear as mud.
57. That's as old as the hills.
58. He drinks like a fish.
59. To be up a creek without a paddle.

60. Jurer comme un charretier (un templier).
61. Vendre la mèche.
62. Casser sa pipe.
63. Porter un coup bas.
64. Se fourrer le doigt dans l'œil.
65. En venir au fait.
66. Remettre cela à un autre jour.
67. Leur jeter de la poudre aux yeux.
68. Avoir plusieurs cordes à son arc.
69. Vivre au jour le jour.

70. Travailler pour des prunes (le roi de Prusse).
71. Nager entre deux eaux.

72. Se vendre comme des petits pains.
73. Se porter comme un charme (à merveille).
74. Garder son sang-froid.
75. Tout est bien qui finit bien.

60. *To swear like a trooper.*
61. *To let the cat out of the bag.*
62. *To kick the bucket.*
63. *To hit below the belt.*
64. *To be out in left field.*
65. *To get down to brass tacks.*
66. *To take a rain check.*
67. *To pull the wool over someone's eyes.*
68. *To have many irons in the fire.*
69. *To live from hand to mouth (on a shoestring).*
70. *To work for peanuts (chicken feed).*
71. *To play both ends against the middle.*
72. *To sell like hotcakes.*

73. *To feel as fit as a fiddle.*

74. *To keep one's cool (head).*
75. *All's well that ends well.*

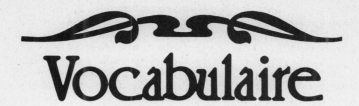

Vocabulaire

Français-Anglais

The vocabulary contains all words that appear in the text except articles and cognates that have been judged as easily recognizable. Verbs are listed in the infinitive form with irregular past participles indicated in the parentheses after the infinitive. Idioms are listed under the most important word (or words) in the expression. Irregular noun plurals and irregular feminine forms of adjectives are also included.

The words contained in the vocabulary are defined within the context of the reading selections in which they appear.

ABBREVIATIONS

adj. adjective
conj. conjunction
f. feminine
fam. familiar
m. masculine

n. noun
pl. plural
part. participle
pp. past participle

abonnement *(m.)* subscription
s'abonner to subscribe
aborder to approach; to tackle a question
aboutir to come to, to end in
s'abriter to take cover, shelter
abstrait(e) abstract
accéder to attain, to arrive at; to enter into
s'accommoder to reconcile, to admit
accomplir to realize, to perform, to fulfill
accorder to grant; **s' —** to agree, to grant
accoucher to give birth
accrochage *(m.)* dispute, quarrel
accueillir to greet
accuser to charge, to accuse
acharné(e) bent on, keen, desperate
achat *(m.)* purchase
achever to complete
acquérir to acquire, to obtain
actualité *(f.)* event of the moment
actuel (actuelle) of today, current, present
actuellement now, at this moment
addition *(f.)* bill, check (in a restaurant)
adjoint(e) assistant
adresser to direct, to turn; **s' — à** to appeal to
adroit(e) skillful
aérienne: compagnie *(f.)* **—** airline company
affaire *(f.)* business deal, concern; **les —s** business
affectif (affective) emotional
affiche *(f.)* poster
afficher to post, to put up
s'affoler to fall into a panic
affreux (affreuse) awful, horrible
affrontement *(m.)* confrontation
afin de so that, in order that
agacer to irritate, to provoke, to set on edge

agent *(m.)* **de police** policeman
agir to act, to do; **il s'agit de** the question is
aigu(e) sharp, acute
aiguillage *(m.)* switching (of points), shifting
ailleurs elsewhere; **d' —** besides; **par —** in addition to which, besides
ainé(e) elder
ainsi thus, therefore
air *(m.):* **foutre en l' —** to mess up, to throw into a state of confusion
aisance *(f.)* ease
aise *(f.)* ease, comfort
ajouter to add
alcoolémie *(f.):* **taux d' —** amount, rate of alcohol
s'aligner to fall into line
alimentaire pertaining to food, diet
alimenter to feed, to supply
allaiter to nurse
aller: — mieux to be better; **s'en —** to go away, to leave
allogène *(adj.)* (pertaining to) immigrants, cross-fertilized
allumer to turn on; to light (a fire)
allumette *(f.)* match
allure *(f.)* speed, pace, bearing, behavior
alors then, so, at that moment
ambiance *(f.)* atmosphere, surroundings, environment
amélioration *(f.)* improvement
amende *(f.)* fine, penalty
amener to lead, to bring along
amer (amère) bitter
amoureux (amoureuse)*(n.)* lover, sweetheart
s'amuser to have a good time
ancêtre *(m. et f.)* ancestor
ancré *(adj.)* anchored, deep-rooted
angoissant(e) distressing
angoisse *(f.)* agony, great distress, anguish

animateur *(m.)* master of ceremonies
annonce *(f.)* ad, announcement; **une petite —** a classified ad
annuler to cancel
anonymat *(m.)* anonymity
anorak *(m.)* parka
antan *(m.):* **d' —** of a former time, of yesteryear
antiquaire *(m.)* antique dealer
apaisant(e) calming, quieting
apercevoir to notice; **s' —** to realize
aperçu *(m.)* glimpse, survey, outline
apéritif *(m.)* drink (before meal)
aphone *(adj.)* voiceless
apparaître to appear, to seem
appareil *(m.)* machine, appliance
appartenir (à) to belong (to)
appel *(m.)* appeal, call, telephone call, summons
apport *(m.)* contribution
apporter to bring (in), to supply
apposer to put, place; to affix
appréciation *(f.)* valuation; appraisal
apprenti (apprentie) *(n.)* apprentice
s'apprêter to get ready; to prepare oneself
appui *(m.)* support
argent *(m.)* money, silver
argenté(e) silvery
argot *(m.)* slang
arracher to extract, to tear, pull out
arranger to put in order, to settle; **s' —** to manage oneself, to prepare oneself, to put oneself to rights
arrêt *(m.)* stop, stopping
arrêter to arrest; **s' —** to stop
arrière backwards; **en —** behind
arriver to arrive, to happen; **— à** to succeed in
arrondissement *(m.)* subdivision of Paris
artère *(f.)* artery
artifice *(m.)* artifice, contrivance
assaisonnement *(m.)* seasoning, flavoring
s'asseoir *(pp.* **assis)** to sit down
assister to attend
assorti(e) matched, paired
assurance *(f.)* insurance; **les — s sociales** social security
atelier *(m.)* shop
attache *(f.)* attachment
s'attacher à to apply oneself to
atteindre *(pp.* **atteint)** to reach, to attain, to arrive at
atteinte *(f.)* attack
attendre to wait for, to expect; **s' — à** to expect
attente *(f.)* waiting, expectation
atténuer to tone down
atterrir to land
atterrissage *(m.)* landing
attirer to attract
attrait *(m.)* attraction, lure
attraper to catch
attrayant(e) attractive
augmenter to increase, to turn up (sound)
aumônier *(m.)* chaplain
autant as much, as many; **— que** as much as, as many as
autocensure *(f.)* self-censure (blame), self-censorship
auto-critique *(m.)* self-criticism
autogestion *(f.)* self-management
autoroute *(f.)* freeway, superhighway
autour de around
avaler to swallow
avance: en — beforehand, before one's time
avenir *(m.)* future

avertir to warn, to advise
avion *(m.)* airplane; **— à réaction** jet plane
avis *(m.)* opinion, decision, announcement, notice
s'aviser to think of; to find
avoir: — besoin de to need; **— lieu** to take place; **— peur** to be afraid; **— envie** to feel like; **— beau dire** to speak in vain; **— beau faire** to try in vain; **— soin de** to take care of; **— à** to have to; to be obliged to
avouer to admit

bagnole *(f.)* car
bague *(f.)* ring
baguette *(f.)* long, thin loaf of bread
bâiller to yawn
baiser to kiss
baisse *(f.)* fall, decline; *(adj.)* **en — saison** in low season
baisser to lower, to let down; **se —** to bend down
balai *(m.)* broom; **un coup de —** clearance sale
balance *(f.)* scales, balance
balbutier to stammer, to mumble
ballotter to toss about, to send someone from pillar to post
bande *(f.):* **— dessinée** comic strip
bandé(e) bandaged
bander to bandage
banderole *(f.)* banner
banquier *(m.)* banker
barbe *(f.)* beard
barré(e) crossed out, barred
bas *(m. pl.)* stockings
bataille *(f.)* battle
bâtir to build, to construct
battre to beat; **se —** to fight
bavarder to chat, to gossip
bavure *(f.)* spot, imperfection, defect
bénéfique beneficial, favorable
béni(e) blessed, sacred
béquille *(f.)* crutch
besoin *(m.)* need, want
bête *(adj.)* stupid, dumb
bien *(m.)* benefit; **biens** *(pl.)* worldly goods, fortune **— de consommation** consumer goods
bienfait *(m.)* blessing, benefit
bière *(f.)* beer
bigoudi *(m.)* hair roller
billet *(m.)* ticket, bank note, bill; **— simple** one-way ticket
bistro *(m.)* bar, pub
blesser to wound, to harm; **se —** to wound, injure oneself
blessure *(f.)* wound
blouson *(m.)* waist-length jacket
bois *(m.)* wood
boisson *(f.)* drink
boîte *(f.)* box; **— de nuit** night club; **— automatique** automatic gear shift
bol *(m.)* bowl, basin
bon: — marché *(invar.)* cheap, inexpensive
bonheur *(m.)* good fortune, success; **au petit —** in a haphazard manner
bonnement *(adv.):* **tout —** simply, plainly
bord *(m.):* **à — de** in, on board; **tableau de —** dashboard (of car)
botte *(f.)* high boot
bouche *(f.)* mouth
boucher *(m.)* butcher
bouclé(e) curly
bouffe *(f.)* eating greedily
bouffer to eat greedily
bouilli(e) boiled

bouleverser to upset, to overturn
boulot *(m.)* job, work
bourse *(f.)* scholarship
boursier, boursière *(n.)* scholarship student
se bousculer to jostle each other
bout *(m.)* end, extremity
boutiquier, boutiquière *(n.)* shopkeeper
bouton *(m.)* button
brancher to install, to plug into; **branché(e) sur** plugged into
braquer: se — to become hostile in one's opposition, to oppose in a hostile manner
bras *(m.)* arm
bref (brève) short, brief
brevet *(m.)* diploma, certificate
brigade *(f.)* squad
brique *(f.)* brick; *(fam.)* a million francs
brodé(e) embellished, embroidered
bronchite *(f.)* bronchitis
bronzant(e) tanning
bronzé(e) tanned, brown
brosse *(f.)* brush
brosser to brush
brouhaha *(m.)* hubbub, uproar, din
bruit *(m.)* noise
brusquerie *(f.)* roughness, harshness
brute *(f.)* ruffian
bulletin météo *(m.)* weather forecast
bureau *(m.)* office
but *(m.)* objective, goal, purpose
buté(e) close-minded, not open to others
buveur, buveuse *(n.)* drinker, drunkard

cabinet *(m.)* doctor's office
se cabrer to revolt, to fly into a passion
cacahuète *(f.)* peanut
cachemire *(m.)* cashmere
cachette: en — secretly
cadre *(m.)* setting, surroundings; **les —s** managerial staff
cafard *(m.): avoir le —** to be fed up
caillot *(m.)* blood clot
caisse *(f.)* cashier's window, cash register
caissier *(m.)* cashier
caler to wedge, to jam
camion *(m.)* truck
camoufler to hide
campagne *(f.)* campaign; countryside, country
cancérigène *(adj.)* cancer-causing, cancerous
candidature *(f.)* candidacy
candide *(adj.)* trusting, guileless
cantonnier *(m.)* road repairman
cap *(m.)* point; **franchir le —** to go beyond a certain point
capter to tune in; to win, to attract
carie *(f.)* cavity (in a tooth)
carnet *(m.)* notebook; **— de chèques** checkbook
carrefour *(m.)* crossroad, intersection
carrière *(f.)* career
carte *(f.)* card, map; **— des vins** wine list; **— maîtresse** master card
cas *(m.)* case; **en tout —** at any rate; **suivant le —** depending on the situation
casser to break
causer to chat, to converse
caution *(f.)* collateral, deposit, bail
céder to give up, to give in to, to surrender
ceinture *(f.)* belt; **— de sécurité** seat belt
célibataire *(m.)* bachelor; *(f.)* unmarried woman
censure *(f.)* censorship

central: (le bureau) — main telephone office
centrale *(f.)* power station
certes indeed, most certainly
cesser to stop, to cease
chagrin(e) *(adj.)* troubled; distressed
chaîne *(f.)* TV channel, station
chair *(f.)* flesh
châle *(m.)* shawl
chaleur *(f.)* warmth, heat
chaleureux, chaleureuse *(adj.)* warm, cordial
champ *(m.)* field
chance *(f.)* chance, luck, fortune
charcuterie *(f.)* cold cuts, delicatessen
charcutier, charcutière *(n.)* pork butcher
charger to load, to overburden; **se — de** to take charge of
chasse *(f.)* hunting
châtié(e) *(adj.)* polished, careful
chauffage *(m.)* heat, heating
chaussée *(f.)* pavement
chaussette *(f.)* sock
chaussure *(f.)* shoe
chauvin, chauvine *(n.)* chauvinist, over-zealous patriot
chef *(m.)* head; **— de service** department manager; **— du personnel** personnel director; **— d'entreprise** president of a company; **— -lieu** chief town (of a department)
chemin *(m.)* route, path, road
chemise *(f.)* shirt; **chemisette** *(f.)* short-sleeved shirt
chemisier *(m.)* blouse
chercher to look for; **— à** to try
chercheur *(m.)* investigator
chevelure *(f.)* hair, head of hair
cheveux *(m. pl.)* hair
cheville *(f.)* ankle
chirurgie *(f.)* surgery
chirurgien *(m.)* surgeon
choc *(m.)* shock
choisir to choose
choix *(m.)* choice
chômage *(m.)* unemployment
chômeur *(m.)* unemployed worker
choper to steal, to pinch
chouchouter to spoil, to pet
chouette *(adj.)* great, terrific
chou-fleur *(m.)* cabbage
choyer to pamper
chuchoter to whisper
chute *(f.)* fall, ruin, drop
cicatrice *(f.)* scar
cil *(m.)* eyelash
cimetière *(m.)* cemetery
circonscription *(f.)* electoral district, ward
circulation *(f.)* traffic
cirque *(m.)* circus
cirrhose *(f.)* cirrhosis
ciseaux *(m. pl.)* scissors
citadin, citadine *(n. & adj.)* citizen of a town
citer to name, to point out
citoyen, citoyenne *(n.)* citizen
civière *(f.)* stretcher
clair(e) light, clear
clairsemé(e) thinned out
clamer to call out, to cry out
clarté *(f.)* light, brightness
clé *(f.)* key; *also* **la clef**
cliché *(m.)* hackneyed expression
client, cliente *(n.)* customer
clignotant *(m.)* turn signal
climatiseur *(m.)* air conditioner

clôture *(f.)* fence, enclosure
cocardier *(adj.)* chauvinistic, over-patriotic
coéquipier *(m.)* teammate
coffret *(m.)* small chest
coiffeur, coiffeuse *(n.)* hairdresser
coiffure *(f.)* hairdo
coin *(m.)* corner
coincer to jam, to stick
coïter to have sexual intercourse, to copulate
col *(m.)* collar; **—roulé** rolled collar
colère *(f.)* anger
collant *(m.)* pantyhose
coller un candidat to fail a candidate on an exam, **collé(e)** failed
colloque *(m.)* conference
colonne *(f.)* column; pillar
coloré(e) ruddy
combattant *(m.)* combatant, fighting man
commande *(f.)* order
commander to order
commérage *(m.)* gossip
commerçant *(m.)* businessman, merchant
commode *(f.)* chest of drawers
commun(e) common, ordinary; **en —** in common
commune *(f.)* district, ward
compagne *(f.)* companion, spouse
compatissant(e) compassionate
complet *(m.)* man's suit of clothes
complet (complète) full, entire, complete
compléter to complete, to perfect; **se —** to compliment one another
comportement *(m.)* behavior
comporter to allow, to admit; **se —** to behave, to act
compréhensif (compréhensive) understanding
compris(e) included; **y —** including
compte *(m.)* account, count; **en fin de —** to sum up; **se rendre —** to realize; **tenir —** to take into account; **— d'épargne** savings account; **— rendu** written report; review
compter to count
compteur *(m.)* mileage indicator
comptoir *(m.)* counter
concierge *(m. ou f.)* porter, door-keeper
concilier to reconcile
conclure to conclude, to infer
concours *(m.)* competitive exam
concurrence *(f.)* competition
concurrent(e) *(n.)* competitor, rival
condamner to sentence, to convict
conducteur, conductrice *(n.)* driver
conduire to drive, to conduct, to lead; **un permis de —** driver's license; **se — bien** to behave; **se — mal** to misbehave
conduite *(f.)* behavior, management
confectionner to make (a dress)
conférence *(f.)* lecture
conférencier, conférencière *(n.)* lecturer
confiance *(f.)* trust, reliance, confidence; **faire — à quelqu'un** to trust someone
confiant(e) self-confident, assured, confident
confier to entrust, to trust, to confide, disclose
confiner to border upon, to verge on
confiture *(f.)* jam
congé *(m.)* holiday; **être en —** to be on vacation
conjoint *(m.)* spouse
conquis(e) *(adj.)* conquered
se consacrer to devote oneself
conscience *(f.)* consciousness; **prendre —** to become aware, conscious

conscient(e) conscious, aware
conseil *(m.)* council, opinion, piece of advice; **les —s** advice
conseiller, conseillère *(n.)* counselor; councilman (woman)
consommateur *(m.)* consumer
consommer to use up, to consume
constater to state, to declare, to verify
construire to build, to construct
contenir to contain, to restrain
contenu(e) restrained, kept in check
contestataire disputing, challenging, fight against someone or something
contestation *(f.)* struggle, dispute
contester to argue
contrat *(m.)* contract
contravention *(f.)* traffic ticket
contrefaire to counterfeit, to forge
contrôle *(m.):* **— continu** mid-term exam
convaincre *(pp.* **convaincu)** to convince
convenable suitable, proper, appropriate
convenir to fit (clothing), to be convenient; **Il convient de** it is better to
convoité(e) desired
copain, copine *(n.)* pal, friend
coquillage *(m.)* shell fish
corbillard *(m.)* hearse
corps *(m.)* body
correspondant, correspondante *(n.)* party (person) being telephoned, correspondent
costaud *(adj.)* hefty, strapping, sturdy
costume *(m.)* suit (of clothes)
cote *(f.)* mark, assessment
côte *(f.)* rib; coast, shore
côté *(m.)* side; **à — de** beside, near, next to
cou *(m.)* neck
couche *(f.)* layer, stratum, class
coucher to lie down, **se —** to go to bed
couchette *(f.)* berth (on a train)
coude *(m.)* elbow
coudre to sew
couler to flow
couloir *(m.)* corridor
coup *(m.)* blow, knock, stroke; **— de téléphone** phone call; **— de balai** clearance sale
coupable *(m.)* guilty person, culprit
coupe *(f.)* haircut
couramment currently
coureur *(m.)* racer, runner; **— de fond** long-distance runner
courir to run
courrier *(m.)* mail
cours *(m.)* course, quotation, price; **au — de** during; **— d'échange** exchange rate
course *(f.)* race, racing, run; **faire des —s** to go shopping
coursier *(m.)* office messenger
court(e) short
courtoisie *(f.)* politeness, courtesy
coûter to cost
couture *(f.)* high fashion
couvert *(m.)* place (at a table); **mettre le —** to set the table
cracher to spit
craindre to fear
crâne *(m.)* skull
cravate *(f.)* tie
crêper to tease (hair)
creux (creuse) hollow, empty
crevaison *(f.)* puncture
crise *(f.)* crisis
critique *(f.)* review

critique *(m.)* reviewer, critic
croire to think, to believe
croiser to cross, to pass by someone
croissant *(pres. part. of* **croître***)* growing
croissant *(m.)* crescent roll
croyance *(f.)* belief
cuir *(m.)* leather; — **chevelu** scalp
cuire *(pp.* **cuit***)* to cook
cuisine *(f.)* kitchen, cooking
cuisse *(f.)* thigh
cultivé(e) cultured
se cultiver to improve (educate) oneself
cycle *(m.)* cycle of events; — **de formation** course of major studies

davantage more
débarquer to disembark, to alight
débarrasser to clear (out); **se — de** to get rid of
débouché *(f.)* job opening, chance of success
se débrouiller to get along, to manage; to get out of difficulties
début *(m.)* beginning, start
décemment decently
décennie *(f.)* decade
décerner to award, to bestow
décès *(m.)* death
décevoir *(pp.* **déçu***)* to deceive, to mislead, to disappoint
déchéance *(f.)* downfall, decline
déclin *(m.)* decline
décoller to take off
décolleté neck opening, neckline
décontracter to relax
décor *(m.)* decoration, scenery, surroundings
décrire to describe
décourager to discourage
découvert: être — to be overdrawn
découvrir to discover, to find
décroître to decrease, to diminish
défaite *(f.)* defeat
déférence *(f.)* respect, regard
défouloir *(m.)* place where one can go to get rid of (express) repressed feelings
dégât *(m.)* damage
dégoûtant disgusting, distasteful, unpleasant
déguisement *(m.)* disguise
déguiser to disguise
déguster to taste, to sample (wines), to drink with relish
dehors outside
déjà already
delà beyond; **au — de** beyond
délivrer to release, to set free, to deliver; — **une ordonnance** to write a prescription
demain tomorrow
demande *(f.)* request, application, claim
demander to ask for; **se —** to wonder
demandeur *(m.)* applicant (for a job)
démangeaison *(f.)* itching, longing
démarche *(f.)* course, step, proceeding, interview
démarrer to start (car)
déménager to move (residence)
demeurer to live, to reside, to stay, to remain
démissioner to resign
démodé(e) old-fashioned, obsolete
dénommer to name
dent *(f.)* tooth
dépassé(e) out of date
dépasser to go beyond, to pass
dépendre to depend
dépense *(f.)* expenditure

dépenser to spend
déplacé(e) improper
déplacer to change the place of; **se —** to move about, to travel, to change one's residence
déplaisant(e) unpleasant, disagreeable
déposer to put down, to deposit, to deliver; — **une plainte** to lodge a complaint
député *(m.)* delegate, deputy, member of the legislature
déraciner to root up, to cut out
déranger to bother, to disturb
déraper to skid
dérégler to put out of order
dérisoire ridiculous, laughable
se dérouler to take place, to develop
dès from, since; — **que** as soon as; — **lors** from that time, since then, as soon as
se désaltérer to quench one's thirst
désarroi *(m.)* confusion, disorder
descendre to come down, to get off
désemparé(e) disabled, crippled
désespérer to give up hope, to despair
désincarné(e) lacking humaneness, impersonal
se désintéresser (de) to take no further interest in
désormais hereafter, from now on
dessin *(m.)* drawing; — **animé** cartoon
destin *(m.)* destiny
détacher to unfasten
se détendre to relax, to unbend; **détendu(e)** relaxed
détenir to hold up, to keep in one's possession, to withhold, to keep back
détente *(f.)* relaxation, detente
détourner to turn away, to dissuade, to divert
détruire to destroy
deuil *(m.)* mourning; **être en —** to be in mourning
devant: par — in front
devenir to become
devise *(f.)* device, motto, slogan; **les —s étrangères** foreign currency
devoir to have to, to be supposed to, to owe
dévorer to eat up, to consume
se dévouer to devote (dedicate) oneself
diminution *(f.)* reduction
direction *(f.)* management, director's office; **conseil de —** board of directors
diriger to direct, to manage
discuter to discuss, to argue
disparaître *(pp.* **disparu***)* to disappear
disposer to lay, to set out, to place; — **de** to have something at one's disposal
se disputer to quarrel, to argue
dissertation *(f.)* composition, essay, paper
se distraire to amuse oneself
dodo *(m.)* (infantile) sleep
doigt *(m.)* finger; — **de pied** toe
domaine *(f.)* sphere, province, area
domicile *(m.)* residence
dommage *(m.)* damage, loss
donc thus, therefore, hence, well
donnée *(f.)* datum; *(pl.)* data
dortoir *(m.)* dormitory
dos *(m.)* back
dossier *(m.)* file, record
se doter to endow, to get for oneself
douane *(f.)* customs
doucement gently, smoothly, easily
douceur *(f.)* kindness, gentleness
douche *(f.)* shower
doué(e) gifted, endowed
douleur *(f.)* pain, sorrow, soreness

doute (m.) doubt
douter to doubt; **— de** to mistrust
doux (douce) sweet, kind, easy, gentle
doyen (m.) dean
draguer (des filles) to chase after girls
drame (m.) drama
dresser to make out
droit (m.) right, law; **les —s** customs duty; **avoir — à** to have a right to, to deserve
dû (due) owing to, due to
dur(e) hard; tough
durée (f.) duration, lasting quality (of life)
dureté (f.) difficulty, hardness

eau (f.) water
ébéniste (m.) cabinet maker
écart (m.) motion, distance apart; **à l' —** aside
écarter to eliminate, to push aside
échapper to escape
échanger to exchange
écharpe (f.) sling; scarf
échec (m.) failure
échouer to fail
éclair (m.) flash of lightning
éclairage (m.) lighting
éclairci(e) cleared up, made clear
éclater to burst out, to explode
éclipse (f.) disappearance, absence
éclosion (f.) opening, blossoming
économie (f.) economy, saving; **faire des —s** to save money
économiser to save up (money)
écran (m.) screen
écrasant(e) overwhelming
édition (f.): **maison d' —** publishing house
effacer to erase; **s'effacer** to stand aside; to die out
effectuer to make, accomplish; to carry out
effet (m.) effect; **en —** as a matter of fact
efficace efficient, effective
effrayant(e) frightful, dreadful, appalling
effrayer to frighten, to alarm
égal (pl. **égaux**) equal
égalité (f.) equality; **à —** equal in points
égard (m.): **à l' — de** with regard (respect) to
s'égarer to get lost
s'égrener to tell one thing after another
s'élancer to dash forward
électeur, électrice (n.) voter
électrophone (m.) record player
élevé(e) high
élever to raise, to educate
élire (pp. **élu**) to elect
embarquer to get on board
embaucher to hire
emblée: d' — right away, directly
embouché: être mal — to be foul mouthed
embouteillage (m.) bottleneck
s'embrasser to kiss, to embrace
émettre to broadcast
émeute (f.) riot
émission (f.) broadcast
emmêlé(e) tangled
émotif (émotive) emotional
empêcher to prevent
emploi (m.) job, employment, use
employer to use, to employ
empocher to pocket, to put in one's pocket
s'empoisonner to poison oneself
emporter to take away, to remove

empreindre (pp. **empreint**) to stamp, to mark, to impress
emprunt (m.) loan
encaisser to cash
enceinte pregnant
enclin(e) inclined, disposed
encombrant(e) cumbersome, encumbering
encore still, yet, always, again
endosser to endorse (a check)
s'endurcir to be obdurate, to become tough or hardened
énervement (m.) irritation, nervousness
énerver to anger (someone), to irritate; **s' —** to get angry, to become unnerved
enfermé(e) enclosed, shut up
enfin finally, at last, after all, in short
engagé(e) entangled, jammed
engager to take on, to catch, to hire, to persuade, to involve; **s' —** to take upon oneself, to get involved, to bind oneself
engoncé(e) bundled up in one's clothes
s'engouffrer to be engulfed, to be swallowed up
engrenage (m.) entanglement, wrangling, negotiations
s'enivrer to get intoxicated
ennui (m.) worry, anxiety, **avoir des —s** to be worried
s'ennuyer to be (become) bored
ennuyeux (ennuyeuse) boring, dull
enquête (f.) investigation, inquiry
enrayer to stop, to check, to slow up
enregistrer to record, to register, to check
s'enrhumer to catch a cold
entier (entière) whole, entire
ensuite then, after, afterwards
s'entendre to get along with one another, to agree
enterrement (m.) burial
entourage (m.) setting, circle of friends
entourer to surround, to gather round
s'entraider to help one another
entraînement (m.) training
s'entraîner to train
entraîneur (m.) coach
entrée (f.) entry, entrance; dish served before main course
entreprise (f.) business; enterprise
entretien (m.) interview
envergure (f.) breadth, largeness, depth
envie (f.) desire, longing
envier to envy, to be envious of
environ about
envisager to consider, to view, to look to the future, to project
épais (épaisse) thick
épanoui(e) having a feeling of well-being, happy
épanouissement (m.) developing, blossoming out
épargne (f.) saving; **caisse d' —** savings bank
épaule (f.) shoulder
épiler to pluck
épingle (f.) hairpin
éponger to sponge
époque (f.) era, age, period
épouser to marry, wed
épreuve (f.) test, proof, ordeal, examination
épris(e) de taken with, in love with
éprouver to feel (pain), to experience
s'équilibrer to be in equilibrium, to balance
équipe (f.) team: **chef d' —** foreman
équiper to fit out, to equip
erreur (m.) error
escalade (f.) escalation, climb
escalader to climb, to scale
escroquer to swindle, to rob
espèce (f.) species, kind, sort

esprit *(m.)* spirit, mind
essayer to try, to try on
s'essouffler to get out of breath, to get winded
esthéticienne *(f.)* beauty clinician, cosmetician
estimer to estimate, to value, to rate, to consider
estomac *(m.)* stomach
étagère *(f.)* shelf, rack
étape *(f.)* stage; halting-place
état *(m.)* state, condition
étayer to support, to back up
éteindre to put out; to turn off
étendre to stretch out, to lay out; s' — to lay oneself down, to enlarge, to spread
éternuer to sneeze
étoffe *(f.)* material; **avoir l'** — to have the makings
étonnant(e) surprising
s'étonner to be astonished, to wonder
étouffant(e) suffocating, stifling, oppressive
étourdi(e) thoughtless, scatter-brained
étrange strange, odd
étranger, étrangère *(n.)* foreigner, stranger; **à l'**— abroad
étroit(e) narrow; tight (of clothing)
étude *(f.)* study
s'évader to escape
s'évanouir to faint
évènement *(m.)* event, occurrence
éviter to avoid
excédent *(m.)* excess, surplus
excédentaire surplus, excessive
excès *(m.)* excess
s'excuser to apologize
exercer to practice (profession)
exercice *(m.)* practice, work, exercise
exigeant(e) hard to please, over-particular
exigence *(f.)* demand, requirement
exiger to require, to demand
expérience *(f.)* experiment, test, experience
exposé *(m.)* oral report
exquis(e) delicate, nice, exquisite
exténué(e) exhausted, worn out
extraire to extract, to take out

fabrication *(f.)* manufacture, making; — **en série** assembly-line production
fabrique *(f.)* factory
fabriquer to make, to manufacture
façon *(f.)* fashion, manner, way; **de toute** — at any rate; **sans** — without ceremony
faible weak
faim *(f.)* hunger; **avoir une** — **de loup** to be ravenously hungry; **mourir de** — to be starving, famished
faire to do, to make; — **part** to inform; — **la grève** to strike; — **office de** to act as; — **partie (de)** to play a role, to be a part of; — **le poids** to be up to the job; **se** — **mal** to hurt oneself; **s'y** — to become accustomed (to something)
fait *(m.)* fact, happening, act; **prendre sur le** — to catch in the act; **au** — as a matter of fact; **en** — in fact; **un** — **divers** a minor news item
falsifier to forge, to fake
fané(e) faded, withered, drooping
fard *(m.)* makeup
farder to apply makeup
farfelu(e) crazy, eccentric, temperamental
farineux (farineuse) *(adj.)* covered with flour
fastueux (fastueuse) sumptuous
fauché(e) broke, out of money
fausser to bend, to twist, to corrupt, to falsify
faute *(f.)* fault

faux (fausse) wrong, false
féliciter to congratulate
femme de chambre hotel maid, housemaid
fesse *(f.)* buttock
feu *(m.)* fire; — **rouge** traffic light
feuilleter to leaf through
feuilleton *(m.)* TV serial
fiançailles *(f. pl.)* engagement
se fiancer to become engaged
fibranne *(f.)* artificial fibre
fiche *(f.)* card, slip of paper
fier (fière) proud
fierté *(f.)* pride, self-respect
fièvre *(f.)* fever
figure *(f.)* face
fil *(m.)* thread; **au** — **des jours** day after day
file *(f.)* file, line
filer to speed off; to go quickly
fin *(f.)* end, finish; **en** — **de compte** to sum up, finally
fixations *(f.pl.)* ski bindings
fixer to fix, to make firm, to determine, to set up
flamme *(f.)* passion, enthusiasm; fire
flâner to stroll
fléau *(m.)* catastrophe, plague
flic *(m.)* cop
flot *(m.)* flood, multitude, immense quantity
flotter to float
foi *(f.)* faith
foie *(m.)* liver
fois *(f.)* time, instance, occasion; **à la** — at the same time
foncé(e) deep, dark
fonctionnaire *(m.)* civil servant, official
fonctionnement *(m.)* operation, working
fond *(m.)* essence, bottom, foundation; **les** —**s** funds, cash
formation *(f.)* formation, make-up, forming, moulding (of character), background; **cycle de** — course of major studies
formel (formelle) explicit, strict, categorical
formule *(f.)* set phrase, formula
fort(e) strong
fortement strongly, with force
fossé *(m.)* trench, gap
fouiller to rummage, to search
foule *(f.)* crowd
se fouler to sprain
four *(m.)* oven
fournir to furnish
foutre en l'air *(fam.)* to mess up, to throw into state of confusion; **se foutre de** not to give a damn about
foyer *(m.)* family, home; **fonder un** — to have a family, to set up a home
frais *(m.pl.)* expenses, cost, charges, expenditure
franchement frankly
franchir to pass beyond, to clear, to overcome; — **le cap** to go beyond a certain point
francophonie *(f.)* use of the French language
frapper to strike, to hit
frayeur *(f.)* fright, terror
freiner to brake, to put on the brakes
fréquenter to visit (place) frequently
fringale *(f.)* keen appetite
fringues *(f.pl.)* clothes
frisé(e) curly
friser to border on
front *(m.)* forehead
froussard(e) cowardly
fuir to shun, to avoid
fumée *(f.)* smoke, smoking

fumer to smoke
funérailles *(f.pl.)* funeral service, funeral
fur *(m.)*: **au — et à mesure** as needed

gagner to earn, to win
galanterie *(f.)* politeness to women
garantie *(f.)* security, guaranty; guarantee (of payment)
garde *(f.)* custody, keeping; **être de —** to be on duty, on call
garder to keep, to take care of, to maintain
garer to park (car)
se gargariser to gargle; **— de** to revel in
garni(e) furnished; **un plat —** meat with vegetables
gars *(m.)* lad, young fellow
gaspillage *(m.)* waste
gaspiller to waste
gâté(e) spoiled
gâter to spoil
gaz *(m.)* gas
géant(e) gigantic
gel *(m.)* gel, cream
gendarme *(m.)* national policeman
gêné(e) embarrassed; bothered
gêner to annoy; to bother
générique *(m.)*: **— de film** film credits
génie *(m.)* genius; talent
genou *(m.)* knee
genre *(m.)* type, sort
gérant(e) *(n.)* manager, director
gérer to direct, to run, to manage
gilet *(m.)* vest
glace *(f.)* plate glass; ice; mirror
glisser to slide, to slip
goguenard(e) mocking, jeering
gorge *(f.)* throat
gosse *(m. et f.)* child, kid
gouffre *(m.)* pit, chasm
goujat *(m.)* boor, lout
goût *(m.)* taste, liking, relish, style, interest
goûter to taste
gouvernant(e) *(n.)* ruler
grâce à thanks to, owing to
grandir to grow up
gras (grasse) fatty, fat
se gratter to scratch oneself
grève *(f.)* strike; **faire la —** to strike; **se mettre en —** to go on strike
grillade *(m.)* grilled (broiled) meat
grincheux (grincheuse) grumpy, crabby
grippe *(f.)* flu
gris(e) gray
grogner to grumble, to grouse
gronder to scold
gros (grosse) fat, big
grossier, grossière *(n.)* rude person; *(adj.)* vulgar
grossir to get fat
guère: ne... — hardly, scarcely
guérir to cure, to heal
guérisseur, guérisseuse *(n.)* healer
guichet *(m.)* teller's window, pay window, box office, entrance (toll) gate
guichetier, guichetière *(n.)* clerk, toll taker

habile skillful
habilement unskillfully
habilleur *(m.)* clothier; dresser
habiter to dwell in, to live in
habits *(m.pl.)* clothing

habitude *(f.)* habit, custom, practice
habitué(e) accustomed, used to
s'habituer à to become accustomed to, to get used to
haïr to hate
hasard chance, luck, accident
hausser to shrug, to lift
haut *(m.)* top; **en —** on top
haut(e) tall, high, elevated, superior
hebdomadaire *(m.)* weekly publication
hérissé(e) surrounded with spikes
hériter to inherit
heure *(f.)* hour, time; **de bonne —** early; **à l' —** on time; **à l' — actuelle** now
honte *(f.)* shame; **avoir — de** to be ashamed about
horaire *(m.)* timetable, schedule
hôtelier, hôtelière *(n.)* person in the hotel business
hôtellerie *(f.)* hotel trade
hôtesse hostess; **— de l'air** stewardess
hydrophile absorbent

ignorer to be unaware of, not to know
illustrés *(m.)* comic books
imbibé(e) soaked
immeuble *(m.)* apartment house, building
impasse *(f.)* dead end, dilemma
imperméable *(m.)* raincoat
impitoyable ruthless, merciless
impôt *(m.)* tax
imprévisible unforeseeable
imprévu(e) unforeseen, unexpected
impulsion *(f.)* impulse, stimulus
incitatif (incitative) inciting, urging on
incomber à qqn. to be incumbent on someone, to rest on
incongru(e) unseemly, inconvenient
indemnisé(e) compensated
indice *(m.)* sign, indication
indisponibilité *(f.)* unavailability
infarctus *(m.)* infarction (heart attack)
infirmier, infirmière *(n.)* nurse
infliger to inflict; **— un affront** to snub, to slight someone
informatique *(f.)* information, data processing
ingénieur *(m.)* engineer
injurier to call someone names, to insult
injurieux, injurieuse *(adj.)* abusive, insulting
inné(e) innate, inborn
inquiet (inquiète) uneasy, anxious
inquiétant(e) disturbing, upsetting
inquiéter to trouble, to disturb; **s' —** to be anxious, to be uneasy
inscription *(f.)* registration, enrollment
s'inscrire *(pp.* **inscrit***)* to enroll, to register, to sign up
insouciance *(f.)* unconcern, casualness
instar: à l' — de like, after the manner of
instituteur, institutrice *(n.)* teacher
insuffisance *(f.)* insufficiency, insufficient quantity
interdire to forbid, to prohibit
s'intéresser à to have an interest in
interlocuteur, interlocutrice *(n.)* speaker in a conversation or discussion
intersaison *(f.)* period between seasons
intervenir sur to interfere with, to become involved with
investi(e) invested
ironiser to speak sarcastically
irréprochable *(adj.)* faultless (attire)

jambe *(f.)* leg
jambon *(m.)* ham
jeter to throw, to toss; **— un coup d'œil** to glance

jeu *(m.)* game; **vieux —** old-fashioned
jeûne *(m.)* fast, fasting
jeunesse *(f.)* youth, young people
joie *(f.)* happiness, joy
joindre to join, to combine, to attach
jongler to juggle
joue *(f.)* cheek
jouir (de) to enjoy
jour *(m.)* day; **au — le —** from day to day
journaliste *(m. ou f.)* news broadcaster; journalist
juger to judge
jupon *(m.)* half slip
jurer to swear (in court)
jusqu'à until; **— présent** until now
jusque-là up to that time, up to this point
justesse *(f.): de —* just in time; in the nick of time

képi *(m.)* military cap
klaxonner to honk (horn)

lâche *(adj.)* cowardly
lâcher to release, to let go
laid(e) ugly
laisser to let, to leave, to give up; **se —** to let oneself
lame *(f.)* razor blade
lampadaire *(m.)* street light
lancer to start, to get going; to launch
langue *(f.)* tongue
large *(adj.)* wide; loose (of clothing)
largement widely, amply
laver to wash
laxisme *(m.)* laxity
lecteur, lectrice *(n.)* reader, subscriber
légume *(m.)* vegetable
lenteur *(f.)* slowness
lésion *(f.)* injury, wound
lettre *(f.)* letter; **les —s** literature, the humanities
lèvre *(f.)* lip
libation *(f.)* drink
libellé(e) worded, drawn up
libeller to sign and date, to make out (a check)
libraire *(m.)* bookseller
licence *(f.)* French graduate degree
lier to tie up, to link, to connect
lieu *(m.)* place; **au — de** instead of; **avoir —** to take place
ligne *(f.)* line, cord, way, path; line of work (study)
lit *(m.)* bed
livraison *(f.)* delivery
livret *(m.):* **— scolaire** report card; **— de famille** book issued to married couples to register births and deaths
localiser to locate, to localize
logement *(m.)* housing, living place
loger to room, to live in; **— à un hôtel** to stay at a hotel
loi *(f.)* law
loisir *(m.)* leisure
long: tout au — de throughout
lors de at the time of; **dès lors** from that time, since then, as soon as
louer to rent, to book, to get
lourd(e) heavy
loyer *(m.)* rent
lutter to struggle, to wrestle
luxe *(m.)* excess, extravagance, luxury

magazine *(m.)* magazine
magnétophone *(m.)* tape recorder
magnétoscope *(m.)* V. C. R. video recorder

maigre *(adj.)* thin
maigrir to get thin, to lose weight
maillot *(m.)* swim suit
main *(f.)* hand
maintenir to keep, to maintain; **se —** to last, to hold one's own
maire *(m.)* mayor
mairie *(f.)* city hall
maître, maîtresse *(n.)* teacher
maîtriser to master, to get under control
mal *(m.) (pl.* **maux***)* pain, ache, evil, harm
malade *(f. et m.)* patient
maladie *(f.)* disease, sickness, illness
maladroit(e) awkward, clumsy, tactless
malaise *(f.)* discomfort, uneasiness
mâle *(m. et adj.)* male
malgré in spite of; **— tout** after all, nevertheless
malheureusement unfortunately
malhonnêteté *(f.)* rudeness, dishonesty
mallette *(f.)* small suitcase
maltraiter to mistreat
manche *(f.)* sleeve; **la Manche** English Channel
manche *(m.)* handle, control stick
manier to handle
manifestant, manifestante *(n.)* political demonstrator
manque *(m.)* lack, want
manquer to lack, to miss
manteau *(m.)* coat
manucure *(f.)* manicurist, manicure
maquillage *(m.)* makeup
se maquiller to put on makeup
marchand *(m.)* merchant
marche *(f.)* walking
marché *(m.)* market, deal, contract; **bon —** *(invar.)* cheap, inexpensive
marcher to walk, to run, to function, to work
marge *(f.)* margin, latitude
se marier to get married
marieur, marieuse *(n.)* matchmaker
marque *(f.)* trademark, brand
marquer to score, to record, to note; **— les points** to keep score
masser to massage
matelas *(m.)* mattress
maternant *(adj.)* mother-like
matière *(f.)* material, subject, course
maugréer to grumble, to fume
maxime *(f.)* maxim
méchant(e) spiteful, vicious
méconnu(e) unrecognized; disregarded
médical (médicaux) *(adj.)* medical
médicament *(m.)* medicine
méfait *(m.)* misdeed, damage
méfiant(e) distrustful, suspicious
mégalopole *(m.)* megalopolis, urban complex
mégot *(m.)* cigarette butt
mélange *(m.)* mixture, mingling
membre *(m.)* limb
même even, same; **de —** also; **— si** even if; **quand —** all the same; **tout de —** however
ménage *(m.)* housekeeping, household, family; **un jeune —** young couple
ménager to maintain, to arrange
ménager, ménagère *(n.)* thrifty person, housekeeper
mener to guide, to lead, to take
mensuel (mensuelle) monthly; **un —** monthly publication
menteur, menteuse *(n.)* liar; *(adj.)* deceitful, false
mentionner to mention, to name

mentir to lie
menton (m.) chin
mépriser to scorn
merveilleux (merveilleuse) wonderful, marvelous
mesure (f.) measure; **à votre —** made just for you, suited to your capabilities; **au fur et à —** as needed; **sur —** made to order
mesurer to calculate, to compare, to examine, to measure; **se —** to try one's strength, to contend, to vie
métier (m.) trade, profession
métissage (m.) cross-breeding
metteur en scene (m.) director
mettre to put, to place, to put on, to wear; **— en scène** to present; **— en nourrice** to put out to nurse; **se — en grève** to go on strike; **se — à** to begin, start; **se — en colère** to get angry
meuble (m.) piece of furniture
miel (m.) honey
milieu (m.) surroundings, setting, circle; **au — de** in the middle of
mince (adj.) thin, narrow
mine (f.) complexion, appearance, look
minet (m., fam.) stylish young man
mini-vague (m.) body wave
minuscule (adj.) small
minuter to record
miroir (m.) mirror
mise (f.) placing, putting; **— en plis** hair set
mixité (f.) mixture, mixing
moche (adj.) ugly, stupid, disgusting
mode (f.) fashion, style
mode (m.) way, means
mœurs (f.pl.) morals, manners
moindre (adj.) less(er); **le —** least
moitié (f.) half
mollet (m.) calf (of leg)
mondial (mondiaux) (adj.) worldwide
moniteur, monitrice (n.) instructor
monnaie (f.) currency, money; **— forte** hard currency
montant (m.) total amount
montée (f.) rise
monter to climb, ro rise, to get up, to get on; **à bord** to get on board
montre (f.) watch
montrer to show, to demonstrate; **se —** to show oneself
se moquer (de) to make fun (of), to ridicule
moral (m.) morale, spirits, state of mind
morceau (m.) piece, morsel, bit
mort (f.) death
mou (molle) soft
se moucher to wipe; to blow one's nose
moufle (m.) mitten
mourant(e) (n.) dying person
mourir to die; **— de faim** to be famished
mousse (f.) foam, lather
mouvant(e) fickle, changeable
moyen (m.) way, means, manner
moyenne (f.) average
muet (muette) speechless, silent
mutation (f.) change, mutation

naïf (naïve) naive, unsophisticated
naissance (f.) birth
naître (pp. **né**) to be born
néfaste (adj.) dangerous, ill-omened
nerf (m.) nerve
nettement clearly, distinctly
nettoyage (m.) cleaning, cleansing

nettoyer to clean
neuf (neuve) (adj.) new, brand new
neurasthénique (adj.) in a debilitating, depressive state
nez (m.) nose
nier to deny, to disown
nigaud, nigaude (n.) simpleton, fool
niveau (m.) level
nocivité (f.) harmfulness, danger
nom (m.) name
nombreux (nombreuse) numerous, various
nomination (f.) appointment, notification of employment
nommer to name, to appoint
notaire (m.) notary
note (f.) bill; mark, grade; **—s** notes
noter to notice, to remark, to note down
nourrice (f.) wet-nurse; **mettre un enfant en —** to put a child out to nurse
nourrir to feed, to nourish, to nurse
nourrissant(e) nourishing
nu(e) bare, nude
nuage (m.) cloud
numéro (m.) number, issue
nuque (f.) nape of the neck
nul (nulle) no, not one

obsèques (f.pl.) funeral
obtenir to get, to obtain
d'occasion secondhand
occuper to occupy, to take up (space); **s' —** to keep busy; **s' — de** to take care of, to be busy with
œil (m.) (pl. **les yeux**) eye
office (m.) function, duty; **faire — de** to act as
offre (f.) offer; **une — d'emploi** help-wanted ad
offrir to give, to present; **c'est pour —** it is for a present
omnibus (m.) local train
ondulé(e) waved, wavy
or (m.) gold
or (conj.) now
ordonnance (f.) prescription; order, arrangement
ordonner to order, to command
oreille (f.) ear
orgueilleux, orgueilleuse (adj.) proud
origine (f.) source, beginning
orphelin(e) (n.) orphan
orteil (m.) big toe
os (m.) bone
oser to dare
ôter to take off, to remove
oubli (m.) oblivion, forgetfulness
ourlé(e) outlined, bordered, hemmed
outil (m.) tool
outrance (f.) excess
outre beyond; **en — de** besides, in addition to
ouvert (adj.) open, outgoing
ouvrier, ouvrière (n.) worker

pair(e) equal, even; **au —** with no salary
paix (f.) peace
palace (m.) deluxe, luxury hotel
palme (f.) palm; decoration
panne (f.) breakdown
panneau (m.) advertisement sign, road sign
pantalon (m.) pants, trousers
pantoufle (m.) slipper
papoter to gossip
paquet (m.) pack, package
paradis (m.) paradise
paraître (pp. **paru**) to seem, to appear

paravent *(m.)* folding screen
parcourir to travel through, to traverse, to go over
pardessus *(m.)* overcoat
pare-choc *(m.)* bumper
pareil (pareille) such, like that, similar
paresse *(f.)* laziness, apathy
paresseux (paresseuse) lazy
pari *(m.)* bet, wager; stake
parier (sur) to bet (on), to wager
part *(f.)* share, part; **à —** apart, separately, aside; **faire —** to inform, to advise; **quelque —** somewhere; **d'autre —** on the other hand; **de toutes —s** on all sides
partage *(m.)* division of property
partager to share
parti *(m.)* political party
particulier, particulière *(n.)* private person (party)
particulier (particulière) *(adj.)* private, personal
passant(e) *(n.)* passerby
passer to spend (time), to pass, to go away, to go through; **— un examen** to take an exam; **se —** to happen; **se — de** to do without
passerelle *(f.)* boarding ramp
passion *(f.)* liking, fondness, enthusiasm
passionant(e) exciting, thrilling
pasteur *(m.)* minister
pastis *(m.)* anise aperitif
patiemment patiently
patois *(m.)* provincial (local) dialect
patron, patronne *(n.)* boss
patte *(f.)* sideburn; paw
paupière *(f.)* eyelid
payer to pay for, to pay
péage *(m.)* toll
peau *(f.)* skin
peccadille *(f.)* peccadillo, trifling fault
péché *(m.)* sin, transgression
peigne *(m.)* comb; **un coup de —** hair trim, cut
peigner to comb
peindre to paint
peine *(f.)* punishment, penality, pain, grief, trouble
peintre *(m.)* painter
peinture *(f.)* painting
pelouse *(f.)* lawn
pendant during; **— que** while
pénible *(adj.)* hard, painful, sad
pension *(f.)* allowance, payment for board and lodging; **— alimentaire** alimony (check); **demi- —** breakfast and dinner
pente *(f.)* slope, ski slope
percevoir to collect, to receive (salary); **— des intérêts** to charge interest
perdre to lose; **— connaissance** to lose consciousness
permis *(m.)* **de conduire** driver's license
perruque *(f.)* wig
peser to weigh
pétrir to knead
peur *(f.)* fear; **avoir —** to be afraid, to fear
pharmacien, pharmacienne *(n.)* pharmacist
physique *(m.)* external appearance
pièce *(f.)* room, play, coin, part, document
pied *(m.)* foot
piétinement *(m.)* trampling, treading (underfoot)
piéton *(m.)* pedestrian
pilule *(f.)* pill
pince *(f.)* forceps
piquer *(fam.)* to steal
piqûre *(f.)* shot, injection
pire worst

piste *(f.)* runway, (ski) run
place *(f.)* position, place, space, room, seat
plaindre to pity, to be sorry for; **se — de** to complain about
plaire to please
plaisant: un mauvais — a crank telephone call(er), a practical joker
plaisanterie *(f.)* joke
planifier to organize; to plan
plat *(m.)* dish (container or contents)
plat(e) flat, dull, insipid
plâtre *(m.)* plaster
plein *(m.)*: **faire le —** to fill up with gas
pleurer to cry, to weep
pleurnicher to whimper, whine
plomber to fill (tooth)
plombier *(m.)* plumber
plumer to rob someone
plus more, also, in addition; **de —** more
plusieurs several
plutôt rather
pneu *(m.)* tire; **— crevé** flat tire
poche *(f.)* pocket
poids *(m.)* weight; **faire le —** to be up to the job
poignée *(f.)* handful
poignet *(m.)* wrist
poil *(m.)* animal, body hair
poindre to sprout
pointe: en — tapering, pointed
pointer to check one's name off a list
pois *(m.)* pea; **petits —** green peas
poisson *(m.)* fish
poitrine *(f.)* chest
politique *(f.)* policy
pomme de terre *(f.)* potato
ponctuel *(m.)* the here and now
port *(m.)* wearing
porter to carry, to wear; **se — bien** to be in good health
portier, portière *(n.)* porter, doorkeeper
poser to submit; **— sa candidature** to submit one's application for a job
poste *(m.)* job, employment; TV set
potage *(m.)* soup
poudré(e) powdered
pouls *(m.)* pulse
poumon *(m.)* lung
pourboire *(m.)* tip
pourchasser to pursue, to be in hot pursuit
poursuivre to be continued, to follow its course
pourtant however, nevertheless
poussé(e) elaborated, over-developed
pouvoir *(m.)* power
précaution *(f.)* caution, care
se précipiter to rush
préciser to specify
prendre *(pp.* **pris)** to pick up; **s'en —** to lay the blame on
prescrire to prescribe (remedy)
présentateur *(m.)* master of ceremonies
se présenter to introduce, present oneself, to appear
pression *(f.)* pressure
prestidigitation *(f.)* sleight of hand
prêt *(m.)* loan
prêt(e) ready; **— -à-porter** ready-to-wear
se prêter to yield, to lend oneself to
prêtre *(m.)* priest
preuve *(f.)* proof, evidence
prévoir to forecast, to provide for
prévu(e) estimated, allowed, provided

prier   to pray, to beg, to ask
prime *(f.)*   bonus
prise *(f.)*   intake, taking
privé(e)   private
prix *(m.)*   price; **— de revient**   cost price, net cost
procès *(m.)*   court action, lawsuit
proche   near
se procurer   to get for oneself
procureur *(m.)*   attorney; **— de la République**   public prosecutor
produit *(m.)*   product, production
profil *(m.)*   outline of characteristics, profile
profiter   to profit, to benefit; **— de**   to take advantage of
se promener   to take a walk
pronostic *(m.)*   prognosis
proposition *(f.)*   proposal
propre   clean; proper
propriété *(f.)*   property, ownership
proscrire   to proscribe
provenir   to result; **— de**   to come from
prudent(e)   cautious
psychique *(adj.)*   mental; *(n.)* state of mind
publier   to publish
puce *(f.)*   flea
pudeur *(f.)*   reserve, modesty
puis   then, after, moreover
puissance *(f.)*   power, authority, strength
punir   to punish

quant à   as for, with regard to
quart *(m.)*   one-fourth, quarter
quasi   almost, as if
quelconque   any (whatever)
queue *(f.)*   tail; **faire la —**   to stand in line
quittance *(f.)*   receipt for payment
quitter   to leave, to quit
quotidien (quotidienne)   daily; **un —**   daily newspaper

rabais *(m.)*   reduction (in price)
rabattre   to turn off
raccourcir   to shorten
raconter   to tell, to relate
radiographie *(f.)*   X-ray
raffiné(e)   refined, cultivated
rafraîchir   to trim
raid(e)   straight, taut, stiff
raie *(f.)*   part (of hair)
ralentir   to slow down
râler   to gripe, to grumble
rallier   to rejoin
ramassage *(m.)*   school bus service, picking up
rappeler   to recall, to remind; **se —**   to remember
rapport *(m.)*   relationship, relations
rapprocher   to bring near, to bring together
raser   to shave
rassembler   to assemble
rassurant(e)   reassuring, heartening
rater   to fail
rattraper   to catch up, to come up to
ravi(e)   delighted, overjoyed
réagir   to react
réaliser   to see through, to carry out; to realize
réapparaître   to reappear
récepteur *(m.)*   TV set; receiver
réception *(f.)*   reception, (front) desk
recette *(f.)*   receipts, gate money
recevoir *(pp. reçu)*   to receive, to get
recherche *(f.)*   search, search for; **les —s**   research

rechercher   to search, look for; to seek after
réclamation *(f.)*   complaint, protest, claim
réclame *(f.)*   advertisement
réclamer   to lodge a complaint, to claim, to demand (back)
reconnaître   to recognize, to know again
recourir   to have recourse to
reçu(e)   received, accepted, recognized; **être — à un examen**   to pass a test
reçu *(m.)*   receipt, voucher
recueillir   to collect, to gather up
reculer   to step back, to draw back
récuser   to challenge, to take exception to
recycler   to retrain
rédiger   to write, to edit (articles)
redingote *(f.)*   frock coat
redoubler   to do over, to repeat
redoutable   formidable, terrible
redouter   to fear, to dread
redresser   to correct, to set right again
réduire   to reduce
réel (réelle)   real, actual, genuine
réfléchir   to reflect, to think
refoulé(e)   repressed, kept back
se réfugier   to take shelter (refuge)
régime *(m.)*   diet
règle *(f.)*   rule; **en —**   as a rule
régler   to regulate; to adjust
regretter   to regret, to be sorry, to miss
rejeter   to repeal, to reject
rejoindre   to join, to join again, to reunite, to catch up (to)
relent *(m.)*   unpleasant smell
religieuse *(f.)*   nun
rembourser   to pay back
remercier   to thank
remettre   to put back, to bring back, to return, to deliver, to hand over
remonter   to make up for lost ground, to catch up to
remplissage *(m.)*   filling up, refill
remuer   to move, to stir, to shake
rémunération *(f.)*   payment for services
rémunéré(e)   rewarded, remunerated
rencontrer   to meet (by chance)
rendez-vous *(m.)*   date, appointment; **prendre —**   to make an appointment
rendre   to give back, to make, to produce; **se —**   to go, to make oneself; **se — compte**   to realize
renfermé(e) *(adj.)*   closed, withdrawn
renseignement *(m.)*   piece of information
rentabilité *(f.)*   capacity to produce money (profit)
rentable   capable of producing money
rentrée *(f.)*   re-opening of school
renvoyé(e)   expelled
renvoyer   to send back, to return, to fire an employee
répandre   to spread, to distribute
réparateur *(m.)*   repairman
repartir   to start again
répartir   to distribute, to divide
répliquer   to answer back
reporter   to transfer
repos *(m.)*   rest; quiet
reprendre   to take up again
réprimer   to check, to curb
répugner   to feel reluctant to do something
requête *(f.)*   request, petition, suit
réservoir *(m.)*   gas tank (of car)
résolument   resolutely
résoudre *(pp. résolu)*   to solve, to work out (problem), to settle (question)

ressentir to feel (pain, emotion)

ressort *(m.)* extent of jurisdiction; *(fig.)* province, line; strength, competence

ressortir to go, to come out again

rester to stay, to remain

rétablissement *(m.)* move from one place of business to another; reestablishment

retard *(m.)* delay; **en —** late

retenir to hold back, to retain, to check, to reserve

retentir to reverberate, to have an effect, to cause

rétif (rétive) stubborn, set against

retirer to draw out, to withdraw, to remove

réunion *(f.)* meeting

réunir to assemble; **se —** to meet

réussir to succeed; **— à un examen** to pass a test

revanche *(f.)* revenge, return match; **en —** on the other hand, in return

rêve *(m.)* dream

réveiller to awake, to wake someone up; **se —** to wake up

révéler to reveal

rêver to dream

réverbère *(m.)* street lamp

revient: prix de — cost price, net cost

réviser to review, to revise, to inspect, to overhaul (car)

se révolter to rebel

rhume *(m.)* cold

ricaner to sneer

ride *(f.)* wrinkle

rimmel *(m.)* eyeliner

rincer to rinse

rire to laugh, to smile; **en riant** jokingly, in jest

rompre to break

rongé(e) consumed, corroded

rosir to become pink

rôti *(m.)* roast; *adj.( )* roasted

roue *(f.)* wheel (of car)

rougeur *(m.)* redness

rougir to redden, to blush

rouleau *(m.)* hair roller

rouler to drive along

rudoyer to treat roughly, to bully

rusé(e) crafty, shrewd

rustre *(m.)* boor, lout

sac *(m.)* sack; bag

sadique sadistic

sagement judiciously, wisely

sagesse *(f.)* wisdom; discretion; proverb

sain(e) healthy

saisir to seize; to take over

saison *(f.)* season; **la belle —** summer months

sale *(adj.)* dirty

saluer to greet; to bow to

sang *(m.)* blood

sangsue *(f.)* bloodsucker; leech

santé *(f.)* health

se saouler to get drunk

sauter to jump

savant *(m.)* scientist; scholar

savon *(m.)* soap

scène *(f.)* stage; scene; quarrel

sceptique skeptical

sciemment knowingly

scientifique *(m. ou f.)* scientist

sclérosé(e) grown hard; blocked

sécher *(fam.)* to skip out; to skip (a course)

sécheresse *(f.)* drought

séduisant(e) attractive

sein *(m.)* breast; bosom

séjour *(m.)* stay; sojourn

séjourner to reside

sélectionner to select

selon according to

sembler to seem

sens *(m.)* sense; meaning; direction; order; **le bon —** common sense; **— unique** one-way street

sensible tangible, perceptible, sensitive

sentir to feel; to sense; to smell; **se —** to feel

serveuse *(f.)* waitress

serviette *(f.)* towel; napkin

servir to serve; to be useful; **se — de** to use; **— de** to be used as; to serve as

seul(e) only; alone; by oneself; single; **tout —** all alone; by oneself

seulement only; solely

siècle *(m.)* century

signaler to signal; to point out

signer to sign

slip *(m.)* underpants; briefs

sobre simple; plain

sobriété *(f.)* moderation; simplicity

soigner to care for; to take care of; **soigné(e) de sa personne** well groomed

soin *(m.)* care

solde *(m.)* balance in account; **en —** on sale; **vente de —s** clearance sale

somme *(f.)* sum; total; **en —** finally, in short

sommet *(m.)* top

sondage *(m.)* opinion poll

songer to think about; to dream

sonnerie *(f.)* ring; ringing

sorte *(f.)* kind; type

sortie *(f.)* exit; date; going out; outing

sortir to leave; to go out, to exit; **— avec** to go on a date with; **s'en —** to manage, to pull through

sot (sotte) foolish, silly

souci *(m.)* anxiety; problem

soudain suddenly

souffler to pant, puff; to blow

souffrir to suffer

se soulever to revolt

soumettre to submit

soumis(e) *(adj.)* submissive

soupçonner to suspect

soupçonneux (soupçonneuse) suspicious, suspected

sourcil *(m.)* eyebrow

sourire to smile

sous-entendu implied, hinted at

sous-sol *(m.)* basement

soutenu(e) supported

soutien-gorge *(m.)* brassiere

speaker, speakerine *(n.)* announcer

spectacle *(m.)* show; sight

squelette *(m.)* skeleton

stage *(m.)* period of instruction; **faire un —** to work as a trainee

stationnement *(m.)* parking

stationner to park (car)

stupéfait(e) dumbfounded

subir to undergo; to suffer; to go through

succéder to follow after; to succeed

sucre *(m.)* sugar

suffire to suffice, to be sufficient; **cela ne suffit pas** that's not enough

suffrage *(m.)* vote

suite *(f.)* continuation; **par la —** afterwards

suivre   to follow; **— un cours**   to take a course
sujet (sujette) à   subject to
supporter   to tolerate; to stand, put up with
supranormal (supranormaux)   superabnormal
suralimenter   to overfeed
surcroît *(m.)*   addition; increase; **de —**   in addition
suréquipement *(m.)*   overload, excess of equipment
surgir   to surge; to rise
surmonter   to overcome
surprendre   to surprise
sursaut *(m.)*   start, jump; reaction
sursauter   to start (involuntarily); to give a start
surtout   above all, mainly, especially
surveiller   to watch
survêtement *(m.)*   track suit
survie *(f.)*   survival
susurrer   to murmur; to whisper
sympathiser   to be friendly
syndicaliste *(m. ou f.)*   union member
syndicat *(m.)*   labor union

tabac *(m.)*   tobacco
tableau *(m.):* **— de bord**   dashboard
tableautin *(m.)*   little picture (scene)
table d'écoute *(f.)*   listening board or device
tabou *(m.)*   taboo
tâche *(f.)*   task, duty
taille *(f.)*   waist; size, shape
tailleur *(m.)*   woman's suit
se taire   to be silent, to shut up
talon *(m.)*   heel
tant   so much, so many; **— mieux**   so much the better; **— pis**   too bad; **— que**   as long as; **en — que**   insofar as
tard *(adv.)*   late
tare *(f.)*   defect
tarif *(m.)*   list of charges, rate, price list
tartine *(f.)*   slice of bread with butter, honey, jam, etc.
tasse *(f.)*   cup
taux *(m.)*   rate, rate of exchange
teindre   to dye
teint *(m.)*   complexion
tel (telle)   such, like, similar; **un —**   such a
télésiège *(m.)*   ski chairlift
téléspectateur *(m.)*   television viewer
téléviseur *(m.)*   television set
téméraire   reckless, daring
témoignage *(m.)*   evidence, testimony
témoin *(m.)*   witness
tempe *(m.)*   temple (of forehead)
tempête *(f.)*   storm
temps *(m.)*   time; weather; tense; **mi- —**   half-time
tenace   tenacious, clinging
tendre   to tend, to stretch; **tendu(e)**   strained, stiff
tenir   to hold; **— compte de**   to take something into account or consideration; **— à**   to be attached (by affection), to value, to prize something; **se —**   to behave oneself
tension *(f.)*   blood pressure
tenter   to attempt, to try, to tempt
tentures *(f.pl.)*   hanging, tapestry
tenu(e): **être — de**   to be obliged (bound) to
tenue *(f.)*   dress, uniform
terrain *(m.)*   ground, playing field; **— d'atterrissage**   landing strip
tête *(f.)*   head
tiercé *(m.)*   betting on first three (win, place, show) winners in a horse race
tiers *(m.)*   third, one-third

tirer   to draw, to pull; to print; **— à découvert**   to overdraw a bank account; **s'en — de**   to manage, to pull through, to get out of; **— sur**   to fire, shoot at
titre *(m.)*   title; **gros —**   headline; **au même —**   for the same reason
toit *(m.)*   roof
tomber   to fall (down); **— amoureux**   to fall in love; **— en panne**   to break down
ton *(m.)*   tone; **bon —**   good form
tondeuse *(f.)*   clippers (for hair)
tôt   soon, quickly; **le plus —**   earliest; **plus — que**   sooner than
toucher   to cash (check); to touch; **— à**   to tamper with
tour *(m.)*   turn, aspect, trip, service, twist; **faire le —**   to go around
tour *(f.)*   tower
tourner   to turn, to change
tournure *(f.)*   bustle (of a dress)
tousser   to cough
tout: du —   at all
tracasser   to plague, to bother
traduire   to translate
traîner   to be lying about, to be found
traiter   to handle (business), to transact
trajet *(m.)*   trip, journey
tranche *(f.)*   slice
transmettre *(pp.* **transmis**) to transmit, to transfer
traquer   to track down, to hunt down
travail *(m.)*   work; **un —**   job, work; **des travaux pratiques**   recitation exercises: **des — dirigés**   discussion section(s)
travailler   to work
travailleur, travailleuse *(n.)*   worker
travailleur (travailleuse) *(adj.)*   hard working
traversée *(f.)*   crossing, passage
traverser   to go across, to pass through
tribunal *(m.)*   court of justice, magistrates
tricher   to cheat, to trick
tricherie *(f.)*   trick, cheating
tricot *(m.)*   sweater; **— de peau**   undershirt
tricoter   to knit
tristesse *(f.)*   sadness
se tromper   to be mistaken
trompeur (trompeuse)   misleading, deceptive
tronc *(m.)*   trunk (of body)
trotter   to trot, to be on the go
trottoir *(m.)*   sidewalk
trouver   to find, to locate; **se —**   to be located; **comment trouvez-vous...?**   what do you think of . . . ?
truc *(m.)*   thing, gadget, knack, trick
tuer   to kill

usé(e)   worn out, stale, hackneyed
usine *(f.)*   factory
utopique   utopian

vaillant(e)   courageous
vaincu(e)   conquered, vanquished
vainqueur *(m.)*   champion, winner
vaisselle *(f.)*   dishes; **lave- —**   dishwasher
valeur *(f.)*   value
valoriser   to be of value, worth, or importance
valorization *(f.)*   process of being given value or worth
vedette *(f.)*   star
veiller (à)   to watch over
veine *(f.)*   vein
vélo *(m.)*   bicycle
vendre   to sell

vent *(m.)* wind; **dans le —** up to date, with it
vente *(f.)* sale
vérité *(f.)* truth
vernis *(m.)* nail polish
verser to deposit, to spill
veste *(f.)* jacket
veston *(m.)* man's suit jacket
vêtement *(m.)* article of clothing
veuf *(m.)* widower
veuve *(f.)* widow
viande *(f.)* meat
vide empty
vider to empty, to clear out
vieillir to grow old
vif (vive) lively
vingtaine about twenty
virage *(m.)* turn, turning
viriliser to become manly

visage *(m.)* face
vis-à-vis with respect to, in relation to
viser to aim, to have in view, to aspire
vitesse *(f.)* speed
vitrine *(f.)* shop window
vivant *(adj.)* living, alive
vivre to live, to be alive; **à la —** as if alive, living
vocation *(f.)* calling, bent, destination
voie *(f.)* road, highway; path, track
voire indeed, in truth; **— même** and even
voix *(f.)* voice
vol *(m.)* flight
volant *(m.)* steering wheel (of a car)
voleur *(m.)* thief
volontiers *(adv.)* willingly, with great pleasure
voyageur, voyageuse *(n.)* traveler
vue *(f.)* sight